환대문화 커뮤니케이션 매너 테크닉

환대문화 커뮤니케이션 매너 테크닉

Hospitality Culture Communications Manner Technic

신형섭, 이성우 공저

머리말

국제화시대를 맞이하여 세계의 모든 나라들은 하나의 공동체의 인식을 같이하며 국제간의 관계로 문화교류를 통해 열린 세계로 상호작용이 이루어지고 있다.

따라서 세계화에 발맞추어 타 국민들과 원활한 소통을 하기위해 그들의 문화를 이해하고 존중하여야 할 것이다. 서로간의 커뮤니케이션을 통하여 국제매너를 잘 알고 문화적 수용력을 통하여 글로벌시대에 임해야 할 것이다.

호텔서비스 산업은 국내외의 관광객에게 필수적인 인프라시설로서 관광의 질을 향상시킬 뿐만 아니라 높은 고용창출을 비롯한 경제적 파급효과와 차별적 관광자원으로서의 문화적 파급효과를 유발하는 중요한 산업으로 관심의 대상이 되고 있다. 이러한 사회적 현상에 따라 호텔산업이 발전함에 따라 호텔부분에 종사하는 종사원의 수가 급속히 증가하고, 교육 현장에는 호텔분야를 전공하는 많은 학생들이 호텔 서비스부문에 대한 이론적 실무와 다양한 서비스 매너를 배우는 것은 필수가 되어가고 있다.

본 서는 이러한 측면으로 글로벌 국제화와 관련된 커뮤니케이션 예절, 국가 간의 문화 등 다양한 분야에서 실무관련 환대문화 커뮤니케이션 매너 테크닉 교재로 활용될 수 있도록 집필하였다.

끝으로 이 책의 출판을 위해 성의를 다해 협조해 주신 석학당 윤용호 사장님과 직원분들께 깊은 감사드립니다.

2019년 2월

저자 신형섭, 이성우

차 Contents 례

제1장 환대문화 커뮤니케이션 매너의 이해

제1절 커뮤니케이션 매너 이해

1. 커뮤니케이션의 개념

커뮤니케이션은 삶의 중요한 한 부분이며 일상생활을 유지하는 수단이다. 사회생활에서 매우 중요한 인간관계 역시 커뮤니케이션을 통해 이루어진다. 커뮤니케이션의 본질을 보다 쉽게 이해하기 위해서는 먼저 단어의 어원을 살펴볼 필요가 있다. 커뮤니케이션(communication)은 '공통되는(common)', '공유한다(share)'라는 뜻의 라틴어 'communis'(파생단어 가운데에는 '공동체'를 의미하는 'community'가 있다)에서 유래한다. 커뮤니케이션은 결코 혼자 하는 것이 아니며, 누군가와 나누는 것임을 알 수 있다. 실제로 커뮤니케이션 없는 공동체, 또는 공동체 없는 커뮤니케이션은 상상하기 어렵다. 커뮤니케이션은 인간으로 하여금 사회적 존재로서 살아가게 만드는 도구가 된다.

우리 속담 가운데 '가는 말이 고와야 오는 말도 곱다'는 말도 결국 이러한 맥락에서 이해할 수 있다. 커뮤니케이션은 예측이 불가능한 게임과도 같다. 테니스를 칠 때, 우리는 상대방 선수가 공을 보낸 방향과 지점에서 공을 받아넘겨야 한다. 내가 공을 어떻게 치는가 하는 것은 온전히 나에게 달린 일이 아니다. 상대방이 공을 어떻게 보내는가, 그리고 내가 과연 얼마만큼의 실력을 갖춘 선수인가에 따라 결과가 다르게 나타날수 있다. 그런 의미에서 커뮤니케이션은 어느 한쪽의 공이 네트를 넘기지 못할 때까지 계속되는 테니스 경기와도 같다. 즉, 커뮤니케이션은 한 사람 일방적인 교류가 아닌 쌍방향 교류 이다.

2. 매너의 중요성

현대사회의 다양한 형태의 사회구조는 현대인의 요구도 다양화 시켰으며, 이로 인하여 보다 광범위한 인간관계의 필요성이 대두되었다. 특히 대인 관계의 형성 및 유지를 위해서는 매너가 기초가 되어야 한다.

현대사회에서 매너는 자신의 능력의 일부분이며, 성공적인 삶을 이끌어 나가는 중요한 인적 자원이 되고 있다.

또한 우리는 교통 · 통신의 발달로 세계가 하나가 되는 글로벌 시대, 국제화 시대에 살고 있다. 이제는 내 문화권 안에서 내 문화만 고집하며 살아간다면 세계의 사람들과 발을 맞출 수 없다. 즉 우리 생활문화를 세계에 알리고 세계의 생활문화를 이해하도록 해야 한다. 자신의 나라의 전통문화에 대한 긍지와 자부심을 가지는 동시에 다른 문화의 다양성과 개별적 특성을 이해하고 수용해야 한다. 국가별로 문화적 차이와 매너를 존중하되 세계인에 공통적으로 적용할 수 있는 매너와 에티켓의 기준을 마련해야 하며, 상황에 적절한 매너를 습득하고 행동해야 한다. 국제화 시대에 맞는 국제적인 매너와 에티켓을 기초로 하여 품위 있는 세계인으로서의 행동이 그 어느 때보다 필요하다.

3. 커뮤니케이션 요소

1) 송수신자

커뮤니케이션의 가장 기본적인 형태는 2인의 송수신자(sender-receivers) 혹은 몇몇 사람들 사이에서 일어나는 것이다. 내가 전하고자 하는 신호의 의미를 상대방이 이해할 때(혹은 상대방이 전하고자 하는 신호의 의미를 내가 알아차렸을 때 커뮤니케이션은 성립된다. 이는 커뮤니케이션의 주체는 '나'이지만, 상대방의 관여가 없다면 무의미해진다는 것을 뜻한다. 그러나 사람들이 서로의 정보와 생각, 감정을 공유하는 행위는 일방향적으로 일어나지 않는다. 누군가 얘기를 하면, 이에 이어서 다른 사람이 얘기하고 싶어지는 것(캔터베리 효과(Canterbury Effect))이 자연스러운 커뮤니케이션의 과정이다. 커뮤니케이션에서는 이처럼 상호작용

(interaction)이 중요하다.

2) 메시지

커뮤니케이션에 참여하는 사람들이 주고받고자 하는 것은 결국 '메시지(messages)'다. 메시지란, '상대방을 이해시키려는 의도에서 만들어 내는 신호'라고 할 수 있다. 그러나 메시지는 한 가지 종류가 아니다. 반드시 언어를 통해 일어나지도 않는다. 물론 언어가 가장 손쉽고 효과적인 방편이긴 하지만 손짓이나 발짓, 얼굴 표정 등 비언어로 간단히 메시지를 만들어 보내거나 이해할 수 있다. 인간 자신이 목소리를 이용하거나(언어) 몸을 이용해서(비언어) 메시지를 만들어 내는 능력을 타고났기 때문에 가능한 일이다. 문자나 그림, 상징 등도 훌륭한 커뮤니케이션 수단이 된다.

3) 채널(channels)

메시지가 여행하는 통로다. 송신자와 수신자에게 메시지를 도달하게 하는 방법인 것이다. 면 대 면(face-to-face) 커뮤니케이션 상황에서는 음성과 시각이 주요한 채널이 된다. 매스 커뮤니케이션 상황은 우리에게 보다 익숙한 채널의 모습을 제시한다. TV, 신문, 라디오, 잡지, 영화, 광고 같은 매스미디어가 바로 그것이다. 매스미디어는 오늘날 우리에게 쉴 틈 없이 메시지를 실어 나르는 중요한 채널이다.

4) 피드백(feedback)

송수신자가 서로에게 반응하는 것을 말한다. 만약 내게 누군가 농담을 하면 웃음을 띠게 되는 것과 같은 것이다. 우리는 서로에게 하루에도 수없이 많은 피드백을 하면서 살아간다. 피드백은 무엇보다 커뮤니케이션의 활력소가 된다는 점에서 중요하다. 상대방이 자신의 의견이나 감정을 공유하고 있다고 느끼게 만드는 확실한 단서로 작용 하기도 한다.

5) 잡음(noise)

메시지를 정확하게 이해하는 데 방해가 되는 것을 말한다. 송수신자 사이에서 발생하는 잡음은 물리적 · 심리적 · 의미적 잡음의 세 가지 종류가 있다. 먼저 물리적 잡음은 실제 외부 환경에서 물리적으로 발생하는 잡음을 말한다. 복도에서 나는 시끄러운 소리 때문에 수업이 지장을 받는 경우를 생각할 수 있다. 심리적 잡음은 송수신자의 마음속에 일어나는 잡념과 같은 것이다. 배가고파 음식을 떠올리느라고 수업 내용을 못 듣는 경우와 같이, 커뮤니케이션 행위에 집중을 못하는 심리적 상황을 말한다. 남성 우월 의식이 강한 남자 부하직원이 여자상사가 지시하는 사항을 자주 놓친다면 이러한 심리적 잡음 요인을 생각해 볼 필요가 있다. 전달되는 메시지의 의미를 전혀 몰라(생소한 표현이나 외국어 등) 커뮤니케이션 자체가 이루어질 수 없는 경우는 의미적 잡음에 해당한다. 또 어떤 특정한 단어에 대한 감정적 대응도 의미적 잡음을 낳는다. 누군가 내 마음에 안 드는 거친 표현이나 인종 · 성 차별적 언어를 사용하는 사람을 보면 단정적으로 나쁘게 평가하게 되는 것도 의미적 잡음에서 비롯된다고 볼 수 있다.

6) 세팅(setting)

커뮤니케이션이 이루어지는 공간으로서, 때로 커뮤니케이션에 중대한 영향을 미친다. 예컨대 강당과 같은 공적인 공간은 연설하기에 적합하지만 사적인 대화를 하기 위해 만나는 장소가 될 수는 없다. 따라서 좀 더 친밀한 대화를 하기 위해서라면 서로 얼굴을 마주 대할 수 있는 작고 아늑한 공간을 찾는 것이 필요하다.

4. 커뮤니케이션과 해석

진정한 소통 상황이란 해석을 통해 한 개체와 다른 개체 사이에 의미 공유가 일어났을 때를 말한다. 예컨대 송신자가 전달하고자 한 의미가 'AB'라면, 수신자 또한 이를 'AB'로 받아들이는 것(공유)이 필요하다. 만약 'BC'로 이해한다면 진정한 커뮤니케이션은 'B'에 해당하는 부분에서만 이루어진 것으로 볼 수 있다. 커뮤니케이션 과정에서 공유는 매우 중요하며, 이를 위해서는 해석이 반드시 필요하다. 커뮤니케이션에서 해석이 필요하다는 것은 경우에 따라 오해가 생길 수 있음을 의미한다. 메시지를 보내고 받는 과정에서 서로가 최선을 다한다 할지라도, 메시지가 왜곡되거나 혼란이 발생할 수 있는 소지가 충분하다.

1) 국제 커뮤니케이션의 중요성

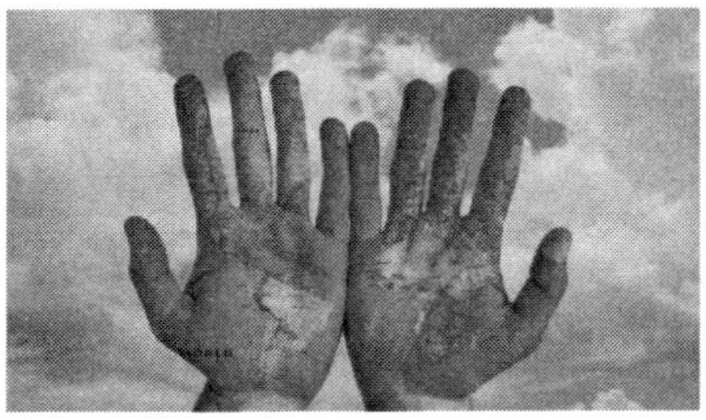

첫째, 많은 사람들이 해외로 나가고, 국내로 들어오는 국제화 시대에 발맞춰 다양한 곳에서 활용할 수 있는 기본예절을 익힐 수 있고, 적용도 해볼 수 있는 기회입니다.

둘째, 사회에 나가 겪게 될 다양한 공동체 생활에 적응하고 좋은 인상들을 심어주는 데에 큰 도움이 될 것입니다.

셋째, 학문적으로 배우는 가정경영에 머무는 것이 아니라, 실질적으로 가정을 잘 경영해나갈 수 있는 구체적인 방법을 터득하며 실제적인 체험을 익힐 수 있기 때문에 중요합니다.

국제화란 지금까지 국가간 교류를 가로막아 온 국경의 개념이 점차 약화되는 것을 의미한다. 즉, 자본과 상품, 인력, 기술, 정보, 문화 등 인간활동과 관련된 모든 것들이 국경을 초월하여 자유로이 교류, 왕래, 교환되는 이른바 국경 없는 시대가 열림을 뜻한다.

2) 국제화의 대응방안

이러한 혁명적 변화에 우리는 어떠한 대응자세를 가져야 하는 가는 매우 중요한 과제이다.

첫째, 세계일류 · 세계최고가 되려는 장인정신이 요구된다.

미국을 위시한 서방세계는 자유경쟁과 평등주의, 효율성과 투명성을 내세우고 있다. 국제화는 체급을 무시한 권투시합과 같다. 따라서 시합을 하지 않아도 누가 승리할 것인가는 미리 예측이 가능할 뿐더러 무한경쟁의 국제화 속에서 살아남는 길은 세계일류, 세계최고가 되는 것이다. 정부도 국민도 기업도 나아가 정치 · 경제 · 사회 · 문화 · 의식 모두가 세계일류 · 세계최고가 되는 것이다.

최고가 되는 근저에는 믿을 신(信)이 존재한다. 신이란 믿고 의심하지 않는 것을 말한다. 약속을 잘 지키는 것을 신용이라 하며 믿음성과 의리가 있는 사람을 신의 있는 사람이라고 한다. 사회생활을 하는 데 있어서 신용은 커다란 재산이 되기도 한다. 세계 유명 메이커란 신용이 보장됨을 말한다. 신(信)이란 사람인(人)변에 말씀 언(言)을 더한 것이다. 이는 자기가 한 말을 끝까지 지키고 책임지는 것을 말하며 언행이 일치되는 것을 말한다. 언행이 일치되지 않을 때 불신이 생기고 불신이 많은 가정과 사회는 불행하게 된다. 국제화된 사회에서의 불신은 곧 파멸임을 명심해야 한다.

둘째, 매사를 합리적으로 생각하고 생활하는 의식의 전환이 요망된다. 국제화는 합리화이다. 적당하거나 대충대충이 아니다. 요령은 더욱 아니다. 1980년대 이후의 급속한 경제성장 과정에서 우리도 모르는 사이에 좋지 못한 생활태도나 의식구조를 가지게 되었다. 상상을 초월한 엄청난 부정과 비리는 우리의 양심을 마비시키는데 충분하였고, 나아가서 정직하게 사는 사람을 어리석고 무능한 사람으로 만들고 말았다. 갖은 불법적 수단과 비도덕적 방법을 사용해서라도 재산을 축척하고 출세만 하면 성공한 명사의 대접을 받는 일들을 수없이 많이 보아왔다.

국제화는 비합리적이고 잘못된 제도와 의식 · 관행을 고치는 것이다. 그동안 해이해진 기초질서, 왜곡된 경제 질서, 잘못된 의식과 관행 및 제도, 허례의식, 유행심리를 개혁하고 합리화하는 것이다. 법과 질서를 지키는 사람이, 땀 흘리고 정당한 노력을 한 사람이 대우받는 풍토가 조성되어야 한다. 기초질서가 철저히 지켜져야 하고 무엇보다도 공정한 행위준칙으로서의 법의 지배가 정착되어야 한다.

파스칼이 말했듯이 인간은 사고하는 능력을 가졌기에 위대한 것이다. 우리는 생각하는 인간이 되어야 한다. 과학적으로 생각하고, 창조적으로 생각하며, 생산적으로 생각하고, 옳은 이치에 따라서 생각해야 한다. 그러나 사고는 그것이 행동으로 옮겨갈 때 가치가 있는 것이다. 우리 민족의 우수성을 발휘하는 길은 개 개인이 가진 창조적 잠재력을 최대한 발휘하게 하는 길이다. 이 길이야 말로 우리의 살 길이요 발전을 약속하는 길인 것이다.

원만한 인간관계 유지를 위하여 잠시만 이라도 더불어 사는 방법 잠깐만 내 자신을 생각해 보자.

이와 같은 일들을 나만 괜찮고 다른 사람은 어떻게 되든 상관이 없다는 뜻이기도 하다. 남의 자존심이나 인권을 존중하지 않으며 남의 마음을 상하게 하는 자, 남이야 죽던지 말든지 나와 내 자식, 내 회사만 잘되면 된다는 이기주의자, 타인을 모두 무시하고 자기만 잘 났다는 자, 자기주장만 고집하고 타인은 불신하는 자들은 모두, 내가 하는 것은 괜찮고 남의 하는 것은 옳치 않다는 의식구조 때문이다.

특히 가정에서 자녀의 기를 죽이면 안 된다고 저 하고 싶은 대로 하게 하는 것은 사회공동체의 한 사람으로서 자유와 책임, 봉사와 절제의 덕목을 지킬 수 없게 만든다. 예절 바른 가정에서 자란 자녀들은 사회에서도 자연스럽게 예절을 실천한다. 사회질서에 잘 적응하는 사람들은 이미 가정에 그렇게 배운 사람이다. 이렇듯 가정은 전통 문화를 계승하고 예절을 실천하는 중요한 역할을 하고 있기에, 의식개혁 운동은 가정교육에서 시작되는 것이 바람직하다. 여러 가정이 모여서 하나의 사회를 구성하기 때문이다.

반면에 '내사, 내쯤이야', '나 같은 것이'하면서 주인의식 없이 자기를 부정하거나 비하하는 사람, 남이 해주기를 기다리는 사람, 외제만을 고집하는 이들은 내가하는 행동은 괜찮고 남의 하는 것은 상관이 없다는 성격 소유자일 것이다.

자신을 존중하고 자신을 사랑할 줄 아는 자만이 남을 존중하고 남을 이해할 수 있다. 자신에 대한 신뢰와 자신을 사랑하는 것이 우선이다. 자신과 타인을 동시에 긍정할 수 있을 때만이 원만한 인간관계를 유지할 수 있다. 원만한 인간관계를 가진다거나 혹은 남으로부터 호감을 산다는 것은 결코 저절로 이루어지는 것이 아니다. 자기를 바로 세우고 자기 스스로 남과 사귀려는 의도를 갖고 노력할 때 비로소 이루어지는 것이다.

올바른 인간관계의 개선은 서로의 이해를 기초로 하여 서로가 자기를 조금씩 희생시키고 양보하는 가운데서, 또 서로의 인간됨을 존중하고 배려하는 마음씨(禮=心+形)를 간직할 때 비로소 이루어지는 것이다.

5. 매너 이해

1) 예절의 본질

우리는 홀로 살고 있는 것이 아니다. 인간은 사회적 동물이며, 인간 관계적 존재라고 일컫고 있는 것도 바로 우리들이 무리적 존재임을 가르치는 말이다. 오늘날은 전 세계가 하나의 사회 내지는 지구촌으로 형성되어 가고 있다. 그런데 이 사회 속에서 살아가고 있는 각 개인들은 추구하는 목적이나 이해관계가 일치하는 경우도 있으나 서로 상충하기도 한다. 인간들의 대립과 투쟁이 생기는 이유는 사람들의 목적과 이해관계가 서로 다르기 때문이다.

(1) 이해

영어에서의 에티켓(etiquette)은 예절 · 예법, 동업자간의 불문율이란 뜻이며 그 어원은 'Estipuier'(나무 말뚝에 붙인 출입금지)라는 의미인데 이는 베르사이유 궁전을 보호하기 위해 정원사가 궁전 주위의 화원에 말뚝을 박아 행동이 나쁜 사람이 화원에 들어가지 못하게 표시를 붙여 놓은 것이 그 어원입니다. 그 후 단순히 '화원 출입금지'라는 뜻뿐만 아니라 상대방의 '마음의 화원'을 해치지 않는다는 의미로 넓게 해석하여 '예절'이란 의미로 자리 잡게 되었습니다. 이것이 오늘날 널리 사용되고 있는 에티켓의 유래입니다.

(2) 매너

매너(manner)를 사전에서 찾아보면 방법, 방식, 태도라고 명시되어 있고 복수로는 '예의범절'이라고 되어 있습니다. 매너는 사람마다 갖고 있는 독특한 습관, 몸가짐으로 해석할 수 있습니다. 매너는 제3자의 희망사항이며 기본 개념은 상대방으로 존중해 주는데 있으며 이는 상대방에게 불편이나 폐를 끼치지 않고 편하게 하는 것을 뜻합니다. 이렇게 에티켓(Etiquette)과 매너에 대해 의미를 가릴 때엔 에티켓은 사람들 사이의 합리적인 행동 기준을 가리킬 때 사용되고 이러한 에티켓을 바탕으로 행동으로 나타내는 것을 매너(manner)라고 합니다.

공동의 목적이나 이익을 추구하기 위해, 상충되는 목적이나 이해관계를 조정하기 위해, 인간들은 사회규범 즉, 공공규칙을 갖게 되었다. 다시 말해 인간사회의 질서를 유지하기 위해 규범을 필요로 하게 되었다.

사람이 다른 사람과 아무런 관계없이 살아갈 수 있다면 자기 자신이 살아가고 싶은 대로 살아가면 되기 때문에 어떠한 예의나 규범이나 질서가 필요 없게 된다. 외딴 섬에서 홀로 산 로빈슨 크루소(onbinson Crusoe)에게는 예의가 필요 없다. 동물의 세계에는 약육강식의 냉혹한 법칙만이 있을 뿐이다.

우리가 사회생활을 위해 지켜야 할 규칙은 여러가지가 있다. 학교에는 있고, 사회에는 사칙이 있으며, 국가에는 법이 있다. 우리는 이러한 규칙을 통틀어 규범이라 하는데 이 규범의 핵심이 바로 예절인 것이다.

예(禮)란 인간이 지켜야 할 규범이며 절(節)이란 규범을 따라 실행하고자 하는 행위를 말한다. 그래서 예절이란 인간이 지키고 행하여할 규범, 즉, 예의범절을 말하는 것이다.

예의범절이란 영어의 에티켓(etiquette)이나 매너(manner)에 해당되는 것이다. 에티켓이란 대인관계를 원활히 하기 위한 사회적 불문율이며, 매너는 이의 아름다움을 표현한 것이다. 예절은 남을 대할 때의 마음가짐이나 태도이며 타인에 대한 배려이다. 즉 대인관계에 있어서 상대방의 마음을 상하지 않게 하는 마음가짐과 행위이며, 나아가 상대방으로 하여금 중요한 인물임을 느끼게 하는 것이다. 자기 자신의 욕망을 채우기 위하여 남의 것을 탐내지 않으며 다른 사람에게 자기 것을 나누어주며, 윗사람에게는 공손히 대하고 아랫사람에게는 거짓없이 이끌어 주는 마음가짐으로 생활하는 사람을 예절 바른 사람이라고 한다.

또한 자기가 맡은 일에 대하여 정성을 다하는 것, 남이 싫어하는 것을 하지 않는 것, 남을 의심하지 않고 진심으로 믿어주는 것, 나를 믿어주는 사람에게 정성을 다 하는 것, 남과 약속한 것을 어기지 않고 지키는 것, 또는 불의를 물리치고 정의를 수호하는 것도 예의라고 하겠다.

프랑스의 철학자 베르그송은 상대방에 대하여 자기 자신의 뜻을 강요하는 것이 아니라 상대방에 의하여 자기 자신을 바꿀 수 있는 능력에 예의범절의 본질이 있다고 했다.

표 1-1 에티켓과 매너의 차이점

에티켓	매너
행동기준	행동으로 나타나는 방법
'나 자신'에 관심	'상대방'에 관심
'있다, 없다' 의 유무로 구분	'좋다, 나쁘다' 로 구분
형식 (form)	방식 (way)
화장실에서 노크를 하는 행동 자체	상대를 배려해서 조심스레 노크하는 것
웃어른께 인사 하는 행동자체	상대방에게 어떻게 인사 하는야 하는것

(3) 친 절

친절은 우리가 남에게 상냥하게 대하고 필요한 것을 베풀고 이로움을 주는 것뿐만이 아니라, 자신의 진실한 마음에서 우러나와서 남을 도와주고 싶은 마음 바로 그것이 참된 친절이라고 할 수 있다.

친절은 우리가 살아가는데 꼭 필 할 정도로 중요한 것은 아니지만 그래도 예절이란 것을 안다면 삶에 있어서 중요한 부분을 차지하는 것이 바로 친절이라고 생각할 수 있다.

우리는 삶을 살면서 많은 경험을 겪게 된다. 삶에 있어서 좋은 경험이 있을 때도 있지만 반대로 나쁜 경험이 있을 때도 있다. 그런 경험을 겪어가면서 성숙하는 인간은 참으로 배울 것이 많다. 인간은 혼자서는 살수 없는 것처럼 서로 서로 도우면서 삶을 살아가야 한다. 그리고 삶을 원활하게 유지하기 위해서는 인간관계를 중요시 할 필요가 있다.

인간관계란 사람이 살아가는데 꼭 필요하고 서로서로 부족한 점을 찾아서 도와주고 보충해 주면서 살아가는 사회 집단간의 매우 정서적인 관계이다.

우린 이러한 인간관계를 원활하게 유지시키면서 살아가야 하는 것이다. 인간관계에는 친절이 꼭 필요하다고 볼 수도 있다.

인간관계에 친절이 필요한 이유는 친절로써 사람이 사람을 대하게 된다면, 친절로 대하는 사람도 좋고, 친절함을 받는 사람도 좋기 때문에 양쪽 모두가 화합할 수 있는 것처럼 정말 좋은 방법 중에 하나가 바로 친절을 베푸는 것이다.

친절함으로 인해 자신에게 또는 남에게 도움이 되는 예를 몇 가지 들어본다면,

첫째 이웃이 형편이 어려울 때, 그런 이웃을 외면하기보다는, 옛말에도 있듯이 '콩 한쪽이라도 나누어 먹어라.'는 말처럼 이웃의 형편을 생각해서 이웃에게 친절을 베풀게 된다면 그 이웃은 자신을 도와주는 이웃이 정말로 고마울 것이고, 평생 그 은혜를 잊지 못할 것이다. 그로 인해서 느끼는 보람은 정말 엄청 날 것이다.

둘째, 처음 보는 남이라도 친절을 베풀어야 한다. 자신이 만약 상점 또는 가게를 운영하게 된다면 자신의 가게에 오늘 손님들에게 인사를 깍듯이 하면서,"저희 가게를 이용해 주셔서 감사합니다. 손님!! 다음에도 또 찾아 주십시오."라는 말 등을 친절하게 한다던 손님이 찾으시는 물건을 곧바로 찾아 준다던가 하면 손님은 그런 주인을 정말 고맙게 생각함과 동시에 친절함을 느끼게 될 것이다.

셋째, 나이가 드신 분이나, 나이가 어린아이들, 또는 다른 지역에 사는 사람이 길을 물을 때에 그냥 말로"어디 어디에 있다"라기 보다는 그 곳으로 직접 안내를 해서 친절하고 확실하게 가르쳐 준다면, 안내를 받은 사람은 더할 나위 없이 고마워 할 것이고, 반대로 안내를 해준 사람은 그의 고마움으로 인해 뜻밖의 감사표시라도 받게 된다면, 친절을 베푼 것에 대한 보람을 느낄 수도 있다.

2) 국제 예절 문화와 매너의 본질

(1) '예(禮)'의 의미

지구촌 시대에서 세계 각국의 사람들이 서로 원만하게 지내기 위해서는 각자가 따르고 지켜야 할 행동기준이 있어야 한다. 이 행동기준 중에서 가장 중요한 것이 그 사회에서 전통적으로 존중되어 온 예의범절(禮儀凡節)인데, 우리는 이것을 예의 · 예절 · 예법이라고 한다.

어느 시대, 어떠한 형식의 '예(禮)'라 해도 그것은 근본적으로 인간관계를 지배하는 행위 규칙이며 사회규범이다. '예'는 사회를 밝고 건강하게 유지해 주는 기본이며 인간다운 인간의 품격 및 타임에 대한 배려를 의미한다. 이 점에서 우리를 공자의 사상을 상기 할 수 있다. 공자는 "나라가 망하는 것은 군대가 없어서가 아니라 '예'가 없을 때"라고 하였으며, 사회규범으로서 '예'와 '인(仁)'을 같은 뜻으로 생각하여 '인'을 사람의 근본으로 보았다.

'인'이란 '사랑의 실천'이라고 생각하고 인간에게 '예'가 없음을 '인'이 없음과 같다고 하였다. '인'이란 곧 자제심, 즉 자기를 이기는 것이며 자신의 욕망을 억제하고 이길 수 있을 때 비로소 '인'을 행할 수 있고 '인'이 이루어 질 때 '예'는 저절로 드러난다고 하였다. 그러므로 '인'이나 '예'는 다른 사람이 대신할 수 없고 스스로 실천하되 항상 자기를 낮추고 남을 높이는 것을 근본으로 한다. 또한 공자는 '예'란 '마음의 근본'이라고 주장하면서 "사람은 예가 아니면 행할 수 없다"라고 하였다. 즉, '예'는 말을 함부로 하지 않는 언어의 '예', 남을 의식하고 챙겨 입는 의복의 '예', 상하를 구별하고 자기의 욕심만을 챙기지 않는 질서의 '예', 그리고 선과 악을 가릴 줄 아는 슬기의 '예' 등으로 구분하고 이 모든 '예'를 잘 지킴으로써 삶을 바로 영위할 수 있다고 하였다.

'예'는 동 · 서양을 막론하고 인간의 사회생활의 근본을 이루고 있다는 점에서 같다. 인간을 사회적 동물로서 혼자서는 살아갈 수 없기 때문에 인간으로서의 자기관리와 사회인으로서의 대인관계를 원만히 하기 위해 '예'는 사회생활의 기본이 된다. 이는 ''예'가 인간의 인격 형성 요건인 동시에 사회생활 및 국가의 기본 요건임을 시사하는 것으로 예의는 인간의 공동생활에 질서를 부여 하는 것이라 하겠다.

'예'란 인간이 지닌 순수하고 선한 마음이 행동을 통하여 표출된 것을 말한다. 아무리 배가 고파도 함부로 남의 것을 뺏어 먹을 수 없다는 의식, 이웃이 곤경에 처했을 때 발벗고 나서서 도와주려는 따뜻한 마음씨, 복잡한 지하철에서 노약자에게 자리를 양보해야 마음이 가벼운 섬김의 자세, 아랫사람의 잘못을 사랑으로 지도하고 바른길로 인도하는 행위, 이러한 모든 마음의 표현은 예라 할 수 있다.

즉, '예'란 자기를 낮추고 남을 높이는 것을 의미하는데, 이는 자기비하가 아니라 개인의 사사로운 욕구를 억제한다는 것이다. 또한 '예'는 남을 위해 일방적으로 자신을 희생하는 것이 아니라 우리 모두가 함께 공종하기 위한 약속으로 우리가 더불어 살아가면서 어떤 사람의 됨됨이를 평가하는 기본이자 척도이다. 이러한 '예'는 구체적으로 예의범절(禮儀凡節), 즉 예절의 형태로 논의될 수 있다.

'예절'의 기능에는 수기(修己)와 치인(治人)의 기능이 있다.

수기(修己)란 스스로 사람다움을 지니기 위해 자기를 관리함을 의미하며, 그 본질은 정성스런 마음이다. 이는 곧 자기관리의 요령으로 자신을 속임 없이 정직해야 되고 정성스레 예절을 지키며, 홀로 있을 때라도 항상 조심하고 삼가는 것을 의미한다. '예'는 자기수련의 과정을 통하여 자아정체감을 증대하며, 나아가 사회에 무리없이 적응할 수 있는 토대를 마련하여 현대사회의 병리적 양상인 무기력 · 무의미 · 무규범을 극복하는데 기여하는 기능을 한다.

치인(治人)은 남과 함께 지내는 대인관계를 의미하며, 자기 내면을 다스리던 정성스런 마음을 타인을 대할 때도 똑같이 적용하는 것을 의미한다. 즉 예절의 기능은 개인적으로는 내적인 사람다워짐과 자아정체감을 증대시키고, 사회적으로는 대인관계를 원만히 하여 사회통합을 이루도록 하는 것이다.

이상에서 살펴본 예절의 진정한 가치는 인간의(개인의) 정신에 있다 하더라도 예절은 형식으로 드러나게 되므로 시대적 상황과 각자가 처한 입장에 따라 그 적용이 달라진다. 그러므로 사회의 변화에 따라 예절의 표현방식은 점차 변화할 수 밖에 없다.

(2) 예절의 본질

동양 예절은 실천 도덕인 유교에 바탕을 두고 있으며, 한국의 전통 예절 또한 고유의 인 · 의 · 예 · 지 · 신(仁 · 義 · 禮 · 智 · 信)에 기본을 두고 있다. 따라서 동양 예절의 인(仁) · 경(敬) · 효(孝) · 자(慈) · 신(信) 사상이 지구촌 시대에 도덕적 질서를 세우는데 기본으로 활용될 수 있다고 생각한다.

동양 예절의 근본정신을 살펴보면, 우선 공자는 '인'을 사람의 근본으로 삼았다. 인은 어질다는 뜻이며 '인자하다'와 같고 사라의 실천을 의미한다. 사람은 자기 자신의 욕망을 절제하고 조절할 수 있을 때 비로소 예를 행할 수 있다 하여, 예절과 질서는 타인의 강요에 의해서라기보다 스스로의 실천에 의해 이루어지는 것임을 강조한다. 퇴계의 경(敬)사상은 이기(理氣), 즉 항상 조심하고 그 마음을 보존하며 도덕적 자각을 가진 인간이 도덕적

주체로서 자기를 확실하게 지키려는 생활태도를 뜻한다.

한편 서양에는 예절을 뜻하는 낱말이 여러가지가 있다. 이를테면 'etiquette', 'manners',는 서구 사람들의 예절이다. 즉, 예절은 친절, 공손, 공명정대한 정신, 타인의 의견에 관대함, 자제심, 성실한 마음과 적당한 유머, 자존심, 상식에 따르는 것을 의미한다.

그러나 진정한 의미의 서양적 '예'의 기원은 중세 기사도에 있었다. 기사도는 근본적으로 약한 자를 보호하는 그리스도교 정신에 기반을 두었으므로 모든 서양적 '예'의 정신적 기원은 성경에서 찾아볼 수 있다. "누구든지 자기를 높이는 사람은 낮아지고 자기를 낮추는 사람은 높아질 것이다(루가복음 14:11)", 또는 "너희는 남에게서 바라는 대로 남에게 해주어라(루가복음 6:31)"등의 성서의 구절들은 사랑과 겸손을 몸소 실천함으로써 행동으로 표현될 수 있음을 보여준다. 즉, 이것은 나와 남, 남들과의 관계를 자유로운 가운데서도 평등하게 유지하려는 형평의 정신이라 할 수 있다. 이러한 형평은 각자의 권리와 권한을 손상시키지 않는 가운데 각자의 자유와 평등을 지키면서 사회적 관계를 유지할 수 있게 하는 실천원이기도 하다.

또한 서양 세계에서 '예절'이 사회적으로 중요한 개념이 된 것은 르네상스 시대였다. 즉 서양 예절은 16세기 전반기에 독특한 성격과 기능을 갖게 되었다. 엘리아스(Elias)에 의하면 예절은 르네상스의 가장 위대한 휴머니스트인 Erasmus에 의해 비로소 명확히 표현되어 사회적으로 널리 퍼졌다. 이때 '예절'은 당시에는 귀족들과 관련된 행동양식이었으며, 특히 사람들이 궁중(court)에서 행동하는 방식을 뜻하는 것이었으므로 그것은 말 그대로 궁중예절이었다.

이와 같이 서양 예절은 이웃을 배려하는 마음과 공동체 생활의식으로 비롯된 건전한 시민정신으로부터 출발한다. 서양 예절의 근본정신은 다음과 같다.

첫째는 '남이 나에게 해주기를 바라는 것처럼 다른 사람에게 하라!' 즉, '자기가 하기 싫은 것은 다른 사람에게 시키지 말라'는 남을 배려하는 마음이다.

둘째는 '상대방을 난처한 상화에 처하기 않도록 하며, 상대방을 마음속으로부터 존경한다.' 예컨대, 사교석상에서는 상대방의 기분이 상할 화제와 남의 사생활에 관한 이야기는 되도록 삼가면서 즐거운 대화를 나눈다.

셋째는 '인간은 누구나 출신, 인종, 성별, 나이에 불문하고 동등한 권리를 가진다'라는 것으로 평등의 정신에 기초한다.

넷째는 '타인과의 관계를 형성하는 공공장소 중심의 광의의 예절을 중시한다, 이러한 정신은 사교모임에서의 예의, 만찬회나 리셉션시의 매너 등 실내에서의 에티켓도 중요하지만, 공공장소에서의 에티켓에서 매우 중요하다.

다섯째는 '여성을 존경한다'이다. 'Lady First'란 서양 예절의 가장 중요한 부분으로서 기독교와 중세의 기사도 정신에서 유래 했으며, 약한 여성을 돌보는 것이 신사다운 남성으로서 행해야 할 기본 덕목으로 여겼다.

이상에서 동 · 서양 예절을 살펴본 바에 의하면, 남을 배려하고 질서를 중시한다는 면에서 그 본질이 같으나, 실천 차원에서 동양 예절은 수기(修己), 즉 자기관리에 중점을 두고 있는데 비하여, 서양 예절은 공공장소 중심의 공공생활 예절을 중시하고 있음으로 알 수 있다.

3) 국제 예절 문화와 매너의 방향

'예절'은 인륜적인 보편성을 지니고 있으나 그 보편성의 표현방식인 격식은 시대의 변화나 문화적 차이를 뛰어넘어 고집할 수는 없다. 그러나 예절이 시대 변천에 따라 변해야 된다고 해서 오늘의 '예'가 어제의 '예'와 완전히 단절되어서는 안 되며, 서구의 예절을 한국에서 그대로 받아들일 수도 없는 것이다. 그리고 인간성 회복과 원만한 대인관계, 기업체의 생산력 향상, 사회의 질서 유지, 문화의 전승 및 가치 창조 그리고 예의 올바른 실천을 위해 예절의 형식은 달라지더라도 원활한 공동생활체를 유지하기 위한 행동양식이어야 한다.

따라서 21세기의 지구촌 시대의 매너는 동양 예절의 수신의 기능과 서양의 시민사회 예절을 통합한 예절이 되어야 하며, 유아기에서부터 성인에 이르기 까지 평생을 거쳐 이루어져야 한다. 그 예절의 본질은 원활한 공동생활체를 유지하기 위한 행동양식이어야 하겠다.

이러한 점을 고려할 때 지구촌 사회에서 지향해야 할 '예절'은 다음과 같다.

첫째, 동 · 서양 예절에서 진일보(進一步)된 지구촌의 행동지침을 세운다.

지구촌 사회의 예절은 동 · 서양 예절의 본질을 통합 · 절충하여 새로운 행동지침이 마련되어야 한다. 즉, 나와 우리가 서로 공존하면서 조화를 찾을 수 있는 절제된 자기 수련을 쌓을 필요가 있다. 그러할 때 비로소 개별성이 존중되는 동시에 타인과 화합이 가능하며 도덕적으로 질서 있는 사회를 이룩할 수 있다.

둘째, 개인보다는 공동체의 삶의 질을 우선한다.

과거 우리나라 예절은 주로 가족중심의 가례(家禮)로 국한되어 패쇄적인 면이 많았다. 그러나 현 사회는 개인의 비중보다는 사회적 비중이 커지고 있어 모든 개인 문제도 사회체계 내에서 인간관계의 개선을 통해서 가능하게 되었다. 그러므로 지구촌 시대의 예절은 공중도덕 · 공공질서를 함양함으로써 공동체 삶의 질을 향상시키는 것을 목적으로 해야 하겠다. 우리는 공공질서와 공중도덕을 지키는 교육에 관하여 어려서부터 철저한 훈련을 받지 못하여 실례되는 행위를 하는 경우가 많다. 따라서 지구촌 시민의식이라는 자긍심을 갖고 보다 공동체 지향적인 예절의 확립을 도모해야 할 것이다.

셋째, 수평적이고 평등적인 예절을 지향한다.

유교에 바탕을 둔 우리 문화가 윗사람 중심의 수직적인 예절과 가정, 친 · 인척 중심의 협의(狹義)의 예절을 중요시하는 반면 지구촌 시대의 예절은 누구나 동등한 대우를 받아야함을 의미한다. 즉, 민족 · 문화 · 성 등에 따른 차별이 있을 수 없다. 예를 들어, 동양의 가부장제 문화에서 남성이 여성보다 우월한 지위에서 과도한 대접을 받았던 데서 벗어나, 서양의 기독교와 중세의 기사도 정신에서 유래한 'Lady First'를 토대로 남녀 평등한 삶을 추구한다. 이와 같은 평등한 인간관계를 지향할 때 비로소 형식적인 예절은 사라지고 마음으로부터의 존경과 사랑이 담긴 예의 참뜻을 실현시킬 수 있을 것이다.

넷째, 다른 문화를 인정하는 의식구조의 선진화가 필요하다.

지금까지의 배타적이고 이기적인 의식구조와 사고방식을 벗어버리고, 우물 안 개구리식의 오만과 허세 · 과시욕을 벗어 버리고 서양 문화의 특성인 남을 먼저 배려하며 폐를 끼치지 않으려는 태도를 철저히 생활화 하고 문화적 차이 그 자체를 존중하며 타문화에 대한 깊은 관심을 가지도록 한다.

그리고 평소에 가까운 동료나 이웃에 대한 관심과 배려 및 외국 문화를 직접 체험하려는 거시적인 노력도 필요하다.

다섯째, 지구촌 표준에 맞춰 예절의 형식을 변형시킨다.

지구촌 시대에 다른 나라와 교류를 하는 데는 지구촌 표준이 있다. 기업이나 국가에서 마련한 표준화 작업이 외형적으로 활발히 진행되고는 있지만, 실제 우리들이 태도나 수준이 이에 맞추어 변하고 있는지는 되짚어 볼 필요가 있다.

여섯째, T.O.P.에 맞는 예절을 익혀야 한다.

'좋은 매너가 좋은 분별력을 만든다.' 라는 이야기가 있듯이 언제나 시간과 장소 그리고 상황에 맞게 말하고 행동하며 옷을 입어야 한다.

일곱째, 예절을 실천에 옮긴다.

예절은 행위로 표시되며 행위는 지켜야겠다는 강한 의지를 가지고 실천에 옮길 때 가능한 것이다. 따라서 어려서부터 가정교육을 통해서 국제매너가 몸에 배도록 습관화해야 하며, 급변하는 사회 · 경제 환경에 따라 정규교육기관과 사회교육기관에서의 교육도 매우 중요하다. 그리하여 예절 행위가 자연스럽게 반복되는 동안에 사회전체가 '예'의 본질을 터득하고 생활화하게 될 때 우리 모두 마음이 편안하고 질 높은 삶을 향유하게 될 것이다.

결론적으로 지구촌에서 한국인에 대한 평가는 우리가 행하는 예절에 따라 달라진다. 그렇다면 이제 매너는 몇몇 사람이 배워야 할 선택사항이 아니라 한국인 모두가 알고 익혀야 할 필수요건으로 자리매김 되어야 하겠다. 하루속히 우리는 우리의 경제 성장과 국제적 위상에 알맞게 타문화에 대한 이해와 함께 국제매너를 몸에 익혀, 국내 · 외에서 교양 있는 세계 시민으로서 행동해야 한다.

4) 유럽인의 예절

유럽인의 예절의 몇 가지 특징들을 다음과 같다.

(1) 개성 존중

우리들은 식당에서 음식을 주문할 때에도 개성을 무시하는 획일성이 잘 나타난다. 상대방의 의사를 묻지도 않고 묻지도 않았는데 음식 주문을 할때 통일을 해서 주문하거나, 처음에 한 사람이 '자장면'하면 이어서 '나도, 나도'하고 반복하는 것을 보게 된다. 그러나 유럽인들은 저마다 각각이다. 개성을 인정하고 존중해 주면 창의력의 개발이 가능하지만, 반대로 개성을 무시해 버리면 창의력도 함께 죽어버리고 만다. 자신의 개성이 무시당하게 되면 불쾌감이나 낭패감에서 능동적으로 행동하려던 사람이 피동화되어 버리고 만다. 우리는 흔히 프랑스의 파리를 '유행의 메카'라 칭하고 있다. 그러나 그것은 하루 이틀에 이루어진 것이 아니다. 프랑스인들의 오랜 개성 존중과 자유 존중 사상이 그들의 부단한 창의력의 개발을 가능케 했다는 것이다. 유럽인들은 언행이나 생활양식에 있어 누구나 뚜렷한 개성을 드러내며 서로를 존중해 준다.

(2) 사생활 존중

사생활의 침해는 경계심을 유발시킨다. 사람은 누구나 시간이건 공간이건 자기만의 영역을 확보하고 그 안에서 즐기며 살아가고 있다. 그런데 조금만 친해지면 느닷없이 방문하는 경우가 많다. 예고 없는 방문은 상대를 당혹케 하고 폐를 끼치는 결과를 초래하게 됨을 알아야 한다. 유럽인들은 사생활의 시간이나 장소를 철저히 보장받고 싶어 하며 그들 스스로도 또한 남을 존중해 준다. 특히 부부생활의 사생활 영역을 침해하는 일이 없어야 한다. 우리는 흔히 대인 관계에 있어서 상대방의 사생활을 깊이 알게 되면 상대가 자기에게 보다 더 친근감을 느끼게 될 거라고 생각한다. 그래서 '고향이 어디십니까?', '어디에 사십니까?' 에서부터 시작하여 '몇 평짜리 아파트에서 사느냐?'고 묻는가 하면, '자녀가 공부를 잘 하느냐?'고 까지 묻는다.

이같이 접근해 갈 경우, 유럽인들은 못마땅해 하고 때로는 심한 불쾌감을 표시한다. 사생활 침해라는 것이다. 그들은 대화할 때 개인적인 친분관계나 재산정도에 관한 것, 가정의 내밀한 면, 또는 사회적인 서열이나 계층을 드러내는 것 등의 질문을 받게 되면 자신의 프라이버시 즉 사생활이 침해당하고 있다고 느끼게 된다.

(3) 상대방 관찰

대화할 때, 유럽인들은 항시 상대의 반응을 보아 가면서 신중히 이어나간다. 그들은 올바른 대화의 원칙으로써 세 가지 기준, 즉 Stop(멈추어라), Look(보아라), Listen(들어라)을 따른다. 이에 비해서, 우리는 상대가 듣고 싶어 하는지, 이해하고 있는지, 지루해 하는지 아랑곳 하지 않고 일방적으로 이끌어 가며, 상대의 말에 건성인 편이다. Look은 상대를 보라는 것인데, 이것은 동서양의 차이를 보여 준다. 우리 뿐 아니라 유교영향권 하의 극동지역에서는 대화할 때 상대를 빤히 응시하는 것은 좋은 습관이 아니다. 더구나 윗분과 대화할 때 빤히 쳐다보는 것은 예의가 아니었다. 그러나 서양에서는 반드시 상대를 바라보아야 한다. 그렇지 않으면 상대가 자기의 말을 좋아하지 않거나 호감을 가지고 있지 않다고 이해하게 된다. 그들은 빤히 바라보면서 부가적인 제스처까지 나타내 주기를 기대한다.

(4) 칭 찬

사람은 누구나 칭찬을 들으면 기쁨을 느끼게 된다. 칭찬은 바로 약한 육체에 건강을 주고, 두려운 마음에 평온함과 신뢰와 용기를 주고, 상처 난 가슴에 휴식과 새로운 힘을 준다. 그리고 감사를 표시하는 것도 상대방에 대한 격려, 칭찬이 된다. 개인이건 국가건 간에 밝은 면과 어두운 면, 그리고 긍정적인 면과 부정적인 면이 있게 마련이다. 외국인과의 대화시에는 반드시 그들의 밝은 면이나 긍정적인 면을 들어 칭찬해 주고 대화의 주제로 삼아야 한다. 유럽인들은 대단치 않은 일에도 Wonderful, Beautiful, Excellent, Fantastic, Good, Nice 등의 표현을 써가면서 조금은 과장스럽다 느낄 정도로 상대를 칭찬한다.

(5) 친 절

친절이야 말로 돈 들이지 않고 상대를 끄는 힘을 지니고 있으며 시간이 흐를수록 감사하는 마음을 더하게 해 준다. 사소한 일이라도 불친절은 상대를 불쾌하게 하고 서로의 관계를 삐걱거리게 만든다. 아무리 언어가 다르고 감정의 차이를 지닌 외국인이라 해도 드러내는 말투나 표정, 그리고 태도에서 친절과 불친절, 공손과 불손은 금방 읽어낼 수가 있는 것이다. 세련되고 부드러운 말씨와 공손하고 정중한 태도는 상대방을 귀하게 여기고 존중하는 자세이며 이것은 대인관계의 윤활유가 된다. 이를 위하여는 먼저 맑고 부드러운 표정을 보여야 한다. 전통적으로 근엄한 표정을 지닌 우리들이긴 하지만 조금만 부드러운 표정을 지어 보이면 될 것이다. 외국인들이 한국인을 보고 왠지 잔뜩 긴장되어 있고 무언가에 쫓기는 듯한 사람들 같다는 말을 자주 한다. 긴장을 풀기 위해서는 마음의 여유를 지녀야 한다. 친절이란 다정한 눈빛이요 상냥한 미소이며, 손님을 귀하게 여기는 태도이다. 친절은 결코 아첨이 아니다.

(6) 약속시간 엄수

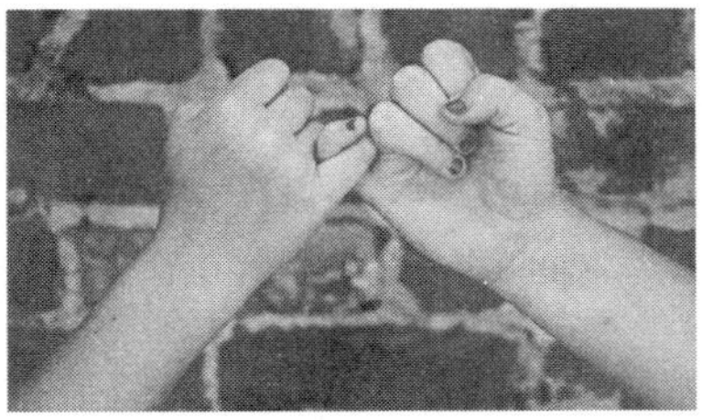

자본주의 체제 하에서 '시간은 바로 돈이다'. 약속시간을 잘 지키지 못하면 상대에게 불쾌감을 안겨 주게 되고 자신의 행동에 대한 신뢰감을 떨어뜨리게 만든다. 불가피한 사정으로 인하여 약속내용을 변경하고자 할 때에는 이 쪽의 사정을 잘 납득시키고 양해를 구한 다음 상호협의 하에 변경해야 한다. 그리고 처음부터 이행에 자신이 없는 약속은 하지 않아야 한다.

(7) 유머 감각 소유

유머를 지닌 마음은 늘 여유 있는 마음이요, 윤택한 마음이며 매사를 스스로 즐기는 마음이다. 유머는 그 자체가 문제를 푸는 힘을 지니고 있어 아무리 어렵고 딱딱한 주제라도 가볍게 접근해 들어가는 테크닉이라 할 수 있다. 또한 유머에는 페이소스(Pathos)가 깃들어 있어 우리들의 감정을 잘 융화시켜 준다. 현대인들에게 있어 유머의 센스는 그들 문화생활의 내용이나 성질을 변화시킬 만큼 커다란 역할을 하고 있다. 유머를 지닌 사람은 정신적인 여유와 너그러움이 있어 언제 대해도 늘 포근하고 넉넉하여 신뢰감이 우러나게 된다.

(8) 타인의 사고방식 존중

비록 자기와 종교가 다르다 할지라도 그들 종교의식과 계율을 존중하고 적절한 예의를 표시함이 마땅하다. 자기와 다른 종교의 유적지를 관람할 때도 행여 배타적인 감정을 표정에 드러낸다거나 비판하는 행위는 삼가야 한다.

(9) 여성 존중

외국인이 레이디 퍼스트를 권할 때에도 이를 한사코 사양하거나 이상한 눈초리로 경계심을 가지고 대하는 우리 여성들이 있음을 본다. 우리 여성들도 국제 사회의 일원으로서 이 관습을 부드럽게 받아들이고 즐겨야 한다. 유의할 점은, 이러한 예우를 받을 때 당연하다는 듯이 묵묵히 받아들이지 말고, 반드시 가벼운 미소로서 감사의 반응을 보여야 한다. 계단을 오를 때는 남성이 먼저, 내려 올 때는 여성이 먼저 내려와야 한다. 그리고 악수를 할 때에는 여성이 먼저 남성에게 손을 내밀도록 하는 것이 예의이다. 그러나 이러한 순서는 하나의 원칙일 뿐, 상황에 따라서 달라질 수도 있다.

(10) 몸짓언어 사용

몸짓언어(Body language), 즉 제스처는 대개 말을 수식하거나 한정하는 역할을 하고 있으나 때로는 전달하고자 하는 메시지의 전체적인 효과를 크게 상승시키는 역할을 한다. 미국인들은 고개를 끄덕이며 말대꾸를 해주면 좋아한다. 이러한 반응이 없으면 그들은 상대방의 반응을 전혀 알아차리지 못하게 된다. 심리학자 알버트 메라비안 Albert Mehrabian에 따르면, 메시지 전달에 미치는 전체적인 효과는 말이 7%, 음성이 38%, 그리고 얼굴 표정이 55% 라고 한다.

6. 유럽 각국에 관한 에티켓

유럽 각국의 예절에 관한 간단한 상식들을 적어보면 다음과 같다.

(1) 프랑스

악수는 짧게 살짝 잡는다. 대화할 때, 포도주에 관한 상식을 갖추고 있으면 좋아한다. 밤 10시 이후나 토요일, 일요일은 전화를 삼가야 한다. 프랑스인에게 카네이션은 장례를 의미하므로 꽃을 선물할 때 주의해야 한다. 프랑스인들은 좌석의 배치에도 세심한 주의를 기울인다. 집주인의 오른 쪽 좌석이 최상석으로 주빈 부인의 자리가 된다. 안주인은 집주인의 반대편에 앉는데 그 왼쪽 좌석이 주빈의 남성 자리이다. 남녀가 섞여 앉는 것이 원칙이며 남편과 아내가 정면으로 마주 보거나 나란히 앉는 것을 피한다. 프랑스에서는 안주인이 착석하여 수저를 들기 전에 먼저 식사를 하는 것은 절대로 삼간다. 또한 안주인이 만든 요리를 거절하는 것은 일종의 모독으로 간주된다. 식탁에서는 이야기를 많이 한다. 그러나 질병이나 금전, 종교, 정치와 같은 무거운 주제를 피한다. 식탁에서 가장 큰 적은 침묵이며 이를 예방하는 것이 주인의 할일이다. 프로마쥬는 치즈의 프랑스어이다. 디저트 직전에 먹거나 또한 디저트 대용으로 먹는다. 집에 손님을 초대했을 때는 적어도 세 종류 이상의 치즈를 쟁반 위에 대접하는 것이 예의이다. 손님이 치즈를 너무 많이 먹으면 식사가 부실했다는 뜻이 되므로 조금만 먹는 것이 예의이다.

(2) 영 국

음식을 권할 때 처음에 한번은 사양하는 것이 예의이다. 대부분의 다른 나라들과 달리, 차량은 좌측통행을 한다. 가정에 초대를 받았을 때는 가벼운 선물을 준비하는 것이 보통이다. 영국인에게 생계를 위해서 무슨 일을 하는지 묻지 않는 것이 좋다.

(3) 독 일

독일인은 문화에 관해서 프랑스나 이탈리아 등 다른 유럽 국가에 비해 다소 열등감을 가지고 있으므로 대화 시 주의를 요한다. 생활규율이 엄격하여 아파트에서 밤 10시 이후 목욕을 하거나 오후 1시에서 3시 사이에 피아노를 친다거나 시끄럽게 하면 이웃사람들의 비난을 받는다. 교통 사고 시 상대에게 미안하다고 하면 본인의 책임을 인정한 것이 되어 본의 아니게 책임을 지게 된다. 상대방의 허락 없이 이름을 부르지 않는다. 독일인에게 장미는 구애를 뜻한다.

(4) 이탈리아

이 나라의 국가 통일의 역사가 120여년에 불과하여 곳곳에 아직도 각 지방 고유의 특색이 남아 있다. 따라서 국가관이나 시민권의 자각이 결여되어 있으며 국가보다는 지역사회, 지역사회보다는 가족 지향적인 특성이 강하다. 예를 들면 집 밖은 지저분한데도 집안은 무척 깨끗하다. 개인주의 사상이 강하여 조직적인 행동을 아주 싫어하는 경향이 있다. 만사를 법정 투쟁에 의해서 해결하려는 성향이 있다. 가까운 남자끼리는 포옹하거나 쓰다듬어도 된다.

(5) 스페인

남자들 끼리에도 친할 경우 포옹을 한다. 스페인 사람들은 대부분 통화를 길게 하므로 인내와 끈기를 가지고 기다려야 한다. 스페인 사람은 점심에서 저녁식사 때까지의 시간이 길고 낮잠을 즐긴다.

(6) 기 타

① 스코틀랜드 : 스코틀랜드를 여행할 때 영국을 편드는 것은 삼가야 해야 한다.

② 포르투갈 : 남자끼리 서로 포옹한다. 여자에게는 양 볼에 키스를 한다.

③ 아일랜드 : 술을 거절하거나 잔을 되받지 않는 것은 결례이다. 정치나 종교에 관한 대화는 피한다. 이들은 영국에 대해서 과민 반응을 보인다.

④ 스위스 : 스위스인들은 부를 자랑하는 것을 싫어한다.

⑤ 덴마크 : 덴마크인들은 노르웨이인이나 스웨덴인으로 오인 받는 것을 싫어한다.

⑥ 그리스 : 그리스인은 '아니오'의 뜻으로 턱을 치켜들고 눈을 부릅뜬다.

제2절 이문화(異文化)의 이해

1. 이문화 커뮤니케이션의 이해

이문화 커뮤니케이션이란 서로 다른 문화권에 사는 사람들의 문화·행동·말의 표현 등을 이해하는 것이다. 이문화 커뮤니케이션이란 말은 서로 상이한 문화간 커뮤니케이션(Intercultural Communication) 또는 문화를 교차하는 커뮤니케이션(Crosscultural Communication)을 번역한 말로 미국에서 처음 생겨난 용어이다.

오늘날과 같은 탈(脫)국가적인 국제화 시대에서 다른 나라의 문화적 차이를 인식하는 일은 그 나라의 언어를 습득 하는것 만큼이나 중요한 일이다. 서로 다른 문화가 만나면 인식의 차이 혹은 가치관의 차이 때문에 여러 오해와 편견이 발생하게 된다. 그런데 지구촌의 일원으로서 이웃을 이해하고 친선과 우의를 지켜 나가기 위해서는 오랜 세월 각기 다른 풍토에서 형성된 문화의 독창성과 특수성에 대한 서로간이 이해와 존중이 선행되어야 한다.

서로 다른 문화권 사람들이 보기에는 다소 우스꽝스럽고 불쾌한 기분이 들더라도 다른 나라의 문화적 상대성을 있는 그대로 인정해주고 따라 주는 것이 진정한 세계인이 되는 길이라 할 수 있다.

과거에는 사회마다 차이가 심하고 그 특수성을 이해하기가 힘들었지만 현대는 세계가 지구촌이란 이름으로 통합되어 가고 있다. 따라서 문화, 전통이나 관습이 다른 예절, 즉 서로 다른 형태로 표출되는 삶의 방식인 에티켓을 이해하고 상대방의 입장에서 이를 지키려는 최소한의 노력이 현대인에게는 소멸되어 가고 있다. 그런 의미에서 다양한 세계문화와 예절을 알아서 적절히 실천하고 또 우리의 것을 세계인에게 보여줌으로써 서로가 공감할 수 있는 공통분모를 찾을 때, 동양인 · 서양인이 아닌 진정한 국제인, 세계인이 되는 것이다.

따라서 국제화 시대는 이와 같은 이문화 커뮤니케이션의 이해에서 출발해야하며, 국제매너는 이문화 커뮤니케이션의 시작이라 할 수 있다.

2. 문화 충격

Albert Mehrabian (알버트 메라비안)교수에 의하면 커뮤니케이션은 언어적 요소와 비언어적 요소로 나누어지는데 상대에게 의사를 전달할 때 커뮤니케이션의 65~70%가 비언어적 요소에 의존한다는 통계를 내고 있다. 여기서 비언어란 주로 행동과 사고방식을 말하는데 이것은 인간관계에서 언어 이외의 요소가 얼마만큼 중요한가를 나타내고 있다. 영어를 할 줄 안다고 해서 세계인이 되는 것이 아니라 얼마나 세계적으로 열린 생각을 하고 그에 걸맞는 행동을 하느냐에 달려 있다.

의사전달시 서로 다른 문화적 배경의 차이 때문에 비언어가 주는 메시지 전달에 오해가 발생하기도 한다. 예를 들어 A문화권의 겸손의 메시지가 B문화권에서는 무능이나 비굴로 해석되기도 하고 A문화권의 친절한 행동이 B문화권 사람에게는 무례하거나 건방진 태도로 비처질 수 있다. 이러한 마찰은 다른 문화권의 올바른 이해 없이는 언제나 일어날 수 있는 문제점을 안고 있다. 따라서 국제매너는 이와 같은 이문화 커뮤니케이션 상의 마찰소지를 예방하고 보다 적극적로 대응한다는 차원에서 매우 중요하다.

문화충격이란 어릴 때부터 배워온 모든 문화적 틀과 지침들이 더 이상 적용되지 못할 때 경험하는 방향감각과 상실을 의미한다. 문화충격은 새로운 문화권에 들어가는 모든 사람들이 경험한다. 충격의 심각성은 문화간의 차이정도, 개인의 성품, 새로운 상황에 적응하는 방법들에 따라 달라진다. 또 문화충격은 그 나라 사람들의 생활방식에 따라 새로이 적응해야 하는데서 오는 스트레스이다.

1957년 빌르즈와 험프리에 의해 처음 사용된 용어로써 자신의 문화의식으로는 당연하고 정당하다고 여겨지는 것이 다른 문화권에서는 터부시도되거나 정반대로 받아들여져서 심리적 부적응상태가 나타나는데 이것을 문화쇼크(Culture Shock)라고 하였다.

기술의 급속한 발달과 세계화, 개방화의 추세에서 인간은 결코 자유로울 수 없고, 그렇다면 소극적인 의미의 방어와 저항보다는 적극적으로 대처함으로써 이러한 충격의 상황을 극복할 수 있다. 더 나아가 그 충격에서 벗어나는 유일한 길이 활발한 문화교류이다. 그 첫출발이 바로 다른 문화에 대한 이해에 있다.

국제사회에서 활동하여 성공적인 인간관계를 갖기 위해 상대의 문화적 배경에 입각한 생활양식, 행동규범, 인생관, 가치관을 사전에 이해함으로써 서로간의 감정적 충격, 인지적 불일치가 일어나지 않도록 즉 문화충동을 예방하는 것이 국제인의 기본 자질이라 할 수 있다.

3. 다른 문화의 이해

① 동남아시아에서는 왼손사용을 신중히 해야 하며 특히 태국에서 왼손으로 어린아이의 머리를 만지는 것은 금물이므로 주의해야 한다. 사찰 출입시 반바지 차림은 안 되며 여성 관광객들이 승려와 악수를 하거나 몸이 부딪치는 것 등은 금지되어 있으므로 주의해야 한다.

② 일본인은 숫자4와 9를 싫어한다(서양인은 13의 숫자를 싫어한다). 선물을 할 때는 네개를 피하고 흰 종이로 포장하지 않도록 한다. 흰색은 죽음을 의미한

다. 또한 자기 젓가락으로 남의 음식을 잘라 주는 행위 등은 삼가야 한다.

③ 외국인에게 칼을 선물하지 않는다. 일본에서는 칼이 자살을 상징하고, 라틴 아메리카에서는 관계 단절로 받아들여진다.

④ 외국인에게 적당한 선물로는 우리나라의 토산품이나 조각품, 도자기 등이 무난하다.

⑤ 유럽이나 미주 등에서 어린아이의 특정 신체 부위를 만졌다가는 경찰서 신세를 지기 쉽다.

⑥ 독일인은 개인 신상에 관한 질문에 정색을 하며, 대화 중 뒷짐을 지고 얘기하거나 주머니에 손을 넣는 것은 무례하다고 생각한다.

⑦ 중국인은 아버지 앞에서 아들이 담배를 피우는 정도로 담배에 관해서는 상당히 관대하다. 큰 괘종시계는 장례를 의미하기 때문에 피한다.

⑧ 홍콩인들은 한 가지 선물보다는 두 가지 선물을 받는 것을 더 좋아한다. '2'라는 숫자는 행운을 가져온다고 생각한다.

⑨ 중동지역의 희교도는 알코올 금지 등, 금식 규칙을 잘 지키고 채식주의자가 많으며 돼지고기를 먹지 않는다. 또한 왼손은 생리적인 일에만 사용하므로 불결하다고 생각하여 음식을 먹거나 선물, 명함 등을 전할 때도 오른손만 사용한다. 손수건 선물은 작별을 의미하므로 피한다.

⑩ 미국에서는 동성끼리 말없이 다정히 손잡는 행위는 동성애를 의미하며 거리에서 남자끼리 손을 잡거나 나이트클럽에서 남자끼리 춤추면 게이(gay)로 취급한다.

⑪ 외국에서 식자 중 코를 푸는 것은 생리적 현상으로 괜찮다고 생각하지만 트림은 곤란하다.

⑫ 인도 여행사 걸인과 마주쳐도 기분 나쁜 표정을 짓지 않도록 한다. 오히려 구걸은 상대방의 자비심을 일깨워 주는 자선행위로 생각한다. 시크교도는 터번을 쓰고 금연하며 쇠고기를 먹지 않는다.

⑬ 유럽에서 꽃을 선물할 때 꽃송이를 짝수로 하면 불행을 가져온다고 생각한다. 국화꽃은 죽음과 관련된 꽃으로 간주하므로 피하도록 한다. 독일 사람에게 꽃을 선물할 때는 포장을 하지 않도록 하며 특히 빨간 장미는 구애를 뜻하므로 주의해야 한다. 프랑스에서 카네이션은 장례식에 많이 사용하는 꽃이므로 선물용으로는 적합하지 않다. 멕시코, 브라질에서는 자줏빛 꽃이 죽음을 상징하므로 주의한다.

⑭ 엄지와 중지로 원을 만들어 OK 표시를 하는 것이 우리나라에서는 '준비 완료, 좋다'라는 뜻으로 해석되지만 일본에서는 '돈'으로, 브라질에서는 외설적인 뜻으로 간주된다. 프랑스의 프로방스에서는 '너는 일생에 도움이 안 되는 가치 없는 놈'이라는 심한 욕이 된다.

⑮ 엄지손가락을 세워 남에게 보이는 것은 우리나라에서는 최고의 의미지만 그리스에서는 외설적 의미로, 대부분 나라 및 러시아에는 동성연애를 의미하므로 함부로 이 표현을 쓰면 안 된다.

제2장 대화 매너

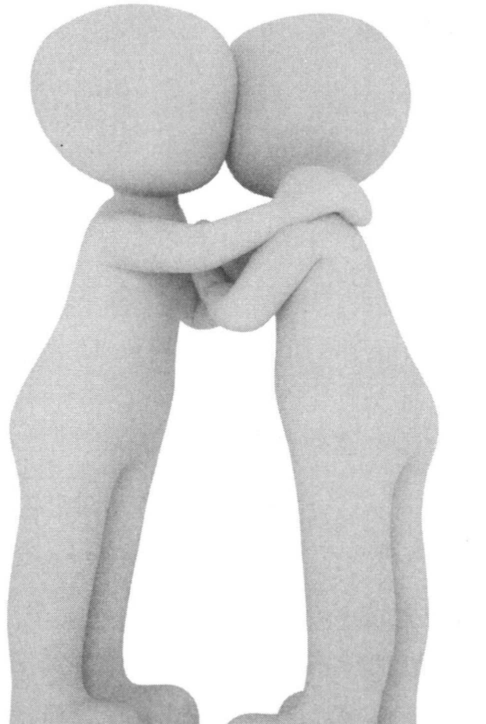

제1절 대화 메너

대화는 인간만이 소유할 수 있는 특권으로 다양한 인간관계를 공유하게 해주며 적극적인 나의 표현수단이다. 그러므로 무엇보다 서로를 이해하고 받아들이려는 자세가 필요하며 열린 마음으로 대화에 임할 때 쌍방적이고 질적인 대화가 이루어질 수 있을 것이다.

1. 바른 대화 예절

대화하는 사람 사이의 거리는 60~70cm가 이상적이다. 너무 가까이 다가가면 상대방에게 불쾌감을 줄 수 있고 위협받고 있다는 느낌을 줄 수 있다.

주위를 두리번거리거나 대화중 창문 등 엉뚱한 곳을 뚫어져라 응시하는 것은 실례가 되므로 시선은 상대방의 얼굴에 본다.

다리떨기, 머리카락 만지기, 손 비비기, 손톱 깨물기, 몸 흔들기 등 좋지 않은 버릇이 무의식중에 드러나지 않도록 하며, 대화도중 팔짱을 끼거나 다리를 포개어 앉지 않도록 한다.

너무 심한 사투리, 불명확한 발음은 삼가한다. 속어, 비어, 유행어의 사용을 자제하며 품위 있는 언어를 사용하도록 한다.

지나치게 높은 톤은 경박스럽게 보일 수 있고, 너무 저조한 억양은 분위기를 무겁게 만들 수 있으므로 억양에 신경을 쓴다.

상대방의 입장을 고려한 적합한 언어를 구사하도록 한다.

누구든지 대화에서 소외되었다는 느낌을 받게 해서는 안 되므로 말할 기회를 놓친 사람에겐 적절한 질문을 유도하여 대화에 참여시키도록 한다.

처음 만남에서 여성의 나이나 결혼여부를 묻는 것은 실례가 되므로 삼가도록 한다.

표 2-1

종류	거리넓이	특징 및 예
근접공간	40 ~ 50cm	연인, 친한친구, 부모사이 신체접촉이 가능한 거리(포옹, 싸움 등)
개인공간	30 ~ 120cm	상대방의 손을 잡고, 대화를 나눌 수 있는 거리, 어떠한 접촉에도 특정 프라이버시 허용
사회공간	1 ~ 3.6m	업무처리나 사교에 필요한 거리(비즈니스 공간)
공공공간	3.6m 이상	사람들의 영토유대가 가장 넓은 거리로 강연장이나 교실 같은 공간의 거리

2. 좋은 대화상대가 되는 법

좋은 대화상대가 되려면 다른 이의 마음을 짐작하며 헤아릴 수 있어야 한다. 진실하며 성의 있는 자세, 상대에 대한 세심한 배려, 긍정과 공감에 초점을 둔 대화기법이 좋은 인간관계를 보장한다.

1) 성공적인 대화의 기본조건

사람은 하루에 최소한 자기 스스로에게 타인에게 주변 환경과 3,000여 번의 의사소통을 하면서 살아간다.

- 대화란 내 말을 하는 것이 아니라 상대방의 이야기를 듣는 것부터 시작하여야 한다.
- 대화는 상대방의 말을 반복해서 듣는 것이 아니라 상대방이 무엇을 원하는지 파악 하는 것이다.
- 대화는 임하는 자세 태도까지 말하는 것으로 화려한 화술이 아니라 상대방에게 진심을 전달하는 것이다.

① 1, 2, 3법칙을 적용하라

말을 잘하는 사람은 남의 말을 잘 듣고 공감하는 사람이다. 1, 2, 3법칙이란 1번 말하고 2번 듣고 3번 공감하라는 법칙인데 상대와의 대화중 가장 필요한 부분이라 하겠다.

② 상대방에 대한 칭찬을 아끼지 말라

사람은 자신을 칭찬하는 사람을 칭찬하고 싶어 하므로 남을 칭찬하는 것은 곧 나를 칭찬하는 것이다. 누구라도 한두 가지의 장점은 있기 마련이므로 그것을 빨리 파악하여 진심 어린 칭찬을 한다면 당신은 좋은 대화 상대가 될 것이다.

③ 대화의 내용에 공감하고 긍정하라

사람은 자신의 희로애락에 공감하는 사람에게서 안정감과 친근감을 느낀다. 또 긍정의 기술도 필요한데 '왜 그렇게 피곤해 보여요?'의 표현보다는 '요즘 바쁘신 가봐요. 확실히 능력 있는 분은 다르네요'라고 표현하는 쪽이 더 긍정적이다. 그때그때의 적절한 감탄사와 맞장구는 상대방으로 하여금 당신이 자신의 말을 경청하고 있다는 느낌을 갖게 해준다.

④ 겸손은 최고의 미덕이다.

장점은 남이 인정해 주는 것이지 자신이 애써 부각시킨다고 공식화되는 것은 아닌데 이를 모르고 남 앞에서 자신의 장점을 자랑하고 싶어 하는 사람들이 많다. 잘난 척하는 사람이나 너무 완벽해 보이는 사람에겐 거리감이 느껴지게 마련이므로 겸손한 자세로 대화에 임해야 한다.

⑤ 대화의 첫마디를 준비하라.

첫 만남을 앞둔 시점이면 상대를 만나 어떤 식으로 이야기를 풀어갈지 미리 생각해 두도록 한다. 재치 있는 말이 떠오르지 않을 땐 그날의 대화 주제와 관련된 옛 경험을 떠올려 보던지 신문, 잡지, 인터넷을 통해 대화의 소재를 찾도록 한다.

⑥ 대화의 룰을 지켜라.

좋은 대화는 일정한 규칙이 있는데 이는 '상대방의 말을 가로막지 않는다. 의견을 제시할 때엔 반론의 기회를 준다. 임의로 화제를 바꾸지 않는다' 등의 우리가 평소에 잘 알고 있는 것들이지만 지키기는 쉽지 않다. 말을 주고받는 순서, 그리고 늘 자기가 하고 있는 말을 염두에 두면 실수를 줄일 수 있다.

3. 호감 받는 경청 매너 10가지

① 침묵 귀를 기울일 것

② 표정과 동작을 주시할 것

③ 감각과 총동원하여 들을 것

④ 분위기를 깨지 말 것

⑤ 맞장구칠 것

⑥ 주의 깊게 들을 것

⑦ 중단시키지 말 것

⑧ 흥미를 가질 것

⑨ 상대방의 입장에서 들을 것

⑩ 상대방의 거울이 될 것

4. 몸짓 언어 (Body Language)

사람은 언어만으로 의사소통을 하는 것이 아니다. 자세, 손의 움직임, 시선접촉, 공간 사용 등 다양한 코드를 통해 속뜻을 표현하는데, 사람들은 놀랍게도 특별한 학습 없이도 다른 이의 바디랭귀지(몸짓언어)를 이해하는 능력을 갖추고 있다고 한다. 그러므로 모든 동작과 움직임 등의 무의식적인 행동에도 주의를 기울여야 한다. 또 이런 바디랭귀지가 각 나라별로 다른 의미로 해석된다고 한다.

5. 호감 가는 말씨

상대방을 분석할 줄 알라. 영리한 사람의 분석력은 신중한 사람의 자제력과 맞먹는다. 낯선 사람을 분석하려면 고도의 머리가 필요하다. 다른 사람들의 심성과 성품을 아는 것은 인생에서 가장 중요한 일이다. 소리를 들어보면 그 쇠의 성분을 알 수 있듯이 말을 들어보면 그 사람됨을 알 수 있다. 말은 사람의 올바른 정도를 나타내지만 그 보다 그의 행동을 나타내는 표적이 된다.

그래서 말할 때 자신을 조심하라. 특히 경쟁자들과 함께 있을 때는 경계하기 위해 다른 사람들과 있을 때는 자신의 위신을 지키기 위해서 조심해야 한다. 이미 쏟은 말을 돌이킬 시간은 없다. 말할 때는 유언을 하듯 하라. 말수가 적을수록 다툴 일도 적다. 비밀스런 것은 항상 신(神)의 체취 같은 신비로움을 지니고 있다.

우리가 사용하는 말에도 그 사람의 습관에 의한 기호가 묻어나기 마련이다. 어떤 이는 문장과 문장을 연결하는 접속사 대신에 "저기~"를 말 앞에 붙이는 사람이 있는가 하면, "있잖아"를 빼면 문장이 시작되지 않는 사람도 있다.

그렇다면 가장 많이 사용하는 말은 무엇일까? 셋 이상이 만나면 다른 사람을 안주삼아 밤새는 줄 모르는 사람이라면, 대부분 험담이나 부정적인 용어를 많이 말할 것이다.

말도 습관이다. 부정적인 말을 자주하다 보면 사고도 그렇게 변하고, 생활철학도 부정적으로 된다. 남 허물만 논하면 사람은 매사에 누군가를 도마에 올려놓기 마련이다. 그러기에 하루 중에 가장 많이 사용하는 말이 무엇인가 생각해 볼 필요가 있다. 말은 형체가 없고 무게를 느낄 수 없는 것이지만 마음의 표현수단이며 사랑의 전달매체이다. 인간에게 주어진 매우 값진 보석 중 하나이다.

궁극적으로 말은 이야기하는 사람의 인품이며, 사상이라고 할 수 있다. '한 마디 말로 천냥 빚을 갚는다.'라는 속담같이 말로써 공공의 열쇠를 쥐는 사람도 있는가 하면, 말로써 자신의 무덤을 파는 사람도 있다.

이렇듯 말이란 쓰이는 곳에 따라 약이 될 수도 있지만 독이 될 수도 있는 것이다. 인간의 생활에 있어서 말은 이와 같이 중요하므로 자기의 의사와 생각을 표현할 때, 자신의 말이 상대방이나 주위사람들에게 어떠한 영향을 미칠 것인가를 항상 염두에 두어야 할 것이다.

사람은 배우고 노력함으로써 교양을 높이고 자신의 인격을 풍부하게 할 수가 있지만 말을 잘 사용하지 못하면 오해를 받고나 자신의 식견을 떨어드리는 것을 명심해야 한다.

6. 대화예절의 기본

① 상황에 맞추어 존칭어와 겸양어를 사용한다.

② 서술형은 "~입니다(습니다)"를 사용한다.

※ 주의사항 : ~어요, 예요 등은 낮춘 말은 아니지만 격식을 갖춘 언어는 아니다.

③ 의문형은"~입니까? / 습니까?"를 사용한다.

④ 명령형은 의뢰형으로 바꾸어 사용한다(~해 주시겠습니까?).

※ 주의사항 : 적합하지 않은 화제는 피한다.

⑤ 개인의 프라이버시에 관계된 질문은 하지 않는다(나이, 결혼 여부 등).

⑥ 정치, 종교, 스포츠 등 한편에 서게 되는 내용은 바람직하지 않다.

⑦ 월급이나 봉사료에 대해 고객 앞에서 이야기하지 않는다.

7. 듣기

① 호의적인 태도로 듣는다.

② 상대방 외에는 다른 사람에게 관심을 두지 않는다.

③ 의미를 정확히 이해하기 위해 자신의 말로 고쳐가며 듣는다.

④ 이미 알고 있는 내용이더라도 때에 따라서 모른 채 들어 준다.

※ 주의사항 : 말을 중간에 끊지 않는다.

표 2-2 듣기의 기본자세

구분	기본자세
눈	· 상대를 정면으로 보고 경청한다. · 시선을 자주 마주친다.
몸	· 정면을 향해 조금 앞으로 내밀 듯이 앉는다. · 손이나 다리를 꼬지 않는다. · 끄덕끄덕하거나 메모하는 적극적인 경청태도를 보인다.
입	· 맞장구를 친다. · 질문을 섞어가면서 모르면 물어본다. · 복창해 준다.
마음	· 흥미와 성의를 가진다. · 말하고자 하는 의도가 느껴질 때까지 인내한다. · 상대의 마음을 편안하게 해 준다.

8. 말하기

① 무엇을 어떻게 말할 것인지 생각(계획)한다.

② 상대방에게 좋은 느낌을 가지고 말한다.

③ 자신감을 가지고 말한다.

④ 분명한 발음으로 말한다.

⑤ 맑은 목소리로 말한다.

⑥ 필요한 말만 간결하고 정확하게 말한다.

표 2-3 말하기의 기본자세

구분	기본자세
눈	· 듣는 사람을 정면으로 보면서 말한다. · 상대의 눈을 부드럽게 주시한다.
몸	· 표정 : 밝은 눈과 표정으로 말한다. · 자세 : 등을 펴고 똑바른 자세를 보인다. · 동작 : 제스츄어를 사용한다.
입	· 어조 : 입은 똑바로, 정확한 발음, 자연스럽게 그리고 상냥하게 말한다. · 말씨 : 알기 쉽게 친절한 말씨와 경어를 사용한다. · 목소리 : 한 톤을 올려서, 적당한 속도, 맑은 목소리, 적당한 크기로 한다.
마음	· 성의와 신의를 가진다.

9. 끼어들기

① 분위기와 상황 파악을 잘한 후 주문 의뢰한다.

② 당사의 종사원 및 관계사 임원을 대할 때는 고객에게 방해가 되지 않는 범위 내에서 곁에 서서(Stand by) 주문 의뢰를 기다린다.

③ 고객 응대 시 너무 가까이 밀착하여 대화하는 것은 삼간다(상대방에게 불쾌감, 어색함을 느끼게 하는 것은 지양).

※ 말 할 때의 주의사항
· 전문 용어나 외래어를 남발하지 않는다.
· 외국인 앞에서 한국 사람끼리 한국어로만 이야기하지 않는다.(외국인에게 양해를 구한 후 한국어로 이야기한다.).

10. 호 칭

호칭은 사교생활에서 중요한 에티켓 중의 하나로서 대화시 첫인상을 좌우하므로 정확히 사용해야 한다. 한국에서는 이름보다는 직함을 선호하는데 반해 서양은 직함 대신 이름을 선호하는 등 국가마다 이름의 구성이나 호칭의 스타일이 다르므로 이에 대한 이해가 필요하다.

※ 토막상식 알아둡시다.

1. 말을 잘 하는 방법
   1) 첫 출발이 대화의 분위기를 결정한다.
   2) 긍정적인 코멘트와 고마움의 표현을 잊지 않는다.
   3) 자신의 의견을 확실하게 표현한다.
   4) 차분한 어조, 분명한 발음, 맑고 밝은 음성, 적당한 속도로 말한다.
   5) 이해 할 수 있는 언어를 사용한다.
   6) 자신의 생각을 분명히 말하되 부드럽게 표현한다.
   7) 표정과 눈으로도 말하는 진지함을 잃지 않는다.
   8) 대화 주제가 대화의 분위기를 좌우한다.
   9) 목소리는 화자의 얼굴이다.
   10) 상대방이 말할 때는 열심히 경청하라 지방방송은 자신의 무식함을 나타내는 신호이다.
2. 말을 잘 듣는 방법
   1) 귀로만 듣지 말고 표정, 눈빛, 몸으로도 듣는다.
   2) 바르고 공손한 자세로 듣는다.
   3) 말하는 상대방이 알아차릴 수 있도록 반응을 보인다

4) 자신에게 상대방이 하려는 말이 무엇인지 되물어 본다.
5) 말을 막으면서 끼어들지 말고 의문이 있으면 말이 끝난뒤에 묻는다.
6) 질문과 의견을 말할 때는 적절한 타이밍을 생각하고 정중하게 말하고 양해를 구한다.
7) 몸을 흔들거나 손이나 발로 장난을 치지 않아야 한다.
8) 말을 듣는 중에 의문 나는 점이 있으면 메모하는 습관을 길러라.
9) 대화 중 자리를 뜰 경우 양해를 구하고 사람에게 방해되지 않게한다.

3. 말에도 에티켓이 있다.
1) 같은 말이라도 때와 장소를 가려서 해라.
2) 내가 하고 싶은 말에 열 올리지 말고 상대방이 듣고 싶은 이야기해라.
3) 입에서 나오는 대로 말하지 말고 생각하면서 말하라.
4) 말을 독점 하지 말고 상대방 에게도 기회를 주어라.
5) 상대방의 말을 끝까지 들어주어라.
6) 내 생각만 옳타는 것은 잘못된 생각이다.
7) 말을 조리 있게 말하라.
8) 남을 비판하지 말라.
9) 말을 재미있게 말하라.
10) 말에도 맛이 있다 감칠 맛나는 말을 하여라.
11) 뒤에서 험담하는 사람과 가까이 하지 말라.
12) 올바른 생각을 하라 그러면 말도 올바르게 나온다.
13) 칭찬 감사 사랑의 말을 많이 하라.
14) 말로 입은 상처는 평생 간다.
15) 자만 교만 거만은 적을 만드는 언어이다.
16) 말에는 언제나 책임이 따른다.
17) 실언이 나쁜 것이 아니라 변명이 나쁜 것이다.
18) 말에는 메아리 효과가 있다.
19) 솔직하고 진실되게 말하라.
20) 적게 말하고 많이 들어라 그래야 넉넉한 사람이 된다.

제3장 대인관계 매너

제1절 인사 매너

1. 인사의 의미

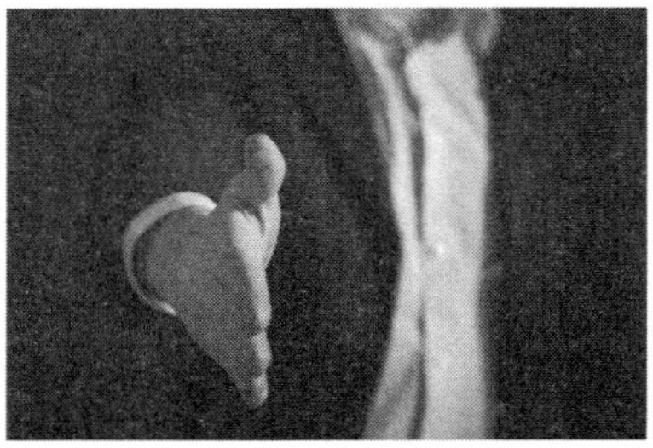

인사는 많은 예절 가운데에서도 가장 기본이 되는 표현으로서, 상대방을 마음속에서 우러나오는 존경심과 반가움을 나타내는 형식의 하나이다. 우리는 예부터 인사예절을 중요시 여겨왔기 때문에 인사를 잘하고 못하는 것으로 사람의 됨됨이를 판단해 왔다.

인사는 가정에서는 화목한 가정의 근간이 되고, 직장생활에서는 인화단결의 근간이 된다. 그러므로 누구를 만나든지, 지위의 고하와 남녀노소를 막론하고 먼저 인사하고, 볼 때마다 상냥하게 인사하는 것이 보다 밝은 사회와 직장을 만들 수 있을 것이다.

인사는 평범하면서도 대단히 쉬운 것이지만 습관화되지 않으면 실천에 옮기기가 어려운 것이다. 습관화된 인사는 인사를 하는 사람이나 받는 사람 모두에게 그늘진 성격을 밝게 해주고, 소극적인 사람을 적극적으로, 정적인 사람을 동적으로 우울한 사람을 명랑한 사람으로, 꽉 막힌 사람을 탁트인 사람으로 만들어준다.

인사는 받는 사람만의 기쁨이 아니라 하는 사람도 기분 좋은 일이기 때문에 톨스토이도" 어떠한 경우라도 인사하는 것은 부족하기보다 지나칠 정도로 하는 편이 좋다"고 말했다. 인사의 의미를 구체적으로 나타내면 다음과 같다.

① 인사의 의미는 인간사회 윤리형성의 기본이다.

② 마음에서 우러나오는 첫걸음이며 마음가짐의 외적 표현이다.

③ 인간관계가 시작되는 신호이다.

④ 상대방에 대한 존경심과 친절을 나타내는 형식이다.

⑤ 상대방이 나에게 느낄 수 있는 첫 번째 감동이다.

⑥ 상대방을 위하기보다는 나를 위한 것이다.

⑦ 직장상사에 대해서는 존경의 표현이며, 동료 간에는 우애의 상징이다.

⑧ 고객에 대해서는 서비스를 바탕으로 하는 서비스 정신의 표현이다.

⑨ 자신의 인격과 교양을 외적으로 나타내는 것이다.

2. 인사의 상식

(1) 인사는 먼저 할수록 좋다.

인사는 아랫사람이 먼저 하는 것이 원칙이다.

(2) 인사라는 말에는 적극적이라는 뜻이 포함되어 있다.

인사를 한다는 것은"나는 당신의 적이 아니다"라는 뜻으로 마음을 열고 상대방에 교우관계를 갖고자 하는 적극적인 행동이다.

(3) 감사는 마음을 어떻게 상대에게 나타낼 수 있을까?

물질이 풍성한 시대에는 사람들을 사치스럽게 만들며 사치가 익숙해지면 불만은 얼마든지 나오지만 감사의 마음은 절대로 우러나오지 않는다.

(4) 인사 하나로 회사의 사활이 결정될 수 있다.

(5) 차별을 둔 인사는 많은 고객을 잃는다.

(6) 인사의 기본은"안녕 하십니까"이다.

하루의 시작을 나누는 인사를 깍듯이 할 수 있는 사람은 "감사합니다"도 부드럽게 말할 수 있는 사람이다.

(7) 웃는 얼굴은 누가 보아도 기분이 좋다.

(8) 인사말은 생략해서는 안된다.

응대인사의 말이란 것은 그렇게 수가 많은 것은 아니고, 긴말도 별로 없다. 그런데도 불구하고 이것을 생략하려고 하는 사람이 있는데 인사의 말만은 생략하지 말고 최후까지 단정하게 말하여야 할 것이다.

(9) 지나치게 정중하면 헛인사(가식적인)가 된다.

인사는 우선 정중해야 하는 것이 기본이지만 지나치면 무례가 되는 것이다.

(10) T. P. O.에 따른 인사(Time, Place, Occasion)를 해야 한다.

T.P.O.는 인사를 할 때 항상 염두에 두어야 할 중요한 요소이다.

(11) 흉내를 내는 것이 인사를 잘하게 되는 지름길이다.

최근 대부분의 젊은 사람들에게 인사 예의법이 결여되어 있다고들 한다. 사람과 사귀는 것은 잘 하나 그것이 친구간의 흉허물 없는 교제에 그치고 사업을 위한 거래장소나 공식석상이 되면 예상치 않은 실례의 언동을 해버리는 예가 상당히 많다. 그러나 이것은 훈련의 부족함이 주요 요인이므로 회사생활에서는 주저없이 선배 혹은 잘하는 사람을 따르는 것이 좋다.

(12) 대답은 어떤 경우에도 '네'한번이다.

똑똑하고 뚜렷한 말솜씨로 '네'가 나오는 응대는 상대에게 있어서도 기분 좋은 것이고 교섭하는 일들도 부드럽게 진행된다.

(13) 인사에도 한계를 짓는 것이 좋다.

접객은 언제 어느 상황에서 하게 될지 모르기 때문에 태도, 동작, 말투에 평소의 노력이 없이는 안된다. 그러기 위해서는 항상 자기의 행동에 한계를 갖는다는 평상시의 마음가짐이 필요하다.

(14) 기계적이 아닌, 마음이 담겨져 있는 인사를 해야 한다.

인사기술에 익숙해져있어서는 하나, 인사하는 마음까지도 익숙해져 관습적으로 되어버려서는 안된다는 것이다. 마음까지 관습적이 되면 상대에게 기계적으로 차가운 인상을 준다.

(15) 인사의 가치는 상대를 안심시켰는가에 있다.

인사가 잘 되었는지 아닌가는 얼마만큼 상대를 안심시켰는가 아닌가로 판단하는 것이다. 아무리 매너 있는 인사라도 상대를 긴장시키거나 불쾌하게 만들면 안된다. 그러기 위해서는 상대를 받아들이고 배려하는 자세를 나타내어야 한다.

3. 인사의 자세

① 시선

· 상대방의 눈을 바라본다.

· 숙인 상태에서는 전방을 본다.

② 어깨

· 자연스러운 느낌이 들도록 힘을 뺀다.

③ 가슴 · 등

· 일직선이 되도록 한다.

④ 손

· 여성은 오른손을 위로해서 모은 후 아랫배에 가볍게 댄다.

· 남성은 왼손을 위로해서 모으거나 양옆 바지 재봉선에 댄다.

⑤ 발

· 발뒤꿈치를 붙이고 양발의 각도는 30° 가 되도록 한다(시계의 각도로 여성은 11시5분, 남성은 10시10분).

⑥ 표정

· 항상 밝은 표정을 짓는다.

4. 인사의 방법

① 상대방을 향해 선다.

· 자세를 바르게 한다.

· 상대방의 눈을 본다.

· 등과 목이 일직선이 되도록 한다.

· 배에 힘을 주어 안으로 끌어당긴다.

② 허리를 굽힌다.

· 등을 펴고 직선으로 정중하게 허리를 숙인다.

· 인사말을 한다.

· 시선은 숙인 상태에서 전방을 바라본다.

· 잠시 멈춘다.

③ 천천히 일어선다.

· 숙일 때보다는 조금 느린 속도로 일어선다.

④ 상대방을 보고 미소를 짓는다.

· 상대방의 눈을 바라보며 표정을 밝게 한다.

5. 인사의 종류

1) 정중한 인사(최경례)

일어서서 하는 인사 중에서는 가장 정중한 인사이다. 정중한 인사는 상체를 45° 가량 앞으로 굽혀하는 인사이다. 의식에서나 높은 사람에게 하는 인사로 상체를 서서히 일으켜 상대방에게 경의를 표한다. 바로 선 자세로 발꿈치를 모라 상대를 보고 절을 한 다음, 상체를 일으켜 상대방에게 경의를 표한다. 주로 어려운 사람들을 만났을 때 하는 인사이다. 첫째, 나이 차이가 심한 선배나 웃어른께 하는 인사 둘째, 부모님이나 스승님께 하는 인사 셋째, 직위가 높거나 훌륭하나 분께 하는 인사 넷째, 은혜를 입은 존경하는 분께 하는 인사 다섯째, 결혼식에서 주례선생 및 하객께 올리는 인사 여섯째, 사돈끼리 길에서 만나서 하는 인사 등이다.

2) 보통인사(보통례)

일반적으로 하는 인사로 약식인사보다는 15도 정도 더 굽혀 30도 정도 굽혀서 4초 정도 걸리는 인사다. 두 다리를 모르고 손은 계란을 쥐고 있듯이 하여 팔을 바로 내려 몸에 살짝 닿게 하고 허리를 굽히는 인사로, 인사말은 "안녕하십니까?"가 가장 보편적이다.

주로 같은 나이또래와 처음 하는 인사이거나 거래처 등 사회활동에서 보편적으로 처음 나누는 인사 또는 나이차이가 심하게 나지 않는 학교, 혹은 사회선배에게 하는 인사가 보통례로 인사하는 대상들이다.

3) 가벼운 인사(목례)

약식인사란 말 그대로 눈인사보다는 더 정중하나, 보통례 보다는 좀 더 단순한 인사를 약식인사라고 할 수 있다. 바로 선 자세에서 3m쯤 앞을 보고 상체를 15° 가량 앞으로 구부린다. 손은 이때 자연스럽게 둔다. 동료나 아랫사람에게 하는 절이지만 보통의 인사와 같은 요령으로 하되, 정중한 마음을 지녀야 한다. 대화 도중, 선배나 상사 또는 손윗사람을 만났을 때, 업무 중인 사람에게 말을 걸 때 한다. 조금 손윗사람에게는 고개를 숙이는 것이 좋고, 상사나 손님에게는 반드시 걸음을 멈추고 인사하는 것이 올바른 인사예절이다.

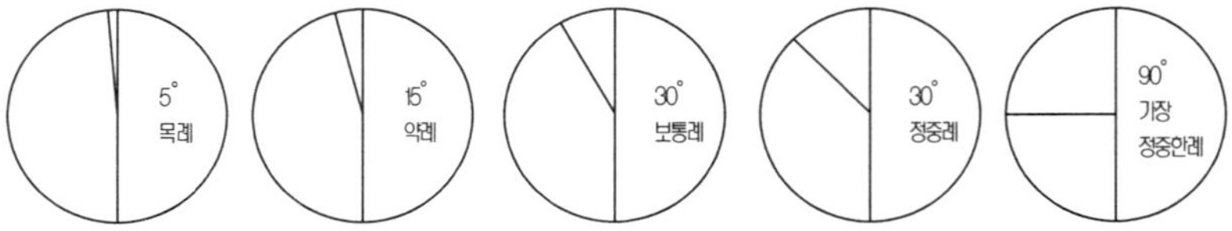

표 3-1 인사의 종류와 대상

	정중례	보통례	목례
대상	VIP, 웃어른	일반고객, 회사 중역, 간부	승강기, 전철 내에서의 대상, 동료 간

6. TPO(Time, Place, Occasion)에 맞는 인사법

일반적으로 인사의 시기는 30보 이내일 때이고, 가장 좋은 시기는 6보이다. 하지만 측방이나 갑자기 만났을 때에는 그 즉시 하는 것이 기본이다.

① 서 있을 때: 남자는 차려 자세로 바로 서서 바지재봉선상의 중앙에 살며시 손을 대며, 여자는 차려 자세에서 오른손의 엄지를 왼손의 엄지와 인지 사이에 끼어 하복부에 가볍게 댄다.

② 걸을 때: 2 ~ 3m 가까이 가서 상대를 향해 선 후 기본자세를 취하고 인사를 한다. 이때 상급자인 경우에는 지나 간 후에 움직인다.

③ 계단에서: 계단을 오를 때 위에서 상사나 고객이 내려오면 상사나 고객이 내려 갈 수 있도록 물러서서, 상사나 고객이 같은 계단까지 올라오도록 기다렸다가 가볍게 인사한다.

④ 앉아 있을때: 상급자인 경우 일어서 인사하는 것이 원칙이다.

⑤ 전화통화 중일 때 아는 사람을 만났을 경우: 중요한 전화가 아니라면 상대에게 양해를 구한 후 전화를 끊고 인사를 나눈다.

⑥ 하루에 여러 번 상대와 마주칠 경우: 자주 마주칠 경우에도 간단한 목례를 하는 것이 예의이다.

⑦ 나이가 어린 사람을 만났을 때: 부하직원으로부터 인사를 받았을 때 거드름을 피운다거나 못 본체 하는 것은 실례이다.

⑧ 연세가 많은 어른을 만났을 때: 바르고 정확한 인사말과 함께 정중하게 한다. 이 때 지나치게 허리를 굽히는 것은 바람직하지 않다.

⑨ 상대방이 먼저 인사했을 때: 지체 없이 바로 답례를 해야 한다. 인사는 먼저보는 사람이 먼저 하는 것이 바람직하며, 반드시 답례를 해야 한다.

⑩ 외출 시의 인사요령: 외출 시 상사나 동료에게 인사를 하고 출발하며, 돌아왔을 때에도 인사를 해야 한다.

⑪ 퇴근 시 인사요령: 상사보다 먼저 퇴근하게 될 경우 책상을 정리하고 의자를 책상 밑으로 밀어 넣은 다음 상사에게 다가가 ㅇㅇ님 "죄송하지만, 먼저 퇴근 하겠습니다"라는 인사를 한 후 퇴근한다. 동료에게도 ㅇㅇㅇ씨 "죄송하지만, 먼저 퇴근 하겠습니다"라는 인사말을 한다.

표 3-2 상황에 따른 인사말

상황	인사말
자주 만나는 사람에게	"안녕하셨습니까?", "안녕하세요"
머뭇거리는 상대방에게	"무슨 일로 오셨습니까?", "무엇을 도와 드릴까요?"
사과할 때	"정말 죄송합니다"
누군가에게 대답할 때	"네, 그렇습니다." "잘 알겠습니다"
누군가에게 반복해서 물을 때	"죄송합니다만, 다시한번 말씀해 주시겠습니까?"
거절할 경우	"죄송합니다. 다음에 도와드리겠습니다"
무엇인가를 안내할 때	"이쪽으로 오시겠습니까?"
출근하면서	"안녕하십니까?"
근무 중 외출할 때	"ㅇㅇㅇ 다녀 오겠습니다."
먼저 퇴근할 때	"먼저 퇴근 하겠습니다.", "내일 뵙겠습니다."
외출해서 돌아 왔을 때	"다녀 왔습니다."
지나가다 부딪쳤을 때	"죄송합니다." "실례했습니다."

표 3-3 인사 Check list

항상 그렇다 : 10점 　 때때로 그렇다 : 5점 전혀 그렇지 않다 : 0점 　 당신의 점수는?____점	점수
① 아침에 "안녕하십니까?"라고 가족이나 동료에게 밝게 말을 걸고 있습니까?	
② 가정에서 출·퇴근 시 안부 인사를 명랑하게 인사하고 있습니까?	
③ 이웃 분, 아는 분과 스쳐 지나갈 때, 미소 지으며 인사하거나 미소 띤 얼굴을 하고 있습니까?	
④ 사람 사이를 지나갈 때 "실례 하겠습니다"라고 말을 합니까?	
⑤ 엘리베이터에서 내릴 때 다른 사람에게 "먼저 내리겠습니다"라고 말하고 있습니까?	

⑥ 상대방에게 사소한 것이라도 도움을 받았을 때, "감사합니다"라고 말하고 있습니까?	
⑦ 공중전화에서 뒤에 서 있는 사람에게 "오래 기다리셨습니다"라고 곧 말할 수 있습니까?	
⑧"변명할 여지가 없습니다," "죄송합니다"라고 솔직하게 말할 수 있습니까?	
⑨ 누군가 불렀을 때, 상냥하게 "예"라고 대답할 수 있습니까?	
⑩"잘 먹겠습니다," "잘 먹었습니다"가 습관화되어 있습니까?	

표 3-4 인사의 5가지 포인트

내가 먼저	대화의 주도권을 잡는 것은 바로 당신
상대방의 눈을 보고 미소 지으며	매혹적인 Eye Contact
상대방에게 맞춰서	상대의 마음을 사로잡자.
큰소리로 명랑하게 호칭하며	용기를 갖고 하자.
지속적으로	+a로 인간관계를 풍부하게

표 3-5 올바른 인사법의 Key Point

잘못된 인사	올바른 인사
망설이다 하는 인사	인사는 내가 먼저
고개만 까딱하는 인사	표정은 밝게
무표정한 인사	상대방의 시선을 바라보며
눈맞춤이 없는 인사	밝은 목소리의 인사말
말로만 하는 인사	허리를 굽혀서
기본 인사말만 하는 인사	인사 잘 받는 것은 또 한 번의 인사
상대방의 차림새에 따라 차별하는 인사	어떤 상대에게나 친절한 인사

7. 인사의 중요성

인사는 예절의 기본이며 단체생활에서의 인간관계의 시작이다. 또한 인사는 사회생활을 하는데 서로 마음을 통하고 친근히 지낼 수 있게 하고, 인간관계에 있어서 도덕과 윤리형성의 기본이 되고 있다.

상대방의 인격을 존중하고 배려와 경의를 표하며 상사에게는 존경심, 동료 간에는 우애, 고객에게는 신뢰의 상징으로 조직체의 것이다. 그러므로 인사는 절도 있고 겸허한 자세로 마땅히 지켜야할 도리이며, 일상생활에 있어서 가장 중요한 첫 번째의 절차요 매너라고 지칭되고 있는 것이다.

1) 인사의 기본자세

① 인사는 내가 먼저 한다.

② 인사는 예의 바르고 정중하게 한다.

③ 인사는 진심을 담은 자세로 한다.

④ 인사는 누구에게든지 한다.

2) 인사의 포인트

① SMILE : 형식적인 인사에 그치지 않으려면 진심에서 우러나는 밝고 자연스러운 표정이 수반되어야 한다.

② EYE-CONTACT : 아무리 표정이 밝아도 인사를 받을 상대와 눈이 마주치지 않으면 '상대를 인정한다'는 느낌이 없다.

③ 인사말(+α 의 말) : 밝은 목소리의 인사말을 하여 성의와 관심을 표현한다.

④ 허리인사 : 바른 인사자세로 세련된 모습을 연출한다.

3) 인사의 잘못된 표현

① 망설이다가 하게 되는 인사는 효과가 없다.

② 형식적인 인사는 안 하는 것보다 못하다.

③ 말로만 하는 인사는 가벼워 보인다.

④ 고개만 끄덕거리는 인사는 경망스러워 보인다.

⑤ 표정이 없는 인사는 상대를 기분 나쁘게 한다.

⑥ 상대를 쳐다보지 않고 하는 인사는 무례하게 생각된다.

4) 인사시 유의 사항

① 깊이 숙이면 숙일수록 정중하다.

② 숙인 상태가 길수록 정중하다.

③ 최경례는 VIP에게 한다.

④ 보통절은 일반손님에게 한다.

⑤ 반절은 카운터(counter)와 엘리베이터 내에서 손님에게 또는 동료간에 하는 인사이다.

⑥ 거수경례는 제복에 모자를 착용한 외부근무자(door, valet, 주차, 경비)가 하는 인사이다.

⑦ 먼저 상대방을 응시한 후 호칭을 붙여 인사한다(가능한 직위를 붙이는 것이 예의).

⑧ 미소를 짓고 인사한다.

⑨ 인사는 누구에게나 한다.

⑩ 인사는 먼저 보는 사람이 먼저 한다.

⑪ 계단에서는 고객(또는 윗사람)에게 인사하지 않는다(이런 경우에는 같은 계단에 도착했을 때 멈추어 서서 고개를 숙여 인사한다.)

(1) 사내 직원 간 인사말

① 사내에서는 장소 · 시간 · 횟수에 관계없이 항상 적절한 인사를 교환한다.

· 출근시 : "안녕하십니까," "안녕하세요 ?"라는 인사를 교환한다.

· 퇴근시 : "먼저 실례하겠습니다." "내일 또 뵙겠습니다.", "안녕히 가십시오," 인사를 교환한다.

· 재차 만날 경우는 가벼운 목례로 한다.

② 아침 첫 인사시 상사에게는 기립인사가 원칙이다(한 사무실일 경우).

③ 근무 중에 자기 사무실에 타사무실의 상사가 들어오거나 나갈 때는 일어나서 인사한다.

④ 아랫사람이 잘 모르고 지나칠 때는 윗사람이 먼저 정답게 인사하는 것이 좋다.

(2) 방문객에 대한 인사말

① 자기부서에 들어온 방문객에 대해서는 먼저 발견한 사람이 인사한 후 용건을 묻고 필요한 안내를 한다.

· "어서 오십시오. 어느 분을 찾으십니까" 라는 인사를 한다.

· "곧 오실 겁니다. 여기에 앉아서 잠시 기다리시죠" 등으로 방문객을 기다리게 한다.

② 자신을 찾아온 방문객에 대해서는 반드시 좌석에서 일어나 반갑게 인사한다.

· "어서 오십시오." "기다리고 있었습니다."등으로 방문객을 맞이한다.

③ 방문객이 서성거리지 않도록 소파나 의자에 앉도록 권한다.

(3) 업무관련 인사말

① 업무협조를 요청할 때는 "부탁드리겠습니다.", "해주시면 고맙겠습니다." 인사말로 협조를 요청한다.

② 업무협조가 이루어졌을 때는 "감사합니다.", "수고하셨습니다." 등의 감사의 뜻을 표하도록 한다.

③ 고의가 아니더라도 피해를 주었을 때나 실수를 했을 때는 "죄송합니다.", "미안합니다." "실례했습니다." 등의 진심이 담긴 사과의 인사를 반드시 하도록 한다.

(4) 기타 알맞은 인사말

· 일반적으로 인사할 때 : "○○님, 안녕하셨습니까?"

· 외출할 때 : "○○님, 다녀오겠습니다."

· 모처럼 만나 반가움을 표시할 때 : "○○님, 오래간만에 뵙겠습니다."

· 밖에서 돌아온 사람에게 : "○○님, 다녀오셨습니까?"

· 밖으로 나가는 사람에게 : "○○님, 다녀오십시오."

· 가는 사람을 배웅할 때 : "○○님, 안녕히 가십시오."

· 자기가 떠날 때 : "○○님, 안녕히 계십시오."

· 소개받을 때 : "평소에 뵙고 싶었는데 반갑습니다." "존함은 익히 들었습니다."

(5) 인사에 대한 답례

① 인사는 손아래 사람이 먼저 하는 것이 예의지만 손윗사람이 인사를 받는 법도 인사하는 법과 동일하게 하는 것이 좋다.

② 인사에 대한 적절한 답례로서는 절도 있고 겸허한 자세로 상대방을 받아들이려는 마음가짐으로 인사를 받아야 하며, 마음으로부터 우러나오는 가벼운 미소와 함께 상체를 약간 구부리는 것이 인사에 대한 올바른 답례이다.

(6) 인사의 잘못된 표현

① 망설이다가 하게 되는 인사는 효과가 없다.

② 형식적인 인사는 안하는 것보다 못하다.

③ 말로만 하는 인사는 가벼워 보인다.

④ 고개만 끄덕거리는 인사는 경망스러워 보인다.

⑤ 표정이 없는 인사는 상대를 기분 나쁘게 한다.

⑥ 상대를 쳐다보지 않고 하는 인사는 무례하게 생각된다.

8. 인사는 먼저 할수록 좋다

① 인사라는 말에는 적극적이라는 뜻이 포함되어 있다.

② 감사하는 마음을 어떻게 상대방에게 나타낼 수 있을까?

③ 인사 하나로 회사의 사활이 결정될 수 있다.

④ 차별을 둔 인사는 많은 고객을 잃고 얻는다.

⑤ 인사의 기본은 "안녕하세요."이다.

⑥ 웃는 얼굴은 잊지 말아야 한다.

⑦ 인사말을 생략해서는 안 된다.

⑧ 지나치게 정중하면 잘못 인사하는 것이다.

⑨ 대답은 어떠한 경우에도"네" 한번이다.

⑩ 기계적이 아닌, 마음이 담겨 있는 인사를 해야 한다.

9. 예절에 어긋나는 인사

① 망설임이 느껴지는 인사

② 귀찮아하며 건네는 성의 없는 인사

③ 진심 없이 말로만 하는 인사

④ 고개만 까딱하는 인사

⑤ 무표정한 인사

⑥ 눈을 마주치지 않고 하는 인사

⑦ 받는 둥 마는 둥 하는 인사

10. 인사 체크 리스트

① 인사는 먼저 할수록 좋다.

② 인사라는 말에 적극적이라는 뜻이 포함되어 있다.

③ 감사하는 마음을 어떻게 상대방에게 나타낼 수 있을까?

④ 인사 하나로 회사의 사활이 결정될 수 있다.

⑤ 차별을 둔 인사는 많은 고객을 잃고 얻는다.

⑥ 인사의 기본은 "안녕하세요"이다.

⑦ 웃는 얼굴은 잊지 말아야 한다.

⑧ 인사말을 생략해서는 안 된다.

⑨ 지나치게 정중하면 잘못 인사하는 것이다.

⑩ 대답은 어떠한 경우에도 "네" 한번이다.

⑪ 기계적이 아닌, 마음이 담겨 있는 인사를 해야한다.

※ 사례 1 인사는 서비스의 기본이다.

블로거 사이에서 입소문이난 레스토랑을 방문했다. 최고라는 댓글가득한 평에 설레는 마음으로 레스토랑 문을 열었다. 하지만 자리에 앉아 주문을 하고 음식을 맛보는 내내 기분이 언짢았다. 그 이유는 하나다. 핫플레이스로 소문난 탓에 대기손님까지 줄섰지만 들어서는 손님에게 인사하는 종업원은 단 한명도 없었다. 맛은 일품인지 모르나 가장 기본적인 서비스 인사는 제로였다.

※ 사례 2 올바른 인사의 효과

모대기업 회장은 신입사원 선발시 가장 중요시 여기는 점이 인사하는 모습이다. 인사하는 모습을 보면 그 사람의 품성을 알 수 있기 때문이라고 한다. 인사는 존경심, 우애, 친밀감을 표현할 수 있다.

※ 사례 3. 레인보우 인사

아무리 인사를 잘하는 사람이라도 매일 똑같은 말과 투로 인사를 하면 식상할 수도 있고 본래의 인사의 가치와 의미를 상실할 수 도 있다. 인사를 하는 사람 받는 사람 지루하지 않게 하기 위해서는 색다른 인사법이 필요하다.

1) 안녕 하세요 / 좋은 아침입니다.

2) 안녕히 계세요 / 즐거운 시간 되세요.

제2절 악수 매너

악수의 기원 역시 다른 여러 예법들처럼 분명하지 않다. 고대 바빌론에서는 신성한 힘이 인간의 손에 전해지는 것을 상징하는 의미로 통치자가 성상의 손을 잡곤 했다. 하지만 악수의 현대적 의미는 보다 분명하다. 악수는 두 사람이 나누는 공개적이고 안전한 인사법인 것이다.

사실상 악수는 '두 사람'이 아닌 '두 남자'가 나누는 인사법이었다. 수백년 전 잉글랜드에서 손에 무기가 없다는 것을 증명하기 위해 악수를 했다는 것은 이미 확인된 사실이다. 대부분의 여성들은 무기를 소지하지 않았으며, 무기 소지가 허락되지도 않았다. 이러한 역사적 사실이 최근까지 여성들 사이에서는 악수가 일반화되지 않은 이유이다.

악수는 직접적인 접촉을 통해 믿음과 평등함을 확인시켜 준다. 과거에는 왼손 소매에 종종 무기를 숨겼기 때문에 왼손으로 악수를 했으나, 시간이 흐르면서 오른손으로 바뀌었다. 왜냐하면 오른손이 '검을 잡는 손'이었기 때문이다. 초창기의 악수는 손목을 잡는 것이었다가 어느 시점에서인가 손을 잡는 것으로 변화되었다. 오늘날에는 악수가 일종의 존경의 표시를 의미하기도 한다. 하지만 반드시 그런 것은 아니다. 조지 워싱턴의 경우가 대표적이다. 그는 악수가 평범한 사람을 위한 인사라고 믿었다. 그래서 존경하는 사람에게는 악수 대신 항상 고개를 숙여 인사하는 것을 선호했다고 한다.

오늘날 악수는 세계 여러 나라에서 보편적으로 통용되는 인사법이다. 특히 사업상의 목적으로 사용되는 경우가 많다. 하지만 악수가 모두 똑같은 것은 아니며 악수하는 방법도 여러가지가 있다. 일본인은 악수할 때 손을 많이 흔들고 동시에 고개를 숙인다.

유럽의 어느 나라에서는 서로 잘 아는 친구 사이라도 만나자 마자 바로 악수를 한다. 쿠웨이트의 경우에는 남자와 여자는 서로 악수하지 않는다. 인도 같은 나라에선 양손으로 상대방의 양손을 잡는 것이 악수법이다. 현대의 미국에는 악수 이외에도 서로 주먹을 부딪치는 '댑(dap)' 같은 인사법이 있다. 이런 인사법이 널리 유행하고 있는 것이 사실이다. 하지만 누군가의 손을 잡고 가볍게 흔드는 인사법인 악수를 대체하지는 못할 것이다.

1. 악수 에티켓

① 악수는 당당하게 한다.

② 수많은 사람을 대하는 경우에는 손에 힘을 빼고 악수한다.

③ 여성과 악수할 때 너무 꽉 잡으면 반지 등으로 인해 상대에게 고통을 줄 수 있다.

④ 상대가 악수를 청할 때 남성은 반드시 일어서서 한다.

⑤ 여성은 앉은 채로 악수를 받아도 무방하다.

⑥ 그러나 젊은 여성은 외관상 일어서서 하는 것이 좋다.

⑦ 악수를 할 때에는 양손을 걸치거나 어깨를 껴안는 등 과장된 행동은 삼가 한다.

⑧ 허리를 굽히거나 두 손을 잡지 않는 것이 매너이나, 상대가 윗사람일 경우 상체를 조금 기울이는 것이 좋다.

⑨ 악수를 할 때 남자는 장갑을 벗는다.

⑩ 여성은 실외에서 악수를 할 경우 장갑을 낀 채로 해도 무방하다.

⑪ 우리나라 사람은 악수를 할 때 사의를 표하는 경향이 있으나 이는 비굴하게 보일 수 있으므로 주의한다.

⑫ 여성의 경우 먼저 악수를 청하는 것이 에티켓이므로 주저하지 말고 악수를 청한다.

2. 악수하는 방법

① 악수는 원칙적으로 오른손으로 한다.

② 장갑 착용시 벗고 하는 것이 원칙이나 여성의 경우는 장갑을 끼고 악수를 해도 예의에 어긋나는 것은 아니다.

③ 손을 상하로 흔드는데 자신의 어깨보다 높이 흔들어서는 안 된다. 또한 여자와 악수시 남자처럼 손을 흔들지 않는 것이 좋다.

④ 오른손에 짐을 들고 있다고 해서 왼손으로 악수를 청하는 것은 결례이다.

⑤ 처음에는 가볍게 손을 쥐고 차차 힘을 주어 서로의 정성과 호의를 나타내어야 한다.

3. 나라별 악수 법

문화에 따라 악수 법이 다소 차이가 있으나 상대방 해당국의 인사방법을 익혀두면 편리하다.

① 미국 : 손을 힘 있게 잡고 두세 번 흔든다.

② 독일 : 언제나 강하고 짧게 흔든다.

③ 프랑스 : 손에 힘을 많이 주지 않는다.

④ 한국 : 악수에 많은 의미를 부여하지 않고 그저 손을 잡고 반갑다는 의미전달이 강하다.

※ 악수하는 방법
① 오른손으로 한다.
② 적당히 힘준다.
③ 2~3회 흔든다.
④ 상대방의 눈을 보면서 밝은 표정으로 한다.

※ 악수의 종류
① 죽은 생선(Dead Fish) 악수 : 힘없이 하는 악수는 상대방에 대한 무관심의 표현 또는 나약한 사람으로 보일 수 있다.
② 바이스(Vice) 악수 : 상대의 손을 무척 세게 잡는 악수로 자신의 힘을 과시하는 느낌을 줄 수 있다.
③ 손가락 끝만 잡는 악수 : 손가락 끝만 세게 잡는 악수는 상대방을 얕잡아보는 인상을 주고 상대방에게 적극적이지 못하다는 인상을 남길 수 있다.
④ 두손으로 잡는 악수 : 친밀한 경우에는 크게 문제 되지 않지만 다른 한 손이 상대방의 손 위에 올라가지 않도록 주의한다.

악수할 때는 밝은 표정으로 눈을 마주쳐야 한다. 악수를 할 때 상대방의 눈을 주시하는게 원칙이나 간혹 악수를 나누면서 다른 사람에게 시선을 돌리는 사람을 보게 되는데 매우 결례가 된다. "눈을 마주 보지 않는 사람과는 금전거래를 하지 말라"는 영국속담이 있다. 서양인들에게 있어 시선처리는 신뢰감의 표현이다.

지구상에는 무수한 나라와 민족이 살고 있다. 그런 만큼 인사법도 각양각색이지만 인사법들은 대체로 그 모양 상 수직적인 것과 수평적인 것으로 나눌 수 있다.

수직적인 인사법은 보통 동양인들 사이에 많이 통용된다. 정중히 허리를 숙여 절을 한다.

반면 악수는 수평적인 인사법으로 허리를 숙일 필요는 없지만 어쩐지 숙이지 않고 그냥 하기가 쑥스러운 사람들이 많으리라 예상된다. 그러므로 우리의 정서상 정중하게 악수를 하고 싶을 때는 오른쪽 손목을 왼손으로 가볍게 받치는 동작을 취하며 약간 허리를 굽혀도 좋다. 단, 비굴하게 보이지 않도록 주의하며 '절'과 '악수'의 혼합형으로 악수를 하면 된다.

인간관계를 보다 원활하게 하기 위해서는 스킨십 형성에 노력하여야 하는데 그 대표적인 방법이 악수다. 서양에서는 반가운 사람을 만나면 포옹이나 키스로 신체적 접촉을 하지만 우리에게 있어서는 유일한 신체접촉의 커뮤니케이션이 바로 악수인 것이다. 인간관계를 보다 밀착화 시키기 위하여 올바른 악수방법을 익히는 것이 좋을 것이다.

4. 기분 좋은 악수매너

선거철이면 모후보자가 손바닥이 부어올랐다는 언론을 쉽사리 접하게 된다. 심지어 찜질을 하고 침을 맞기도 한다. 몸을 던져서까지 해야 하는 악수, 이쯤이면 악수는 고통이다. 대인 접촉시 악수의 불가결함을 느끼게 하는 일례이다.

악수와 관련된 예절은 다른 예절과 달리 크게 두드러지지도 않고 이로 인해 피해를 보는 경우가 거의 없으므로 소홀히 생각하기 쉽다.

혹자는 악수를 할 때 상대방이 당신의 손을 잡는 둥 마는 둥 한다면 기분이 상할 것이다. 또한 악수를 청해 놓고 다른 곳을 보면서 인사를 나누는 경우도 보게 되는 데 신뢰감을 떨어뜨리게 된다. 이런 점을 감안해 볼 때 짧은 몇 초간에 이루어지는 데도 에티켓은 있다.

동양문화에 익숙하지 않은 서양인들은 경직된 표정과 굽신거리는 악수태도에서 종종 의아함을 느낀다. 요즘과 같은 국제화시대에 올바른 악수방법을 알아둔다면 사교예절에 많은 도움이 될 것이다.

※ 악수의 유래

악수는 인류가 석기시대부터 내려오는 전통이다.

석기시대 인들은 서로 만나면 무기를 감추고 있지 않다는 것을 보여주기 의해 즉, 경계심을 풀라는 의미로써 손바닥을 편 채로 팔을 들었던 습관이 이루어져 오늘날에는 악수, 손에 입 맞추기, 포옹 등으로 변한 것이다. 악수를 처음 건넨 정치인은 1860년 선거에서 링컨에게 패한 스티븐 더글라스라고 전해진다. 그 이전의 정치인들은 대중유세 때 악수나 혹은 아기에 대해 키스세례등과 같은 신체접촉의 유세 전략을 사용하지 않았다.

5. 악수하는 순서

악수는 상대방보다 연장자나 상급자, 남성보다는 여성이 먼저 청하며, 상급자나 연장자는 여성에게 먼저 악수를 청해도 좋다. 그리고 국가원수, 왕족, 성직자등은 이런 기준에서 제외될 수 있다.

① 악수는 상대의 눈을 마주보고, 가벼운 미소와 함께 허리를 곧게 펴고 손을 마주 잡는다.

② 악수는 원칙적으로 오른손으로 한다.

③ 악수할 때 허리를 굽히거나 두 손을 잡지 않는 것이 매너이나 상대가 윗사람일 경우 상체를 조금 기울이는 것도 괜찮다.

④ 악수는 윗사람이 아랫사람에게, 기혼자가 미혼자에게, 선배가 후배에게 청한다.

⑤ 여성의 경우 여성이 먼저 청하나 근래에는 남성이 먼저 내밀어도 결례가 아닙니다. 악수할 때 장갑은 벗습니다. 그러나 여성은 장갑을 껴도 무방하다.

⑥ 악수는 어깨 높이 정도로 너무 세지 않게 쥐고 한다.

⑦ 악수는 한 손으로 한다.

⑧ 악수는 깨끗한 손으로 한다.

⑨ 반가움의 표시로 손바닥을 긁지 않는다.

⑩ 손끝만 내미는 악수하지 않는다.

⑪ 유럽이나 라틴계의 남미의 외국인의 경우 악수시에 가벼운 포옹이

나 손등의 키스를 하는 경우도 있으니 당황하지 않고 자연스럽게 받는다.

제3절 명함교환 매너

1. 명함에서 가장 중요한 것은 예절이다.

① 명함을 미리 준비해두었다가 짧은 인사말과 함께 건넨다.

② 명함을 받을 때, 상대를 대하듯 정중하게 받아야 한다.

③ 오른손으로 내용이 보이는 방향으로 전달한다. 그때 왼손은 오른손을 살짝 받치는 느낌으로 공손함을 표한다.

④ 명함은 아랫사람이나 손님이 먼저 건넨다.

⑤ 구겨지지 않도록 잘 보관한 명함을 건네야 하며, 받은 명함은 잘 보관한다.

⑥ 일어서서 두 손으로 받으며 그 자리에서 상대의 명함을 확인한다.

⑦ 상대의 명함을 받고 자신의 명함을 건네지 않는 것은 실례이다. 항상 소지하도록 한다.

⑧ 명함은 나를 표현하는 또 다른 얼굴이기도 하다. 올바른 정보가 적혀있는 명함을 사용한다.

⑨ 회사나 기관에서 여럿이 인사하는 경우에는 책임자에게만 전달한다. 모두에게 전달해야 할 경우에는 직위 순으로 건넨다.

⑩ 받은 명함을 구기거나 낙서하지 않는다.

⑪ 명함에 적힌 내용을 대화하는 것도 상대에게 관심과 호감을 표출하

는 행동이다.

⑫ 명함이 없는 경우 상대에게 양해를 구하고 깨끗한 종이에 이름과 연락처, 회사 등을 적어 전달한다.

2. 명함교환 방법 및 에티켓.

① 명함은 원칙적으로 명함집에 넣어야 한다. 명함집에 명함은 거꾸로 넣어두어 한번에 꺼내어 상대에게 바로 전해질 수 있도록 준비한다. 상대를 기다리게 하고 명함을 찾는 것은 매너에 어긋난다.

② 명함은 깨끗한 상태로 여유 있게 준비하며 남성은 가슴 포켓 또는 양복 명함주머니에, 여성은 핸드백에 넣어 둔다. 남성이 윗 주머니나 바지 뒷주머니에서 명함을 꺼내는 것은 미관상 좋지 않다.

③ 명함을 주고받을 때는 먼저 자신의 소개를 짤막하게 한 다음 명함을 건내 주는 것이 좋다.

④ 명함은 서서 주고받는 것이 매너이다.

⑤ 명함을 건낼 때는 반드시 상대방에서 읽기 편하게 자기의 이름이 상대방 쪽을 향하게 한다.

⑥ 지나치게 고급스러운 명함은 피하는 것이 좋다.

⑦ 명함은 손아랫사람이 윗사람에게 먼저 건낸다.

⑧ 상대방으로부터 명함을 받았을 경우에는 하의 주머니에 넣지 말고 상의 안쪽 주머니에 넣는다.

⑨ 명함을 건내는 위치는 상대방의 가슴 높이가 적당하다.

⑩ 명함은 오른손으로 건내고 왼손 바닥으로 받는다.

⑪ 받은 명함은 두 손으로 잡고 본다.

⑫ 상대방이 보는 앞에서 방금 받은 명함에 글씨를 쓰는 것은 매너에 어긋나며, 메모할 사항이 있으면 반드시 메모지를 사용한다.

⑬ 상대에게 양해를 얻고 명함에 토를 달아 두는 것은 매너에 어긋나

지 않는다.

⑭ 상대방의 명함으로 자기도 모르게 손장난을 하는 수가 있으므로 유의한다.

⑮ 상대에게 이름이나 소개를 하지 않고 명함만 건 내는 것은 자칫 거만한 인상을 주므로 유의하도록 한다.

※ 명함에 대한 인식차이
상태의 문화적 차이를 인정하라!
1. 인간적으로 친해도 문화적인 차이는 존재!

명함에 대한 인식차이
"미국인에게 전화번호가 있는 종이 쪽지에 불과" VS "일본인에겐 자기 얼굴"

제4장 복장 매너

제1절 복장 매너

다른 사람과의 첫 대면에서 좋은 인상을 남긴다는 것은 중요한 일이다. 이 첫인상은 그 사람의 표정과 말씨에서 나타나기도 하지만 우선, 눈에 보이는 복장에 의해 크게 좌우되기도 한다.

옷을 잘 입는다는 것은 때와 장소, 시간에 맞게 단정하고 멋스럽게 입는 것이다.

1. 남성의 기본 복장

1) 남성복

(1) 양복

· 체형에 맞는 색상, 옷감을 선택한다.

· 상의 길이는 엉덩이 부위의 굴곡을 가릴 만큼 길어야 한다.

· 어깨에 가로세로 주름이 생기지 않는지 확인한다.

· 키가 작은 사람은 밝은 색상, 줄무늬 패턴을 선택한다.

· 뚱뚱한 사람은 커다란 체크무늬 패턴은 피한다.

· 바지 길이는 굽이 약간 보이는 정도로 양말이 보이지 않는 것이 좋다.

· 바지 밑위는 높게 위치해야 편안하며, 허벅지는 여유가 충분해야 당김이나 주름이 생기지 않는다.

· 뒷주머니에 소지품을 넣고 다니지 않는다.

· 바지선은 잘 다려서 구김이 생기지 않게 한다.

(2) 드레스 셔츠

· 흰색 또는 옅은 색을 선택한다.

· 단추는 모두 채워야 한다.

· 셔츠의 소재는 순면이 적합하며, 구김이 없어야 한다.

· 공식석상에서 반소매셔츠는 착용하지 않는다.

· 셔츠 소매는 양복 상의 소매 밖으로 1 ~ 1.5cm 정도 나오는 것이 적당하다.

· 셔츠 길이는 양복 하의 밖으로 빠져 나오지 않을 정도가 적당하다.

· 화려한 디자인이나 패턴은 피한다

(3) 넥타이

· 조끼를 입었을 때는 넥타이가 조끼 하단 밑으로 나오지 않아야 한다.

· 색상은 양복과 동일한 계열이 무난하다. 같은 색은 차분하고 단정한 인상, 보색 계통은 활동적인 인상을 준다.

· 타이에 얼룩이나 구김이 없어야 한다.

· 매듭이 중앙에 와야 하며 느슨하지 않고 매듭 크기도 적당해야 한다.

(4) 벨트

· 색상은 양복 색상과 비슷하거나 어울리는 것으로 택한다.

· 버클은 심플한 것을 택하고 지나치게 요란한 무늬나 폭은 피한다.

(5) 양말

· 정장에는 실크 소재 양말이 어울린다.

· 색상은 구두와 같은 색이거나 진한 색을 택한다.

· 정장 착용시 흰색 양말은 피한다.

· 발목 맨살이 보이지 않아야 한다.

(6) 구두

· 항상 청결해야 한다.

· 정장보다 어두운 색을 선택한다.

· 앞코가 과하게 뾰족하거나 뭉툭한 사각형은 피한다.

· 굽이 닳지 않았는지 확인한다.

· 구두 뒤축은 구겨 신지 않는다.

· 소재는 가죽이 적당하다.

남성 중엔 외모에 신경 쓰는 것이 남자답지 못하거나 털털한 차림새가 좋은 성격을 대변한다고 착각하여 복장에 대해 소홀히 하는 경우가 있다. 옷차림은 그 삶의 성격, 습관, 사회적 위치, 개성, 경제 상황을 대변한다. 그러므로 매일 새로운 사람을 만나며 사회생활을 해나가는데 중요한 부분을 차지한다.

남성의 예복은 격식에 따라서 또는 낮과 밤을 구별해서 입는 것을 원칙으로 한다.

낮에는 정식 예복으로 모닝코트, 약식 예복으로 색 코트를 입고, 밤에는 정식예복으로 연미복, 약식 예복으로 턱시도를 입는다.

서양에서는 초대장에 그날 파티에서 입을 옷을 적게 되어있는데 White Tie, Black Tie, Morning Coat의 세 가지가 주로 표시된다.

White Tie는 Tail Coat라고도 하여 연미복을 의미하여 Black Tie는 턱시도를 의미한다.

이 예복들은 여러가지의 격식에 맞춰 제대로 입어야 하므로 이 예복들의 착용 에티켓에 대해 알아보도록 한다.

① 모닝코트(Morning Coat)

남성의 주간 예복 중 정식의 보장으로서, 국가원수나 고위 공직자가 개최하는 공식행사, 정식 오찬, 준공식 행사 등의 의식 있는 행사 때 착용한다. 하지만 최근 들어 복장이 간소화되면서 주로 결혼식이나 장례식에 입는 복장이 되었다.

모닝코트의 차림새는 모자부터 장신구, 양말까지 엄격한 기준이 있다.

모자의 기준은 실크해트(Silk Hat)이지만 가운데가 높고 둥근 중산모나 중절모도 무방하다. 상의는 검정색 모직이 기본이며, 조끼는 상의와 같은 색과 재질의 것을 입는다. 검정에 회색 줄무늬가 있고 바지의 단은 접어 올리지 않는다.

② 연미복(Tail Coat-White Tie)

연미복은 200여년의 오랜 전통을 가진 남자의 야간 예복으로 정식 야간 연회, 주간행사(미국에서는 여름철 또는 낮에는 착용하지 않음), 공식 만찬회, 무도회, 공식야간 리셉션, 오페라, 음악회, 야간결혼식 등에 참석 시 입는다.

연미복의 올바른 차림에서 모자부터 살펴보면 모자는 실크해트 또는 오페라해트를 쓰는 것이 좋다. 상의는 검은색 모에의 뒷부분이 길게 내려온 Tail Coat를 입어야하고 조끼는 싱글 또는 더블을 입는데 보통 싱글이나 검은색 모직 조끼는 주간의 예복용이다. 바지는 검은색 모직을 입고 멜빵을 하는데 멜빵 색은 검정색이 무난하나 하얀색이나 색깔이 있는 것도 무난하다.

셔츠는 백색 면제품, 가슴과 소맷부리가 빳빳한 것, 무늬 없는 것에 칼라는 윙칼라가 좋다. 단추는 백색 조끼의 단추와 커프스버튼, 셔츠의 단추를 세트로 하는 것이 필수이다. 타이는 실크 혹은 골무늬가 있는 면으로 된 흰색 나비 타이가 좋으며 장갑은 흰색 사슴가죽, 흰 양가죽 장갑을 착용이 원칙이지만 야간일 경우라면 끼지 않아도 무방하다. 구두는 검은색 에나멜 단화에 양말은 검은색 견직물을 신도록 한다. 외투는 검은색의 망토형 외투와 무릎까지 오는 긴 윗옷인 프록 코트형을 기본으로 한 허리의 조임이 없는 벨벳 깃의 체스터필드 싱글 코트가 정식이다. 색상은 짙은 남색이나 잿빛 코트라도 상관없고, 일반 검은색 코트를 입어도 무난하다.

③ 턱시도(Tuxedo, Smoking Jacket-Black Tie)

야간의 각종파티, 극장이나 콘서트, 호텔, 클럽, 유람선에서의 만찬 등에 입는 야간용 준 예복이다. 서양에서는 턱시도가 가장 대중화되어 있고 가장 많이 착용하는 복장이다. 외국인과의 잦은 교류 시 항상 준비해 두고 가능한 한 오후 6시 이전에는 입지 않도록 한다.

상의는 검은색이나 짙은 남색 모직의 짧은 코트로, 싱글, 더블의 두 가지가 있다.

조끼는 상의와 같은 재질의 검정 조끼가 정식이며 조끼 대산 검정이나 짙은 남색의 커머밴드(cummerband : 폭이 넓은 장식 허리띠)를 하기도 한다.

바지는 상의와 같은 재잘, 같은 색이어야 하며 양쪽 옆에 한 줄을 대는 것이 일반적이다. 바지의 단을 위로 접어 올려서는 안된다.

셔츠는 흰색의 골무늬가 있는 면셔츠나 주름을 넣은 턱시도 전용셔츠를 입는다.

단추는 검은색의 Onyx로 된 단추나 커프스버튼을 하며 타이는 조끼 또는 커머밴드에 어울리는 검정 보우타이를 한다. 커머밴드가 검정이 아닐 경우는 그에 맞는 색을 해도 무방하다.

구두는 검은색 에나멜 단화나 일반 검은색 단화를 신고 양말은 검은색 견직물이나 나일론이 적당하다.

④ 사무용 정장(Business Suit)

사교복은 원래 사무용 정장으로 사무실에서만 입는 복장이다. 하지만 오늘날과 같이 사회가 바빠지고 모든 격식이 간소화되면서 일상 업무는 무론 방문, 만찬, 결혼식 등의 예복을 입어야 할 경우에도 사교복, 즉 보통 평상복으로 대신하게 되었다. 색상은 검은 계통, 짙은 남색, 짙은 회상 등의 Dark Suit가 좋으며 주의할 점은 검은색 단화를 신는 것이 정식이다.

올바른 착용 법은 상의는 뒷깃에서 드레서 셔츠가 1~1.5cm정도 보이도록 하며 길이는 손을 똑바로 내렸을 때 엄지손가락 제 1관절의 위치까지

오도록 한다. 소매길이는 손등을 위로 올려 보아 소매 끝이 닿는 정도(손목과 손의 경계에서 1~2cm 정도 내려온 정도)악수 자세에서 셔츠 소매가 0.5cm 정도 보일 정도가 적당하다.

하의 바지 길이는 밑단 앞쪽이 신발에 가볍게 닿고 뒤는 구두굽이 약간 위로 올라오는 정도로 양말이 보여서는 안 된다. 또, 바지가 지나치게 붙지 않아야 하며 바짓단의 커프(cuff)가 있어도 무방하다. 바지, 구두, 양말은 같은 색 계열로 통일하는 것이 좋으며 앞 주름의 위치는 무릎을 구부릴 때 가운데 오는 것이 좋다. 주름이 허리 벨트까지 나 있는 것이 좋지 않으며 엉덩이 정점 근처에서 자연스럽게 사라지게 한다. 또 주름이 두 줄로 잡히지 않도록 해야 한다.

셔츠는 수트의 소매 밖으로 약 1.5cm정도 나오도록 하고 목 뒷부분은 수트 깃 위로 조금 올라오도록 하며 셔츠의 목둘레는 손가락 2개 정도가 들어가면 적당하다.

넥타이는 얼룩이 있거나 더러운 것은 매지 않는다.

넥타이의 길이는 매어진 상태가 혁대에 살짝 닿거나 혹은 약간 길게 하는 것이 보기 좋다. 조끼는 입었을 때에는 조끼 아래쪽으로 넥타이가 조이지 않도록 하며 목 부분은 헐렁하지 않도록 잘 당겨서 맨다.

넥타이는 양복과 셔츠의 색상과 조화를 이루는 색상을 선택하도록 하여 매일 바꿔가며 매는 것이 새롭게 보인다.

체크무늬의 양복에 체크나 줄무늬 타이는 어울리지 않으므로 삼가는 것이 좋으며 진한 계통의 양복에는 밝은 색상의 타이가 잘 어울린다.

벨트는 흑색 또는 갈색으로 양복색과 비슷한 계통의 소재가 좋고 구두는 검정색이나 짙은 갈색이 무난하며 광택이 나게 잘 닦아 신는 것이 예의이다. 흰색 양말과 캐주얼화는 피하도록 한다. 뒷 축은 항상 깨끗하게 , 구겨 신지 않도록 한다.

액세서리, 시계, 반지, 안경, 넥타이핀, 넥타이, 벨트 중에서 3가지 이내로 착용한다. 스리피스(Three Piece)의 양복을 입을 때는 서스팬더(멜빵)를 이용하는 것이 센스이다.

2. 여성의 복장

1) 여성복

(1) 재킷

· 단순한 무늬나 단색을 선택한다.
· 어깨가 과한 것은 피한다.
· 장식구가 지나친 것은 피한다.
· 단추가 떨어졌는지 확인한다.
· 실밥이 나와 있지 않아야 한다.
· 움직임에 불편이 없도록 알맞은 사이즈로 입는다.
· 주머니에 소지품을 넣어 볼록하게 보이지 않도록 한다.

(2) 블라우스, 셔츠

· 구김과 얼룩이 없어야 한다.
· 떨어진 단추가 있는지 확인한다.
· 헤진 부분은 없어야 한다.
· 상하의와 어울리는 색상과 스타일을 선택한다.
· 무늬와 색상이 과하지 않아야 하며, 옅은 색이 좋다.

(3) 치마, 바지

· 지나치게 짧은 것은 피한다.
· 과도한 주름이나 화려한 색상과 패턴은 피한다.
· 움직였을 때 심하게 퍼지는 폭이 넓은 치마는 피한다.
· 치마 아랫단이 뜯어지거나 접혀 올라가지 않아야 한다.
· 바지폭이 과하게 넓지 않아야 한다.

(4) 스타킹

· 옷과 구두와 어울리는 색상이어야 한다.

· 무늬가 있는 것은 피한다.

· 올이 터지거나 찢어져 있지 않아야 한다.

· 실내에서 너무 두꺼운 스타킹은 피한다.

· 발목 부분에 스타킹이 내려와 주름지지 않았는지 확인한다.

· 하절기에도 반드시 착용해야 한다.

(5) 구두

· 항상 청결해야 한다.

· 복장과 조화를 이루는 색상을 선택한다.

· 굽이 과하게 높지 않은 것으로 선택한다.

· 굽이 닳지 않았는지 확인한다.

· 사무실에서 슬리퍼나 샌들로 바꿔 신지 않는다. 낮은 정장용 구두는 사용해도 된다.

· 구두 뒤축은 구겨 신지 않는다.

· 앞코가 과하게 뾰족한 모양은 피한다.

(6) 액세서리

· 장식이 많지 않은 심플한 것으로 착용한다.

· 과한 착용으로 산만해 보이지 않도록 한다.

· 나이와 신분에 맞게 착용한다.

(7) 가방

· 구두의 색과 통일하는 것이 좋다.

· 크기는 신체에 따라 알맞은 것으로 선택한다.

· 전체 의상과의 조화를 고려하여 선택한다.

· 목적과 장소에 알맞은 깔끔한 디자인을 사용한다.

여성에게 있어서 옷차림은 바로 첫인상으로 연결되며 그 여성에 대한 전체적인 평가로 이어지기 때문에 매우 중요하다. 옷을 잘 입는다는 것은 자기에게 어울리는 옷을 고를 수 있는 감각과 그 옷을 세련되게 연출할 수 있는 솜씨가 있어야 한다.

가장 중요한 것은 시간과 장소와 목적에 맞는 적합한 옷을 입어야 한다는 것이다.

① 이브닝드레스(Evening Dress)

남성의 연미복에 상응하는 정식 야간 복장으로 연회나 파티 때에 착용한다.

옷감은 실크류로 밝고 화려한 색상이 좋다.

소매가 없는 복장 중 가장 화려한 옷으로 가슴과 등을 많이 노출하며, 치맛자락이 바닥에 끌릴 정도로 치마길이가 길다.

모자는 쓰지 않으며 장갑은 흰색의 긴 장갑이나 옷과 조화를 이룬 색깔의 긴 장갑이 적당하다. 핸드백은 소형으로 가죽제품이 아닌 것이 좋으며 부채는 지니도록 한다. 구두는 금색, 은색이나 옷과 같은 색의 유사한 디자인의 구두가 좋고 보석과 액세서리는 개인이 소장한 것 중에서 가장 화려하고 값비싼 것을 착용한다.

② 애프터 눈 드레스 또는 칵테일 드레스(Afternoon Dress or Cocktail Dress)

남성의 모닝코트에 어울리는 복장으로 어느 정도 격식을 차려야 할 때 입으며, 원피스, 투피스, 앙상블의 형태가 있다.

애프터 눈 드레스, 칵테일 드레스는 디자인이 간단하고 너무 야하거나 화려하지 않은 것으로 하며, 우아하고 고상한 느낌을 주는 드레이프나 주름 레이스 등으로 장식한다. 길이가 길지 않으며 쉬폰, 벨벳, 실크 등의 옷감을 사용한다.

모자는 스포티하지 않은 것이 좋고 장갑은 길이가 길지 않은 것으로 착용하며 흰 가죽제품이 좋다. 식사 때는 벗도록 한다. 핸드백은 그다지 크지 않고 빛이 번쩍거리지 않는 가죽제품이 좋으며 구두는 금색, 은색 및 스포티한 것만 제외하고 옷의 색상과 어울리는 것이 좋다.

③ 한복(Korean Traditional Dress)

한국여성은 외국인들과의 사교모임에서 격식을 갖추기 위해 굳이 값도 비싸고 잘 어울리지도 않는 서양식 드레스를 입을 필요 없다.

한복의 당의, 활옷 등은 정식예복으로 착용한다. 치마저고리는 같은 재질의 단색고름을 단 저고리에 긴치마를 입는 것이 정식(formal)이다.

한복 착용 시 목걸이는 금물이며 백은 한복의 색상과 어울리는 것이나 구슬백이 무난하지만 고유의 복주머니가 제일 이상적이다. 옷고름에 비취 등을 이용해 만든 노리개나 은장도 등을 착용한다. 신발은 고무신이나 버선을 신는 것이 전통적이고 격식에 맞으나 외국에 거주하거나 여행 중에는 스타킹에 구두를 신어도 무방하다.

④ 여성정장

여성용 정장은 투피스와 슈트로 나눌 수 있는데 투피스는 일정한 스타일이 정해져 있지 않으며 상황에 따라 쉽게 분위기를 연출할 수 있다. 그러므로 일상생활에서 많이 애용되는데 방문복, 외출복, 통학, 여행복 등으로 여행범위가 넓다. 슈트는 재킷과 스커트를 같은 감으로 만들고 여기에 반드시 블라우스를 갖춰 입는다. 평상복으로는 물론 에프터 눈 드레스, 파티드레스의 대용으로 입을 수 있다. 보석류는 고급정장의 경우는 진품으로 장식하며 상의와 하의가 다를 때는 인조보석으로 스포티하게 장식한다. 진품과 모조품을 같이 쓰지 말 것, 반지는 한손에 하나, 팔찌는 한개 정도가 적당하며 시계는 낮에는 시계의 얼굴이 크고 간단한 것이 좋고 밤이나 특별한 모임시에는 보석 박힌 예물용 시계가 좋다. 목걸이는 겉으로 보이지 않도록 가는 것으로 3mm이내가 적당하며 귀걸이는 부착형으로 착용하도록 하며 핸드백은 깨끗하고 단정하며 장식이 많지 않은 백으로 적당한 크기의 어깨에 매는 백이 좋다.

여성용 서류가방은 모가 나지 않은 것이 적당하며 크기도 신장을 고려하여 적당한 크기로 선택하고 색상은 검정이나 갈색이 모든 용도로 두루 사용되므로 무난하다. 구두는 디자인은 평범하고 단순한 펌프 스타일에 신고 벗기에 적당한 것이 좋다.

3. 여성이 싫어하는 남성의 실수

① 선글라스를 실내에서 쓰고 다니는 남자(진실을 감추는 듯 한 느낌을 준다.)

② 정장차림에 하얀 양말을 신은 남자(하얀 양말은 운동할 때 신는다.)

③ 여름철샌들(sandal)에 검은색 드레스 양말을 신은 남자(샌들은 꼭 맨발로 신는다.)

④ 금속장식이 너무 크거나 번쩍거리는 벨트를 착용한 남자(불필요한 장식이 없는 간단한 가죽벨트를 사용한다.)

⑤ 캐주얼이나 스포츠 스타일 옷에 정장구두를 신은 남자(정장차림에는 운동화나 캐주얼 구두는 신지 않는다.)

⑥ 과다한 몸 장식을 한 남자(몸 전체에 7가지 이상이 눈에 띄면 안 된다는 것을 기억하자)

⑦ 여름철 옷감이 얇은 밝은 색상의 바지에 속 팬티가 비치거나 자국이 나게 옷을 입은 남자(안감 있는 바지를 선택하고, 살색계통의 속옷을 입는다. 비키니(bikini)는 피하고, 박서(권투선수가 입는 팬티)를 사용한다.)

⑧ 자켓 기장을 너무 짧게 입은 남자(뒤 목선에서 발끝까지 잰 거리의 2분의 1로 나눈 기장이 가장 이상적이다.)

⑨ 서류가방(brief case)의 품질이 나쁜 것을 들고 다니는 남자(비즈니스맨은 가능한 고급가죽 서류가방을 준비한다. 한번 장만하면 오래도록 잘 쓸 수 있을 것이다.)

⑩ 사업상 인사를 나눌 때 구겨진 명함을 주는 남자(구겨진 명함은 사업

에 도움이 되지 않는다. 명함은 반듯한 케이스(case)에 넣고 다닌다.)

⑪ 레인코트(rain coat)나 트렌치코트(trench coat)의 길이를 짧게 입고 다니는 남자(코트의 길이는 길수록 좋다.)

⑫ 정장에 천이 두꺼운 면이나 울 타이를 사용하는 남자(캐주얼 복장에 어울리는 타이이다.)

⑬ 바지에 멜빵(서스펜더)을 하고, 또 벨트를 사용하는 남자(멜빵과 벨트 이 두 가지는 벨트를 흘러내리지 않게 하는데 필요한 것이니 꼭 하나만 사용한다.)

⑭ 더블양복(double-breasted)을 입고 단추를 채우지 않은 채 당당하게 거리를 활보하는 남자(더블 양복 재킷은 반드시 단추를 채워야 한다.)

⑮ 바지 기장을 너무 짧게 입는 남자(바지 기장은 발등에 닿을 정도가 적당하다. 접단이 달린 기당은 조금 더 길어도 좋다.)

⑯ 처음 만나 악수를 하는데 손을 꽉 잡고 막 흔드는 남자(손을 너무 세거나 약하지 않게 편할 정도로 잡고, 세 번 이상 흔들지 않는다.)

⑰ 어두운 색상의 정장 어깨위에 하얀 비듬이 수북이 떨어져 있는 남자(불결해 보이지 않게 머리는 항상 자주 감고 단정하게 한다.)

⑱ 휴대폰으로 레스토랑에서 크게 이야기하는 남자(공공장소에는 휴대폰을 가지고 가지 않는다. 남에게 소음공해로 피해를 주기 때문이다.)

⑲ 장식용 손수건과 타이를 항상 매치시켜 입는 남자(꼭 매치할 필요는 없다. 무늬든, 색상이든 하나만 같은 계열이면 좋다.)

⑳ 구두 뒤축이 너무 많이 닳았는데, 그냥 신고 다니는 남자(구두 뒤축이 닳았을 때는 새것으로 갈아 끼운다.)

㉑ 식사중이나 식사 후 큰 소리로 트림을 하는 남자(식사 도종 트림을 하는 것은 예의에서 크게 벗어나는 일인데, 어쩔 수 없는 상황이었을 경우 입을 다물면 소리가 작게 난다. 그리고 반드시 "실례합니다"라고 예의를 갖추어야 한다.)

4. 남성이 싫어하는 여성의 실수

① 음악회나 영화관에서 껌을 리듬에 맞추어 소리 내어 씹는 여자(천박해 보인다.)

② 옷 밖으로 브래지어 끈이 보이는 여자(스트랩 리스 브래지어를 사용한다.)

③ 판타롱 스타킹을 신고 의자에 앉을 때나 걸음을 걸을 때마다 스커트 뒤트임 사이로 살이 보이는 여자(팬티스타킹을 이용한다.)

④ 짧은 스커트를 입고 의자에 앉을 때 다리를 벌리고 앉는 여자(다리는 꼬고 앉는다.)

⑤ 상대방의 기호나 취향도 모르면서 커피에 설탕이나 크림을 자기 마음대로 넣어주는 여자(과잉 서비스다.)

⑥ 머리가 부스스하며 염색하여 새로 나온 부분은 검은 머리, 끝부분은 노란 머리의 여자(자연미가 가장 아름답다.)

⑦ 하얀 치아에 빨간 립스틱을 묻히고 열심히 이야기하는 여자(숙녀의 행동이 아니다.)

⑧ 데이트 장소에서 남자에게 담뱃불을 붙여 주는 여자(숙녀의 행동이 아니다.)

⑨ 첫 번째 데이트에 레스토랑에서 남자 주머니 사정과는 상관없이 제일 비싼 음식을 주문하는 여자(상대방을 배려한다.)

⑩ 손톱 매니큐어가 벗어져 있는 여자(손톱은 항상 청결하게 관리한다.)

⑪ 스타킹을 신지 않고 짧은 스커트를 입었을 때 다리의 잔털이 길게 자라있는 여자(잔털은 깨끗이 제거하여야 한다.)

⑫ 길가에서 누구를 기다릴 때 피곤하다고 바닥에 쭈그리고 앉아 있는 여자(화장실에서 큰 일보는 모습이다.)

⑬ 의자에 앉아있을 때 구두를 벗고 발을 흔드는 여자(구두는 공공장소에서 벗지 않는다).

⑭ 스커트 아래로 속치마가 빠져 나와 있는 여자(짧은 속치마를 이용한

다.)

⑮ 다리는 짧은데 굽이 높은 구두만 신는다(짧은 다리 더 짧아 보인다.)

⑯ 밝은 색상의 옷차림에 속옷이 비치는 여자(살색계열의 속옷을 입는다.)

⑰ 여름철 슬리브리스 옷을 입었을 때 겨드랑이 잔털이 보이는 여자(특히 여름철에는 반드시 잔털을 제거한다.)

⑱ 정장차림에 슬리퍼를 신고 다니는 여자(정장차림에는 정장 구두를 신는다.)

⑲ 머리에서 냄새나는 여자(머리는 하루 한번씩 샴푸한다.)

⑳ 향수를 너무 뿌리고 다니는 여자(냄새가 너무 강하여 역겹다.)

㉑ 낮 화장을 너무 진하게 하고 다니는 여자(낮 화장은 연하고 자연스럽게 하여야 한다.)

제2절 파티 매너

1. 파티의 옷차림

1) 비즈니스 파티

(1) 여성

· 너무 몸에 달라붙는 타이트한 옷은 입지 않는다. 타이트한 옷은 경박해 보이고 전문가다운 것과는 거리가 멀다.

· 목이 깊게 파인 옷은 입지 않는다. 부서 파티에서도 전문가로서의 이미지를 유지한다.

· 비즈니스 복장에 구슬 장식의 스웨터와 축제 분위기의 조끼를 입어본다.

· 비즈니스 복장에 신었던 신발은 이브닝 슈즈로 갈아 신는다.

· 화장을 수정하고 평소의 근무시간 때와는 조금 다른 반짝이는 소재를 택해본다.

· 평일의 액세서리보다 더 대담하고 크고 컬러풀한 것으로 택한다.

· 반짝이는 머리 장식품도 사용해본다.

· 블라우스도 빛나는 소재를 고려해 본다.

(2) 남성

· 행사에 맞는 적절한 셔츠를 입는다.

· 흰색 셔츠가 색상이 있는 셔츠보다 연한 칼라의 셔츠가 대담하고 밝은 컬러보다 그리고 줄무늬보다 단색의 셔츠가 더 정장 느낌이 든다.

· 컬러풀하고 경쾌한 느낌의 넥타이를 고른다.

· 양복상의 주머니에 장식용 손수건을 꽂는다.

· 눈길을 끄는 소매 단추를 활용한다.

· 축제 분위기의 조끼를 입는다.

2) 일반 파티

(1) 남성

· 짙은 색의 정장과 흰색 셔츠

· 턱시도 셔츠, 허리밴드, 나비넥타이, 장식단추

· 짙은 색 줄무늬 또는 짙은 무늬의 타이(화이트 타이 또는 블랙 타이)

· 짙은 색 양말, 구두

(2) 여성

· 밝고 가벼운 바지 정장 또는 레이스가 달린 옷

· 짧은 이브닝드레스의 경우 반짝이고 가볍게 흐르는 느낌의 옷 또는

레이스가 달린 옷

· 종아리 중간 길이, 발목까지 내려오는 길이의 스커트와 상의 또는 드레스, 바닥까지 내려오는 길이의 옷은 적당하지 않다. 얇게 비치는 스타킹

· 굽이 적절한 높이 힐 또는 천소재 신발

· 작은 핸드백

· 이브닝 숄

제3절 국제 비즈니스 매너

국제 비즈니스는 합리적인 협상을 통해 이루어지기 때문에 미국 사회의 비즈니스 관습과 규율을 익히면 세계 어느 곳에서도 통할 수 있는 에티켓이라고 할 수 있다. 우리나라에서 좋은 매너가 다른 나라에서는 실례가 될 수 도 있으며, 얼마 전까지는 옳다고 판단됐던 매너가 현대 사회에서는 적절치 못하다는 평가를 받기도 한다. 따라서 회사의 간부나 경영층들은 우아한 국제매너를 지니는 것이 그들의 비즈니스를 좌우하는 주요한 요소가 된다는 사실을 명심해야 한다.

1. 좋은 매너

1) 첫 소개

외국인이든 내국인이든 사람을 소개할 때는 소개받는 사람의 입장에서 보았을 때 소개되는 사람이 누군지도 모르면서 소개받는 경우가 없어야 한다. 반드시 소개되는 사람의 신분을 소개말 속에 포함시켜야 한다. 다만, 서양의 관습은 비즈니스 소개를 제외한 사교 소개에서는 소개 대상자의 직업을 말하지 않는다.

2) 호칭은 신중히

외국인의 이름을 부를 때는 정확히 발음해야 한다. 특히 외국인들이 발음하기 어려운 이름을 갖고 있는 비즈니스맨들은 세례명이 있으면 크리스천 세례명을 함께 넣어 명함을 만드는 것도 좋다. 서양에서는 모르는 사람들끼리 인사를 나눈 후 두세 번 정도 만나면 경칭을 생략하고 이름을 부른다. 그러나 초면에 한두 번 대화를 나누고 곧바로 상대의 이름을 부르는 것은 실례이며, 서양인이 자기 이름을 부르라고 하면 자연스럽게 이름을 부른다.

3) 자신과 회사의 얼굴, 명함

비즈니스 시 상대방의 명함을 받자마자 안주머니나 지갑 속에 곧바로 집어넣거나, 받은 명함을 상대방이 보는 앞에서 다이어리나 서류철에 넣는 것은 바람직하지 않다. 명함은 대화중 상대방의 이름을 정확히 외워 부르기 위해 볼 수 있도록 상담 테이블 정 위치에 놓는다. 또한 명함을 만드는데 있어서 국제 비즈니스맨이라면 명함의 현지화를 해야 한다. 만일 미국을 방문하는 비즈니스맨은 명함을 영어로, 프랑스를 방문하는 비즈니스맨은 불어로, 이 두 나라를 같이 방문하는 경우에는 모두 함께 만들어 가는 것이 현지인들에게 친숙감을 준다.

4) 악수는 세계 공통 인사

대부분의 한국인이 악수할 때의 자세를 보면 서양식과 한국식의 혼합형임을 알 수 있다. 특히 서양인과 악수를 하면서 두 손으로 잡거나 머리를 숙이는 것은 바른 자세가 아니며, 그들의 눈에는 자신감이 없거나 비굴하게 비친다. 따라서 악수를 할 때는 오른손으로 상대의 손을 약간 힘주어 잡아야 하며, 얼굴 표정은 부드럽게 하고 상대의 눈을 바라보도록 한다.

2. 사무실 방문 매너

1) 사전 약속 없는 방문은 실례

사무실을 방문할 때는 반드시 사전에 시간 약속을 해야 한다. 아무리 친한 사이라도 '지나가다 잠깐 들렀다'는 식의 방문은 구미인에게는 받아들일 수 없는 큰 실례이다.

(1) 시간 약속(appointment)을 요청할 때

시간 약속을 할 때는 찾아갈 사람이 전화나 팩시밀리, 편지로 방문 요건과 방문 희망 일을 먼저 제시한 후에 상호 협의하여 결정한다. 특히 전화로 요청하는 경우 상대의시간과 입장을 들어보지 않고 "내일 오후 3시에 찾아뵙겠습니다."라고 방문자 측에서 시간을 정해서 통보식으로 요청하는 것은 실례가 된다.

(2) 시간 약속을 변경 · 취소할 때

한번 정한 시간 약속은 지켜야겠으나 불가피한 사정으로 이를 지킬 수 없다면 상대에게 양해를 구해야 한다. 그 사유는 객관적으로 보아 불가피성이 있어야 한다.

2) 공식 방문 매너

① 일반적으로 방문시간은 오후 3시~5시가 선호되고 있으며, 방문시 체류 시간은 20~30분 정도가 적당하다.

② 응접실에서 소파에 앉을 때는 일반적으로 입구에서 먼 쪽이 상석이고, 좌우로 볼 때는 우측이 상석, 좌측이 하석이 된다. 손님이 문을 열고 들어오면 주인은 Come in, please로 환영의 말을 하면서 인사를 하고 명함을 건넨 후 상석에 앉도록 권한다. 방문자 수가 많으면 받은 명함을 앉은 순서대로 탁자 위에 올려놓고 손님의 이름을 기억한다.

③ 초면에 방문할 때는 소개장(the letter of introduction)을 가지고 가는 것이 원칙이다. 정식으로는 소개장에 자신의 명함(business card)을 첨부하여 우편으로 부친 후 지정된 일시에 방문한다. 소개장을 직접 가지고 갈 때는 방문처에서 사람이 나오면 자신의 이름을 밝히고 명함과 소개장을 건네고 안내를 받도록 한다. 이때 반드시 Come in 하는 말이 있는 후 들어가도록 한다.

④ 용건이 끝나더라도 정식으로 방문한 이상, 바로 일어서는 것보다 1~2분 동안 천천히 용건 외의 화제로 대화를 나누다가 자리를 뜨는 것이 자연스럽다. 대화중에 시계를 보는 것이 매너에 어긋나며, 손님과 작별시에는 만날 때와 같이 다정하여야 한다.

※ 사무실 방문 체크 포인트
1. 약속을 정할 때는 상대방의 사정을 우선 고려한다.
2. 시차와 서머타임(summer time)을 고려한다.
3. 회의시간, 식사시간, 마감시간 등을 고려한다.
4. 국경일, 휴무일을 미리 고려한다.
5. 약속시간에 늦지 않도록 고려한다.

3) 비즈니스 복장매너

국제 비즈니스맨들은 시대 변천에 맞게, 그리고 지역에 맞게 복장에 신중을 기해야 한다. 출장지역에 따라 옷을 맞춰 입는 것을 이상적인 매너로 받아들이는 것이 자신과 지신이 속한 기업의 이미지를 관리하기 위해서이다.

① 전체적인 조화, 특히 양복과 넥타이, 구두, 양말 등이 서로 조화를 이루도록 한다.

② 첫눈에 깔끔하고 사무적인 분위기가 느껴지는 색상은 감색, 회색, 암회색 계통이며, 브라운색이 사무적인 분위기에 잘 어울리지 않는다.

③ 구두는 양복 색깔과 맞추는 것이 좋으며, 정장차림에 캐쥬얼화는 피한다.

④ 양말은 양복바지와 조화를 이루도록 하고, 흰 양말은 삼가며, 목이 긴 것을 신는다.

⑤ 넥타이는 양복과 조화되는 것을 선택하나 양말 색깔과 맞춰도 무난하다. 대체로 셔츠의 색깔이 화려하면 넥타이는 수수한 색상으로 고르는 것이 좋으나 자신의 개성과 센스를 돋보일 수 있는 것도 좋다.

4) 비즈니스 여성 매너

국제 비즈니스 분야에서 점차 여성의 역할이 증대되면서 그 활동무대도 해외로 넓혀지고 있으며, 여성들의 활동이 많아질수록 남성 파트너부터 유혹을 받을 수도 있다는 점을 유념한다. 가장 현명한 대처방안은 직장 여성으로서 프로다운 모습을 보이고 비즈니스 출장을 왔음을 상기시키는 것이 상책이다. 유능한 비즈니스 우먼이라면 비즈니스 시간 이후 어떻게 행동하느냐에 따라 신뢰가 결정된다는 사실을 잊어서는 안 된다.

① 출장시 회사에서 전해 주라는 선물이 아닌 한 거래처 남성에게는 아주 형식적인 선물일지라도 주어서는 안 된다.

② 여성의 경우는 자신이 기혼인지 미혼인지 여부를 분명히 해 둘 필요가 있다. 대화 중에 남편이나 아이들에 대해 간간이 언급함으로써 자연스럽게 자신의 신분이 기혼(Mrs.)임을 밝히는 것도 요령이다

③ 중남미 국가들을 포함한 라틴계 남성들은 모르는 여성에게도 끈질기게 접근해와 당황케 하는 경우가 많으므로 애매모호한 태도를 취하지 않는다.

④ 비즈니스 미팅 외에는 상대와 사적인 만남을 삼간다.

⑤ 남성을 유혹하거나 자극받을 만한 행동이나 의복은 삼간다.

⑥ 만일 외국 남성이 문을 열어 준다든가 외투를 벗겨 주거나 입혀주는 친절을 보일 때는 자연스럽게 받아들인다.

⑦ 한국을 찾아 온 외국인 남성은 내국인 손님을 대하듯 자연스럽게 대하도록 한다. 미혼 여성일 경우 기혼 남성을 집에 초청하는 것은 부득이한 경우가 아니면 삼가며, 오페라나 한국 무용 등에 초대하는 것이 무난한 접대이다.

5) 상담 시 에티켓

① 상대방에 대한 존경과 신뢰의 태도를 보이며 품위 있는 적절한 언어구사 하도록 노력한다.

② 바로 본론에 들어가기 보다는 상대방의 안부 및 관심사 가벼운 화재로 상대방과 공감대를 형성한 후 본론에 들어간다. 서로 다른 문화가 교류할 때 가장 먼저 접하는 문화를 가시적인 문화. 비가시적인 문화로 나눈다.

표 4-1 상담 시 에티켓

상담하기 전 좋은 예	상담하기 전 피해야 할 화재
날씨	자신 또는 타인의 건강
교통	수입 또는 금전 문제
스포츠	정치
여행	소문
방문하기 좋은 장소 또는 도시 추천	종교
개인적 경험	인종
책, 예술, 음식	개인적 삶에 대한 묘사
시사뉴스	다른 사람의 험담

표 4-2 국가별 상담 관습

구분	내용
중국	대국기질 인내심을 가지고 꾸준히 접촉 친분 쌓는 것이 중요
일본	주도면밀하고 계획성 있으며 의사결정시 시간이 걸리는 편이다.
인도	인도인들은 말이 많은 편으로 협상 중에는 서두르거나 조급하지 말아야 한다.
캐나다	시간 관념 철저 상담시간 정확히 지켜야 한다.
미국	시간 정확히 지키고 요점 정리 후 협상에 임한다.
독일	집단적으로 의사결정 보수적이고 치밀해 모험을 싫어하고 장기적 목표에 따라 움직인다.
프랑스	인간적인 것이 먼저 오고 업무 나중 격식중요
영국	인간적인 유대나 소속보다는 업무에 공정성에 더 가치를 둠

3. 비즈니스 접대문화

1) 외국 손님의 초청매너

한국이 국제 사회에서 활약이 더욱 빈번해짐에 따라 국내 기업 · 개인이 외국 손님을 초청하여 비즈니스와 접대를 하는 경우가 증가하고 있다. 외국 손님을 초청 · 접대할 경우 유의해야 할 사항을 소개하면 다음과 같다.

(1) 초청 비용 부담은 분명히

초청자측 피초청자가 한국에 왔을 때 모든 비용을 무조건 부담하여야 한다고 생각하는 경향이 있으나 지나친 환대, 즉 손님의 개인적 소비까지도 그 비용을 초청자가 부담한다면 구미인인 경우 오히려 이상하게 여긴다. 초청에 따라 초청자(회사)가 부담해야 할 부문과 피 초청자가 부담해야 할 부문의 관행은 다음과 같다.

① 항공권

초청자 부담으로 왕복 일등석 항공권을 보낸다.

② 호 텔

호텔 투숙기간에 객실료와 식사는 초청자가 부담한다. 다만 공식 일정 이외에 투숙자가 개인적으로 소비하는 주류(酒類)는 본인 부담으로 한다. 그러므로 호스트는 투숙 첫날 양주와 과일 바구니를 호스트의 명함을 붙여 객실에 넣어 주는 것으로 대신한다. 투숙자의 국제전화 · 세탁료는 본인이 부담하며, 투숙 중 호텔 종업원에게 주는 팁도 본인이 부담한다. 이와 같은 호텔내 잡비성 비용 부담은 초청에 따른 기본 조건이 아니므로 도착 후 사전에 부담 한계를 본인에게 알려주는 것이 일반적이다.

③ 기 타

쇼핑은 개인 부담으로 하는 것이 좋다. 다만 호스트측은 쇼핑을 안내할 때 한국 토산품을 방한 기념선물로 주면 효과적이다. 초청기간 중 동정을 사진첩으로 만들어 주어도 좋다. 국내 체재 기간 중 교통편은 호스트가 제공한다.

(2) 공항 영접은 격에 맞게

공항 영접 인사는 가급적 피초청 손님의 카운터 파트너(counter partner)가 하는 것이 예의이다. 부부동반으로 초청한 경우에는 공항 영접 때 부인에게 꽃을 선사해 환영의 예를 갖춘다. 그리고 피초청자에게 시차를 분명히 알려 주어야 한다.

(3) 차안에서의 적절한 화제

초청자는 차안에서 적절한 화제로 피 초청자를 영접하는 것이 중요하다. 화제는 본국의 날씨, 한국의 기후, 서울의 인구, 도로변의 주요 건물 소개, 또는 간단한 한국의 최근 상황들을 화제로 삼으면 즐겁고 인상적인 대화가 될 것이다.

또 일정표에 관하여 이후의 스케줄을 차안에서 설명해 주는 것도 예의이다.

(4) 내 집처럼 느끼도록

다른 나라를 처음 방문하는 외국인에게 호텔을 자기 집처럼 편하게 느끼도록 해 주어야 한다. 즉, 초청자가 방문자를 위해 호텔 예약에서부터 안내에 이르기까지 세심한 배려를 한다. 특히 호텔 예약 등에 조금만 신경을 쓰면 그로 인해 좋은 인상을 줄 수 있는데, 몇 가지 예를 들면 다음과 같다.

① 손님이 어떠한 침실을 선호하는지, 즉 싱글인지 더블인지 저층인지 고층인지, 어떤 등급을 원하는지를 미리 알아 둔다.

② 손님이 오기 전에 미리 등록절차(Registration)를 마쳐 두면 세심하게 배려하고 있다는 느낌을 전할 수 있다.

③ 손님의 방에 꽃이나 사탕, 과일 바구니, 혹은 특정 음료수를 넣어두면 환대에 감사할 것이다.

④ 한국호텔의 각종 서비스나 봉사료와 같은 정보에 대해 설명을 해준다.

⑤ 팁, 룸서비스, 미니 바, 자판기, 전화서비스, 헬스, 난방기 조절, 안전사항, 의상, 모닝콜 서비스, 은행 서비스, 비즈니스 서비스, 환전, 체크아웃 절차 그리고 지불 방법 등을 알려 준다.

⑥ 회사의 담당 직원 연락처와 한국에서의 일정표를 적어 준다. 또한 고객 나라의 신문을 제공하고 회사와 도시에 대한 안내서를 제공한다.

(5) 호텔에서 지켜야할 매너(초청자 입장)

① 손님의 수하물이나 수트케이스는 영접인들이 들어주지 않는다(수하물은 호텔 벨보이로 하여금 들게 하고 수트케이스는 본인이 든다).

② 손님을 픽업할 때는 객실에 전화를 하여 로비에서 만난다. 손님이 객실로 와 줄 것을 요구할 때는 그에 따르며 여성 손님일 때는 문을 약간 열어 놓은 채 방안에 들어간다.

③ 엘리베이터는 손님이 먼저 타고 먼저 내리게 한다.

④ 다른 객실의 문이 혹시 열려 있더라도 그 쪽을 보는 일이 없도록 하며, 복도에서는 손님과 큰 소리로 말하지 않는다.

⑤ 호텔 종사원을 대할 때는 예의바르게 하며, 반말을 쓰지 않는다.

⑥ 밤 10시 이후나 아침 7시 이전에는 가급적 객실에 전화 거는 것을 삼간다.

(6) 비즈니스 식사, 유명식당에서 하라

사업을 하다 보면 많은 계약이 식사시간에 이뤄지게 된다. 식당에서는 사무실 등 공식적인 장소에 비해 마음이 느긋해져 어려운 협상도 쉽게 타협 되기도 한다.

마음을 터놓고 상대방과 대화를 하다보면 상담을 넘어 인간적인 관계를 맺을 수도 있다. 그러나 중요한 손님을 식사에 초청해 놓고 예의에 어긋나거나 사려 깊지 못한 행동을 할 경우 그동안 어렵게 쌓은 좋은 이미지마저 무너지기 십상이다.

미국의 칼럼니스트인 루디 막스는 미국 NBC방송 인터넷판에 기고한 칼럼에서 '성공적인 비즈니스 식사 예절 10가지'를 소개했다.

① 식사장소 예약은 미리 해둬라.

약속 날이 임박해서 예약을 하려다 보면 자리를 구하지 못해 낭패를 볼 수도 있다. 최소한 일주일 전에는 예약을 하고 반드시 확인한다.

② 장소와 격식에 어울리는 복장 갖춰라.

가벼운 티셔츠만 입고 약속장소에 나가면 정장 차림의 상대방이 당황하게 된다. 그러나 연예계 등 비교적 자유로운 업종에 종사하는 경우에는 복장에 크게 구애받지 않을 수도 있다.

③ 휴대전화는 가급적 꺼두는 것이 좋다.

중요한 상담 도중 전화벨이 울리면 대화에 집중하기가 어렵다.

④ 점심시간에는 독한 술을 피하라.

와인이나 맥주 한전 정도는 분위기를 부드럽게 하는 데 도움이 된다. 그러나 지나친 음주는 득(得)보다는 실(失)이 많은 법이다. 상대가 술을 좋아하지 않는다면 한잔 이상은 권하지도 마시지도 말라.

⑤ 손님에게 식사 주문을 양보하라.

손님이 만약 요리를 한 가지만 주문하면 초청자도 그 만큼만 시키는 것이 좋다.

⑥ 약속장소는 유명한 식당으로 정하라.

다른 테이블이 텅 비어 있는 썰렁한 식당에서 식사를 하는 것은 별로 유쾌한 일이 아니다.

⑦ 테이블이 마음에 들지 않으면 망설이지 말고 바꿔라.

출입문 근처나 화장실 길목에서 식사를 하고 싶어 하는 사람은 없다. 이 경우 자리에 앉기 전에 매니저에게 정중한 태도로 요청하라.

⑧ 식사법이 까다롭거나 독특한 음식은 피하라.

손으로 집어 먹는 음식이나 나무망치 등 도구가 필요한 음식은 주위를 산만하게 한다.

⑨ 식사비 지불을 놓고 긴장이 조성되지 않도록 조심하라.

식사 도중 웨이터가 청구서를 들고 오면 불필요한 긴장감이 생기게 되므로 미리 주의를 시키는 것이 좋다.

⑩ 평소에 식당 매니저를 잘 사귀어 놓아라.

식당 종업원이 당신에게 반갑게 아는 척을 하는 것을 보면 상대방은 호감과 신뢰감을 가게 된다.

2) 비즈니스시의 술 접대

술 접대는 에프터 비즈니스(After business)라 하여 관례적으로 비즈니스의 중요한 업무로 인식되어 있는 나라도 있다. 러시아인들은 독한 보드카를 스트레이트로 마시며, 그리스에서는 저녁 내내 춤추는 곳으로 안내를 하고 아이슬란드인들은 밤새도록 술을 즐기는 편이다. 이탈리아나 프랑스, 중국인들은 고급식당 등으로 안내하여 술과 음식으로 접대한다.

특히 러시아나 슬라브 계통 동유럽 국가들의 사무실을 상담차방문하면 상담도 시작하기 전에 마치 커피를 권하듯 독한 보드카나 브랜디를 내놓는다. 이 경우 술을 마시지 않는 사람은 정중하게 사양하고 대신 차나 커피를 요청하다.

따라서 나라마다 술의 종류가 다양하고 마시는 법도 다르므로 각 나라의 음주문화를 미리 알아두는 것이 술 접대를 효과적으로 하거나 받는 지름길이다.

3) 비즈니스 선물 에티켓

국제 비즈니스를 할 때 그들이 주는 선물이나 접대를 거절하면 상대방에게 모욕을 주게 되며, 자칫 선물을 잘못주면 다 이루어진 상담을 깨뜨리는 결과를 낳기도 한다. 그러므로 선물을 주고받는데 있어 형식이나 방법이 중요하다.

미국은 비즈니스에 있어서 교환되는 선물은 기념품 정도이며, 사업상 접대도 집에서 대접하길 즐기다. 또한 선물에 대해 극히 민감하며, 고위층일수록 그러한 경향이 더욱 강하다. 그런데 남미지역은 선물 받는 것을 매우 좋아하며, 비즈니스 업무와 연결된 사람에게 선물하지 않으면 일을 제대로 해나갈 수 없을 정도이다.

유럽지역은 대개 업무상 부담 없는 선물을 업무상 부담 없는 선물을 주고 받으며, 가정에 초대받았을 경우 안주인에게 꽃을 선물하는 경우가 많다.

이때 흰색 국화꽃은 죽음의 꽃으로 받아들이며, 꽃송이도 홀수는 불행의 상징으로 받아들여져 짝수를 택한다. 특히 서구에서는 '13'이라는 숫자를 싫어한다.

아시아, 아프리카, 중동 및 일부 국가에서는 미래에 있을 거래의 대가나 이에 대한 인사치례가 관례로 받아들여지고 있다.

아메리카, 아프리카 지역에서는 한국의 전통공예품이나 기념품 등이 선호되고 중동지역에서 한국적 특성을 잘 나타낼 수 있는 것이 좋으며, 특히 이 지역은 선물을 줄 때 오른손만 쓰도록 한다.

또한 아랍인에게는 다른 사람이 보는 앞에서 선물을 주는 것이 좋다. 일반적으로 비지니스시 회사의 로고나 마크는 튀지 않게 만들어 선물하는 것이 좋다. 이와 같이 나라마다 선물에 대한 인식이 다르므로 현지 선물 문화의 관행에 대한 해답은 자신의 판단보다는 현지인의 조언을 받는 것이 안전하다.

표 4-3 나라별 비즈니스 선물관행

국가별	선물관행
미국	선물바구니에 과일이나 목욕용품, 또는 치즈세트로 장식해서 가져가기도 하고 꽃을 가져가기도 합니다.
나아지리아	수입품을 매우 선호하므로 한국산 공예품 등이 좋은 선물이 됨
남아프리카공화국	유력 인사에게는 한국산 전통 공예품을, 일반 상담시에는 기념품 정도가 적당함.
네덜란드	사업상의 선물은 통상적으로 포장을 해줌.
독일	최초 거래를 위한 상담시에는 간단하면서도 일반적인 선물을 함. 꽃을 선물할 때는 포장을 하지 않음.
러시아	청바지, 고급 펜, 음반, 책 등이 좋은 선물로 생각함.
루마니아	고급 펜, 라이터, 향수, 커피 등을 좋은 선물로 생각함.
룩셈부르크	사업상의 조그만 선물은 바람직하나 너무 비싸거나 사치스러운 선물은 금물임.
리비아	볼펜, 벽걸이, 디지털 시계 등을 선호함.
멕시코	한국 토산품을 선물할 경우 비싸더라도 품위 있는 택할 필요가 있음, 특히 자주 및 꽃은 죽음의 꽃으로 받아들이므로 주의함.
모로코	모로코인은 차를 선호하므로 한국산 인삼차 정도면 매우 훌륭한 선물이 됨
스웨덴	한국 공예품이나 위스키 정도의 선물이면 충분함.
스페인	사업가들끼리 선물을 교환하는 일이 일반적임
오스트레일리아, 뉴질랜드	업무상 뇌물로 비춰질 만한 것은 선물하지 않음.
알제리	사업차 두 번째 방문하였을 때 조그만 선물을 교환하기도 함.
이집트	외국 상품에 대한 선호가 강해 조그만 한국 기념품이라도 선물하면 좋은 효과를 볼 수 있음.
인도	외국 제품을 특히 선호하며, 소형 전자제품이나 일상용품이 무난함.
인도네시아	선물을 거절하는 것은 무례한 행동으로 여김.
일본	선물을 주는 것이 생활문화에 깊숙이 배어 있음. 흔히 업무상 첫대면 시에도 선물을 하곤 하는데, 다른 사람이 보는 가운데 선물을 주어야 하는 경우 모든 사람에게 주어야함. 포장에 각별히 신경을 쓰며, 검정이나 흰색, 빨간색 종이로는 싸지 않음.
중국	비즈니스 선물을 빼놓지 않고 전달하는 나라 중의 하나이며, 개인적으로 주는 것이 조하고 대개 고가의 산물을 준비함. 특히 괘종시계는 그 소리가 음울한 장례식 곡소리처럼 들리므로 선물하지 않음.
칠레	비싼 선물은 오히려 역효과를 낼 수 있으며, 작은 선물이라도 포장에 신경 쓸 필요가 있음.
터키	비즈니스 상담 중 선물 증정을 특히 좋아하는데, 고가품보다는 한국적 이미지가 담긴 선물이 좋음.
프랑스	향수를 선물한다는 것은 '헛수고 한다'는 의미임
필리핀	거액의 선물을 주고받는 것을 관행으로 보고 있음.
홍콩, 말레이지아	알람시계나 벽시계 등의 소리는 죽은 사람을 보낼 때 내는 소리(장송곡)와 같다해서 시계선물은 절대로 하지 않음.

4. 세계인의 비즈니스 매너

1) 구미인의 비즈니스 매너

(1) 유럽인

유럽은 크게 북유럽(영국 · 독일 · 스웨덴 · 노르웨이 · 핀란드 · 덴마크 · 아이슬란드 등), 남유럽(이탈리아 · 스페인 · 그리스 등), 이베리아 반도(포루투칼 등) 등 세 지역으로 나뉘며, 각 지역의 특색과 기질이 다르고, 생활면에서도 많은 차이를 보인다. 유럽인을 상대로 비즈니스를 할 때 유의해야할 사항은 다음과 같다.

① 북유럽은 유목민적 기질을 지니며 미국식과 같고 남유럽은 농경문화의 영향으로 미국식보다 느슨한 편이며, 이베리아 반도는 회교 문화권의 영향을 받으면서 라틴 아메리카와 같은 스타일을 갖고 있다.

② 유럽인들은 자존심이 강한데 특히 미국인에 대해서는 약간 깔보는 시각이 없지 않으며, 대화 중 지나친 제스처나 말장난 등은 점잖지 못한 것으로 받아들인다.

③ 유럽의 여러 나라는 국가 단위보다 도시 단위로 생활권을 형성하고 있다. 가령 '이탈리아인'이라고 부르는 것보다는 '베니스인 · 밀라노인'으로 불리기 좋아한다. 영국도 스코틀랜드 · 아일랜드 단위로 대외 활동을 하고 있어 영국인일 경우 영국의 어느 지방인지를 파악하도록 한다.

④ 유럽은 전통을 중시하는 문화를 가지고 있으므로 편리성만을 추구하는 미국 문화와 여러 면에서 대비된다. 그러므로 자동화보다 어떤 점에서는 단위별 매뉴얼을 선호하는 유럽식 가치관에 유의해야 한다.

표 4-4 주요 국가별 비즈니스 스타일

국가별	비즈니스 스타일 내용
미국	· '톱(top)'의 결정이 절대적이다. · 교섭에는 변호사가 입회한다. · 본론(straight talk)이 중요하다. · 비서를 잘 활용한다. · 개성을 강하게 내세운다. · 비즈니스 런치를 잘 이용한다.
독일	· 톱 클래스의 접대는 아침 식사가 많다. · 트러블이 있으면 저녁 식사에 초대한다. · 직함을 중시하는 사회이다. · 시간약속 없이 사무실을 방문하면 거절당한다. · 기업의 권한 규정이 분업적으로 짜여 있다.
프랑스	· 톱에서 결정해서 밑으로 내려오는 '톱 다운(top down)' 방식을 취하고 있다. · 흥정을 싫어한다. · 저녁 접대는 잘 하지 않는다. · '이 제품을 시험 삼아 써 보십시오'란 말은 금물이다.
영국	· 비즈니스 회의 시 남쪽지방은 정장(formal)차림의 격식을 매우 중시하는 반면 북쪽지방은 약식차림의 자유분방한 스타일을 선호한다. · 기업내 권한은 1인(사장 혹은 오너(owner)에게 집중되어 있다. · 회의를 겸한 오찬호동을 좋아한다(세제상 비용공제 혜택이 있기 때문임). · 눈맞춤(eye-contact)과 유머가 중요하다. · 가정으로의 초대는 잘 하지 않는다.
중국	· 맞대면(face to face)의 인간관계가 중요하다. · 중국의 주요 비즈니스 찬스는 연회(宴會)다. · 실용주의에 입각하여 협상을 풀어나간다.
일본	· 시간을 엄수하는 것이 좋다. · 인사하거나 악수를 하기 전에 명함을 교환한다. · 자주 또는 오랫동안 눈을 마주치는 것이 무례한 일이다. · 그들이 "예"라고 대답할 수 있도록 질문할 필요가 있다.
사우디 아라비아	· 사우디 및 다른 아랍국가 사업가들은 개인적으로 비즈니스하기를 좋아한다. · 사업 제안이 아무리 훌륭해도 상대를 신뢰하지 않으면 거래를 원치 않는다. · 사우디 사업가는 조직적이고 준비가 충실하며 그들의 제품과 서비스를 잘 알고 있는 사람들을 존중한다.

※ 비즈니스와 관계가 있는 사교모임에서 피해야 할 것들

- 한 가지 이상의 알코올음료를 마시지 않는다.
- 너무 시끄럽게 말하지 않는다.
- 들떠 있는 것처럼 보이지 않는다.
- 인신 공격적인 농담은 삼간다.
- 회사나 개인의 비밀스러운 정보를 누설하지 않는다.

제5장 통신예절

제1절 통신예절

1. 통신 예절

현대를 사는 우리들에게 있어서 통신이란 매우 중요한 커뮤니케이션 통신 수단으로 현대인의 생활에서 통신을 빼놓고서는 이야기하기 곤란할 정도로 우리와 밀접한 관계를 가지고 있는 것이 통신수단이다.

인터넷이 대중화되면서 사이버 공간에서도 예절이 중요한 문제로 떠오르고 있다.

통신예절을 뜻하는 네티켓(Netiquette)은 네트워크(Network)와 에티켓(Etiquette)의 합성어로, 정보를 이용함에 있어서의 윤리 문제와 밀접한 관계가 있다. 이 정신은 작게는 다른 사람에게 정신적으로나 물질적으로 피해를 주지 말자는 것이지만, 크게는 사이버 공간도 사회의 일부분임을 깨닫고, 그 사회의 발전을 위해 힘쓰자는 데 취지가 있다.

☞ 파일을 전송할 때의 통신 예절

파일을 전송할 때 다운로드 받은 자료는 개인 PC의 하드 디스크나 플로피 디스크에 저장하고, 원하는 파일을 다운로드 받으면 로그 아웃한 후 내용을 읽는다.

자료를 올릴 때에는 그 자료와 동일한 파일이 있는지 살펴보고 자료에 버그나 바이러스가 있는지 사전에 검사하여 올린다. 대용량 자료를 다운로드할 때에는 시스템 사용자들에게 피해가 가지 않도록 가급적 사용자가 많지 않은 시간을 택하고 자료를 다운로드 받을 때 저작권 여부를 반드시 확인한다.

☞ 통신 예절을 지키기 위한 원칙

통신 예절을 위해 지켜야 할 원칙에는 여러가지가 있지만, 사이버 공간에서 명심해야 할 가장 기본적인 원칙은 다음과 같다.

첫째, 상대방이 나와 같은 생각을 하고 있는 실제 사람이라는 것이다.

인터넷상에서 대화할 때에는 상대방을 볼 수 없기 때문에 상대방이 인격을 가진 사람이라는 것을 잊는 경우가 있다. 이처럼 서로 얼굴을 보지 않고도 의사 전달이 가능하다는 매체의 특성과 익명성은 때로는 무례한 행동을 유발하고, 실생활에서 행할 수 없는 부분까지 허용될 것 같은 착각을 불러일으키기도 한다. 그러나 가상 공간에는 보이지 않는 실제 사람들이 존재하고 있으므로, 이를 명심해야 한다.

둘째, 해당 영역마다 다양한 통신 예절이 있다는 것이다. 어떤 곳에서는 허용되는 것이 다른 곳에서는 몹시 무례하다고 생각될 수 있다. 서로 다른 영역마다 그 영역에 맞는 통신 예절이 있기 때문에 사이버 공간에 새롭게 참여하고자 할 때에는 그 환경을 잘 파악하여야 한다. 채팅하는 것을 지켜 보거나 올라온 글을 읽어 보는 등의 준비를 통해 그 곳에 소속된 사람들의 생각을 파악한 후 참여한다.

셋째, 다른 사람의 시간을 존중하라는 것이다. 전자 우편을 보내거나 게시물 작성할 때, 글을 읽게 되는 다른 사람들이 시간을 허비하지 않도록 하는 것이 글을 올리는 사람의 책임이다. 따라서 어떠한 글을 올리기 전에 다른 사람들이 진정으로 그것을 알고 싶어하는지 생각해야 하며, 만일 다른 사람들이 원하지 않는 정보라면, 시간을 빼앗지 않도록 주의한다.

넷째, 전문적인 지식을 공유하라는 것이다. 사이버 공간의 힘은 참여하는 네티즌의 수에 있다. 온라인상에서 질문을 하면 수 많은 사람들이 그 질문을 읽게 되고, 그들 중 관련 지식을 가진 사람들이 답변을 하여 질문을 한 네티즌 및 그 질문에 관심을 가진 네티즌이 공유하는 지식이 생성된다.

다섯째, 다른 사람의 사생활을 존중하라는 것이다. 메일을 비롯한 상대방의 정보를 훔쳐보거나 허가 없이 복사하여 배포하는 등 다른 사람의 사생활 및 저작권을 함부로 침범해서는 안 된다.

여섯째, 다른 사람의 실수를 용서하라는 것이다. 누구나 처음엔 인터넷 초보자였다. 따라서 누군가 실수를 할 때는 실수에 대해 친절을 베풀 줄 알아야 한다. 사소한 실수를 한다면 사적인 메일을 통해 정중하게 그것을 지적한다.

1) 전자우편을 사용할 때의 통신 예절

전자우편을 사용할 때는 전자 우편을 자주 확인하고 중요하지 않은 것은 지우며 자신의 계정이나 비밀번호가 다른 사람에게 유출되지 않도록 주의한다.

내용은 가능한 짧게 요점만 쓰고 전자 우편을 보내기 전 주소가 올바른지 확인하며 줄 사이마다 필요 없는 공백 줄을 두어 크기만 늘리는 식의 내용 작성은 삼가한다.

제목은 내용을 함축하여 간략하게 쓰고, 가능하면 내용 끝에 서명(성명, 직위, 단체명, 메일 주소, 전화 번호 등)을 포함시키되 4줄을 넘지 않도록 한다.

전자 우편 상에서 타인에 대해 말할 때에는 정중하게 하고 타인에게 피해를 주는 언어(비방이나 욕설)에 각별히 유의하며 행운의 편지나 메일 폭탄 등을 보내지 않는다.

2) 파일을 전송할 때의 통신 예절

파일을 전송할 때 다운로드 받은 자료는 개인 PC의 하드 디스크나 플로피 디스크에 저장하고, 원하는 파일을 다운로드 받으면 로그아웃한 후 내용을 읽는다.

자료를 올릴 때에는 그 자료와 동일한 파일이 있는지 살펴보고 자료에 버그나 바이러스가 있는지 사전에 검사하여 올린다.

대용량 자료를 다운로드할 때에는 시스템 사용자들에게 피해가 가지 않도록 가급적 사용자가 많지 않은 시간을 택하고 자료를 다운로드 받을 때 저작권 여부를 반드시 확인한다.

3) 채팅할 때의 통신 예절

채팅할 때는 마주보고 이야기하는 마음가짐을 가지고, 만나고 헤어질 때는 인사를 하며 대화방에 처음 들어가면 지금까지 진행된 대화의 내용을 파악하고 분위기를 잘 알아야 한다.

글을 쓸 때 한 번 더 생각하고, 동시에 여러사람과 이야기할 때는 상대방을 혼동하지 않도록 조심한다. 유언비어, 속어와 욕설을 올리는 것은 삼가하고 이모티콘 등을 적절히 사용하여 재치 있는 대화를 유도한다.

2. 전화 예절

현대를 사는 우리들에게 있어서 통신이란 매우 중요한 커뮤니케이션 통신 수단 이다 현대인의 생활에서 통신을 빼놓고서는 이야기하기 곤란할 정도로 우리는 밀접하게 통신수단이다

1) 전화 중요성

현대인의 생활에서 커뮤니케이션 수단으로 중요한 역할을 하는 전화는 상대방의 얼굴을 직접 대하지 않고 단지 음성만으로 자신의 뜻을 전달해야 하기 때문에 각별히 예절에 신경을 써야 한다. 전화선을 통하여 흐르는 목소리는 그 사람의 진실한 인격을 반영하기 때문이다. 전화를 거는 방법이나 태도에 따라 상대방의 기분을 흐뭇하게 만들기도 하고, 기분을 상하게 하기도 한다. 따라서 전화예절은 충분히 몸에 베일 수 있도록 습관화하여 상대방과 의사소통을 원활히 하고 좋은 인상을 줄 수 있도록 하여야 한다.

의사소통의 수단으로써 전화의 등장은 원근공간을 초월하여 상대방과의 언제든지 대화를 가능하게 한다.

통화자의 음성 하나로만 상대방을 파악하여야 한다.

전화는 대면하지 않고 목소리의 표현 (억양 음양 속도)만으로 파악하기 때문에 송, 수신자의 현재상황을 인지할 수 없다.

전화를 거는 방법과 태도에 따라 상대방의 기분을 흐뭇하게도 만들기도 하고 상대방의 기분을 상하게도 한다.

2) 전화 사용시의 유의사항

전화는 빠른 시간내에 원하는 내용을 본인에게 직접 전달할 수 있는 가장 손쉬운 통신 매체로서 인간관계의 친분을 돈독히 하는 수단이 될 수도 있다. 그러나, 대개 얼굴을 보지 못하는 상황에서 음성만으로 전달되므로 더욱 조심스럽게 예의와 격식을 갖춰 사용해야 한다.

① 전화를 걸 때

· 전할 내용을 미리 메모하여 전화하는 용건을 분명히 하도록 한다.

· 상대방이 부재중이어서 자동응답기가 작동된 때에는 간단하게 명화하게 용건만 남겨 놓는다.

· Collect call(수신자 부담)을 이용할 때에는 받는 사람에게 부담이 되지 않는지 신중하게 고려한 후 사용한다.

· 국제간 시차를 고려하여 받는 지역의 시간을 정확히 파악한 후 실례가 되지 않는 시간에 전화를 건다.

② 전화를 받을 때

· 전화기 옆에 늘 메모지와 필기도구를 준비해 놓는다.

· 어린이의 재롱만 기특히 여겨 발음이 불분명한 어린이에게 전화를 받게 하거나 전화 도중 어린이의 투정을 통제하지 않고 계속 받아주면서 통화하는 것은 상대를 짜증나고 답답하게 할 수 있다는 것을 염두에 두어야 한다.

· 다른 사람의 메시지를 받아 줄 때에는 누가, 언제, 무엇에 대해서인지 그리고 상대의 전화번호까지 정확히 적어 놓도록 하며 가능하면 본인에게 빨리 전달해 주도록 한다.

· 전화 도중 음악소리, TV소리, 핸드폰 등으로 통화에 방해가 되지 않

도록 유의한다.

3) 전화응대 방법

표 5-1 전화응대 방법

상황	화법
전화를 받았을 때	안녕하십니까 ○○에 ○○○입니다.
기다리게 할 때	죄송합니다만, 잠시만 기다려 주시겠습니까?
기다리고 난 후	오래 기다리게 해서 죄송합니다.
물어볼 때	죄송합니다만, ~입니까?
용무처리가 안 되었을 때	죄송합니다만..
용무처리가 되었을 때	예, 알겠습니다.
부탁이나 의뢰할 때	죄송합니다만, ~해 주시겠습니까?
다시 물어 볼 때	한 번 더 말씀해 주시겠습니까?
담당자를 바꿔줄 때	담당자를 연결해 드리겠습니다. 잠시만 기다려 주십시오
찾는 사람이 없을 때	지금 부재중이신데 괜찮으시면 제가 전해드리겠습니다.
다른사람과 상의 해야 할 때	잠시만 기다려 주시면 알아보겠습니다.
마침 인사	잘 알겠습니다. 감사합니다. 안녕히 계십시오

(1) 신속

· 신속하게 받고 간결하게 통화 한다.

· 전화를 걸거나 받을 때 5W1H 습관을 기른다.

· 인사나 필요한 농담이라도 길어지지 않도록 한다.

(2) 정확

· 발음 또박또박 정확하게 재 복창 한다(번호, 금액, 수량, 일시, 장소, 종목, 재 반복).

(3) 친절

· 진심으로 우러나오는 높임말, 존댓말 사용한다(정성과 성의는 바로 느낄 수 있다).

· 메시지 처리 요령(6하 원칙에 의거하여 처리한다.)

4) 전화응대 체크리스트(Check List)

표 5-2 전화응대체크리스트

	항목 내용	상	중	하	비고
전화 응대	전화벨이 3번 울리기 전에 받고 명랑하게 전화를 받는가				
	고객이 원하는 바를 정확히 청취한 뒤 연결하는가				
	전화 종결시, 반갑게 인사하며 가볍게 수화기를 놓는가				
메시지 전달	친절하고 정중하게 소속과 성명을 밝히는가				
	메시지를 남길 경우 고객 성명과 객실 번호를 확인하는가				
	메시지 내용을 정확히 기록하는가				
	메시지를 안전하고 정확히 배달하고 사본을 철저히 보관하는가				
웨이크-업 콜 (Wake Up Calls)	친절하고 정중하게 소속과 성명을 밝히는가				
	발신 고객의 성명과 객실번호를 확인하는가				
	고객의 웨이크-업 콜(Wake-Up Calls) 시간을 정확히 접수 받는가				
	웨이크-업 콜(Wake-Up Calls)의 작성이 정확한가				
전화 연결 서비스	전화사용에 대한 안내와 유 · 무료를 정확히 공지하는가				
	전화연결 요청시 수신번호를 정확히 접수하는가				
	고객 통화시간에 따른 고객요금을 확인하는가				
	영수증(Bill)을 정확히 프론트데스크로 인계하는가				
내선 교환	밝고 명랑하게 전화 벨이 3번 울리기 전에 전화를 받는가				
	타 부서 또는 직원 성명을 확인하고 즉시 전화를 교환하는가				
	전화를 끊을 시 반갑게 인사하며 가볍게 수화기를 놓는가				

※ 전화응대!

여러분은 하루에 전화를 얼마나 받으십니까 '전화'는 현대인에게 없어서는 안 될 아주 중요한 매체입니다. 빠르게 돌아가는 업무에서 전화를 이용한 업무는 무수히 많고 점점 늘어가고 있습니다. 그렇다면 여기서 잠깐! 전화통화에서 고객을 화나게 하는 말들은 뭐가 있을까요?

※ 이런 말은 싫어요" Best 10!~~

① 제가 벌써 몇 번째 말씀 드렸습니까?
② 그것도 모르세요? 고객님이 잘 모르시는 것 같은데....
③ 저는 담당자가 아니거든요? 이쪽에다 말씀하시면 안돼요.
④ 원하시는 게 뭔데요? 어떻게 해 달라구요?
⑤ 고객님! 왜 저한테 화를 내세요?
⑥ 절대 안됩니다. 절대 못해요.
⑦ 말귀를 못 알아 들으세요.
⑧ 당연한 말씀을 왜 하세요.
⑨ 우리 회사의 규정입니다.
⑩ 찾아서 알아보고 다시 전화주세요.

3. 인터넷 예절

인터넷(Internet)은 컴퓨터를 이용하여 세계 각 나라에서 자유롭게 통신을 주고받을 수 있는 망중의 망(netwoke of network)으로서, 미래 정보화 사회의 실현에 중추적인 역할을 하고 있다. 이와 같이 가상공간을 통한 정보의 교류가 활발해지면서 실생활과 마찬가지로 가상세계에서도 나름대로의 예절이 필요하다는 것을 느끼게 되었으며 이러한 통신상의 예절인 네티켓(Netiquette)이 생겨나게 되었다.

인터넷을 수천 개 독립 네트워크가 서로 연결되어 시간과 공간이 다른 전 세계인이 사용하는 범지구촌 네트워크이므로 다양한 인종, 나이 성별, 국적의 차이를 수용하여 각각 다른 상호 통신문화의 gap을 줄여야 할 것이다. 따라서 전자우편, 웹, 파일전공(FTP)등의 서비스를 이용하고자 할 때에는 각기 고유한 네티켓을 지킴으로써 사이버 공간에서 바람직한 한국인의 위상을 정립해야 할 것이다. 또한, 나이 어린 통신인구가 급증하고 있는 만큼 무엇보다 가정과 학교에서 네티켓 교육이 이루어져 인터넷이 올바른 커뮤니케이션의 도구로 활용될 수 있도록 노력해야 할 것이다.

1) 인터넷 예절의 중요성

인터넷과 pc통신의 상용화 대중화 되면서 사이버 공간에서의 에티켓과 매너가 중요한 문제로 부각 되었다.

① 네티켓(Netiquette)이란 네트워크(Network)와 에티켓(Etiquette)합성어로 네티즌(통신사용자)들이 네트워크를 사용하면서 지키고 갖추어야 할 예의범절을 의미한다. 익명성, 다양성, 자발성, 쌍방향성, 다중성 등의 다양한 특징을 가지는 가상공간도 넓게 보면 사회의 일부분임을 깨닫고, 실제의 사회생활과 마찬가지로 바람직한 인간 공동체로 발전할 수 있도록 가상공간에서의 에티켓 즉, 네티켓이 필요하다.

② 가상공간도 현실공간과 마찬가지로 가상세계 그 나름대로 질서유지를 위해 적절한 규범과 예절이 필요하다.

③ 우리는 급변하는 환경 속에서 날마다 누군가에 의해 엄청난 양의 정보가 공유되고 있다는 사실을 알고 있음에도 여기에 정확한 해약이 있는지 예측하기 어렵다.

④ 정보통신환경의 변화와 개인 정보보호의 중요성 개인정보의 침해는 개인적으로나 사회적으로 중대한 위협이 되며 재산 및 신체적 안전 인간의 근본적 권리에 위협이 될 수 있다

※ 사이버 에티켓 가르치자(현대 사회에서는 사이버 예절 교육은 필수)

'미디어 혁명'이라고까지 일컫는 컴퓨터는 파편화되어 있는 인터넷으로 시간과 공간의 제약을 뛰어넘어 탄탄하게 이어주며 위력을 더하고 있다. 정보의 흐름을 일방적인 것에서 쌍방향으로 바꾸며 누구나 자신의 의견을 개진할 수 있게 된 것은 분명 인터넷의 공이다.

그러나 아쉽게도 우리는 '가상공간에서 인간답게 살아가는 법'을 익히지 못한 채 인터넷세상으로 빠져들고 있다. 초등학생부터 컴퓨터 자판을 두드리며 중학과정에서는 정식교과로 컴퓨터를 다루고 시험까지 보지만 고작해야 기기를 다루거나 프로그램을 응용하는 법만 배울 뿐이다.

고교생도 마찬가지다. 필요한 정보를 손쉽게 접할 수 있는 사이트를 찾는 데만 눈들이 급급하다. 컴퓨터라면 아이들보다 아는게 더 없는 부모들인지라 가정에서의 교육도 기대하기 힘들다. 결국 사이버 공간에서 지켜야 할 예절을 아무데서도 배우지 못하고 있는 것이 우리의 현실이다. 이제라고 각급 학교 에서는 사이버 예절교육을 시작해야 한다. 인터넷으로 접촉하는 사람들은 가상의 인간이 아닌 현실의 '진짜'인간이며 그들은 매너있게 취급받기를 원한다는 것, 따라서 사람끼리 말하지 않는 것은 인터넷상에서도 말해서는 안되며 실생활에서 꺼리는 행동은 온라인상에서도 하지 않아야 한다는 것 등을 가르쳐야 한다.

4. 사용 영역별에 따른 에티켓

1) 공통적인 예절

인간관계에 있어서 사회적 지위에 따라 행동을 규제하는 규칙과 관습의 체계로 예절의 형식은 생활방식 · 사고방식 · 사회풍조에 따라 다르다. 법에 의해서 강제되는 행동규칙과 집단에 의해 강제되는 행동규범이 아니므로 예절은 강제되지는 않으나 어길 경우 다른 구성원들로부터 소외당하게 된다.

① 컴퓨터 서로 스크린만을 통해 교류가 이루어지므로 상대방이 인간임을 간과하는 경우가 있어, 자칫 사소한 무례를 범하지 않도록 유의한다.

② 사이버 공간의 익명성을 악용해 자신의 신분을 의도적으로 감추거나 언어폭력, 은어남발, 헛소문 유포 등의 음란하고 저속한 행동을 하기도 한다. 따라서, ID는 나의 인격이라는 사고를 갖고 자신의 의견 등

을 제시할 때는 실명제를 전제로 한다.

③ 사이버스페이스 영역에 따라 네티켓이 다르므로 그 곳에 소속된 사람들의 생활문화에 어울리도록 행동해야 한다.

④ 메일을 보내거나 토론 그룹에 글을 띄울 때에는 다른 사람에 대한 충분한 배려가 필요하다. 내용에 주의를 기울여 가능한 한 논리적이고 정중한 표현을 한다.

⑤ 개개인의 사생활을 존중하여 상대방의 정보를 훔쳐보거나 허가 없이 복사하여 배포하는 등 타인의 사적인 영역을 함부로 침범하지 않도록 한다.

⑥ 지나친 인터넷 중독은 정신적 · 육체적인 피로와 현실 사회와의 단절을 가져오고 원만한 사회생활에 지장을 줄 수 도 있으므로 주의한다.

⑦ 국제적인 네티즌이 되기 위해서는 세계인들의 문화와 사고방식의 차이를 인정하는 것이 필요하다.

⑧ 글을 올리고자 할 때에는 요점을 간단히 하고 불필요한 기사는 자제하며 제목을 가능한 구체적으로 표기한다. 글의 끝에는 연락처와 사인을 기입하고 개별적인 논쟁이나 회답은 전자우편을 이용하도록 한다. 자기의 글은 스스로 관리하여 잘못이 있거나 시기가 지난 것은 반드시 삭제한다.

⑨ 통신상 사이버 이지매 현상이 없도록 상대방을 비방하거나 자신의 의견만을 고집하지 말고 서로를 인정하고 포용해야 한다.

⑩ 대문자는 특히 제목이나 강조하고 싶은 단어에만 적절히 사용한다.

⑪ 통신 용어는 친근감을 주고 듣는 사람이 말하는 사람의 의도나 사소한 정서까지 잘 이해할 수 있는 이점이 있으나 지나친 사용은 오히려 오해를 불러일으킬 수 있다.

⑫ 파일 전송시에는 반드시 바이러스가 없는지 확인한다.

⑬ 학교나 기관 공용망을 사업적 목적이나 개인 이익을 위해 사용하지 않도록 한다. 특히 개인적인 글을 공통계정으로 보낸다거나 자신을 밝히지 않고 글을 올리는 행위, 자신의 ID를 타인과 공유하거나 대여

하는 행위, 타인의 정보를 허가없이 함부로 공개하는 행위도 에티켓에 어긋나므로 삼가도록 한다.

⑭ 해커(Hacker)들의 무자비하고 범죄적인 행위로 말미암아 일반 컴퓨터 사용인들에게 그 피해가 빈번하게 발생하므로, 사용자 스스로 실력을 갖추고 보완시스템의 강화로 개인정보 유출 등의 피해를 방지해야 할 것이다.

2) 전자우편

컴퓨터의 단말기 이용자끼리 통신회선을 이용하여 편지나 문서, 그 밖의 다른 정보들을 주고받는 것을 말한다.

① 원치 않은 사람에게 메시지가 가지 않도록 메일을 보내기 전에 주소가 올바른지 확인한다.

② 제목은 메시지 내용을 함축하여 간략하게 쓰도록 하고, 라인 사이마다 공백을 두어 크기만 늘리는 식의 메시지 작성은 삼간다.

③ 가능한 한 메시지 끝에 자신의 signature(이름, 직업, E-Mail주소, 전화번호)을 포함시키되 4줄을 초과하지 않도록 한다.

④ 자료를 보낼 때는 저작권 상표 등에 주의하여 상업용 소프트웨어를 무단으로 배포하지 않도록 조심한다.

⑤ 꼭 필요한 내용만 간단히 쓰고 우편주소를 철저히 확인한다.

⑥ 제목은 메시지의 내용을 함축하여 간결하게 쓰고 우편 내용 밑에는 서명을 꼭 붙인다.

⑦ 중요한 정보는 다른 사람이 읽을 가능성이 있기 때문에 전자우편으로 전송하지 않는 것이 좋다.

⑧ 전자 메일 상에서 타인에 대해 말할 때는 정중함을 지키고 아무에게나 홍보성 또는 광고성 우편물을 동시에 보내지 않는다.

⑨ 한번 보낸 편지는 다시 고칠 수 없으므로 편지 내용을 미리 검토한 후 보낸다. 남의 메일을 가로채거나 함부로 공개하지 않는다(법적인 책임이 따른다.).

3) 온라인 대화

이 시스템을 전자 사서함 시스템의 온라인 상태에서 참가자들이 동시에 서로 키보드 조작으로 대화를 수행할 수 있는 기능이다. 따라서 참가자들은 상대방의 입력 메시지를 보고 바로 자신의 메시지를 입력시킬 수 있으며, 상대방은 다시 이에 대한 회신을 주고 받을 수 있다.

① 마주보고 이야기하는 마음가짐으로 임하며, 만나고 헤어질 때에는 인사를 나눈다.

② 대화 상대방의 신상정보를 자세히 묻거나 본인의 신분을 의도적으로 감추는 것을 바람직하지 않다.

③ 대화방에 처음 들어가면 지금까지 진행된 대화의 내용과 분위기를 아는 정도 경청하는 것이 좋다.

④ 폭언이나 욕설, 상호비방의 내용이나 타인의 명예를 훼손시킬 우려가 있는 내용은 금한다.

4) 토론 그룹

하나의 주제에 대해 토론하는 그룹. 뉴스 그룹이나 게시판, IRC 등에서 존재한다.

① 수신한 메일을 발신자의 허가 없이 메일링 리스트에 재전송하는 것은 바람직하지 않다.

② 토론의 주제나 리스트 주제와 상관없는 초점에서 벗어난 질문이나 코멘트는 삼간다.

③ 어떤 리스트에는 많은 나라의 이용자들이 있기 때문에 특정 지역의 사건, 영화, 음악이나 문화에 대하여 글을 올릴 때에는 설명을 붙이는 등 각별한 주의가 필요하다.

④ 일주일 이상 여행이나 휴가를 갈 때에는 모든 리스트에서 자신의 메

일주소 삭제하도록 한다.

⑤ 기사나 문서를 읽고 작가를 비판하고 싶을 경우도 생길 수 있으나 리스트의 모든 문서는 공공의 문서이므로 지나친 표현은 삼간다.

5) 유즈넷(Usnet)

유즈넷은 범세계적인 네트웍에 접속된 서버들에 올려져있는 여러 주제에 대한 글들을 모아놓은 것이다. 올려진 글모음에 대한 각 주제는 보통 뉴스그룹이라고 불린다. 지구 상에는 이미 수천 개 이상의 뉴스그룹이 있으며, 새로운 뉴스그룹을 만드는 것도 가능하다. 대부분의 뉴스그룹들은 인터넷에 연결되어 있는 서버에 올려져 있지만, 인터넷에 연결되어 있는 않은 서버에서 서비스하는 것도 가능하다.

① 유즈넷은 인터넷사의 게시판으로 다양한 주소 그룹을 가지고 있는 세계 최대의 정보제공 언론지 이므로, 전 세계의 상당히 많은 사람들이 자신이 올린 기사를 보고 있다는 것을 명심하여 개인이 원하는 게시판을 찾아 그 주제에 적합한 글을 게재하도록 한다.

② 포스팅하기 전에 기사들을 읽어 봄으로써 뉴스그룹의 분위기가 이야기 흐름, 글 쓰는 방식, 서술방식 등의 문화를 파악하도록 한다. 기사의 내용은 간결하게 요점만 작성한다. 항상 기사의 끝에는 자신의 사인과 연락처를 넣어서 보낸 사람을 밝히도록 하고 제목에는 기사의 내용을 함축할 수 있는 단어를 쓴다.

③ 같은 글을 서로 다른 여러 뉴스그룹에 올리는 교차투고를 하지 않는다. 가장 관련이 있다고 생각되는 글에만 포스팅 한다.

④ 아무리 좋은 내용이라도 허락 없이 다른 사람의 e-mail 메시지를 유즈넷이나 다른 많은 사람들에게 forward하지 않도록 한다.

6) 웹(World Wide Wed)

문자-영상-음향-비디오정보"를 한꺼번에 제공하는 멀티미디어 서비스를 말한다. 인터넷을 통해 웹에 들어가 웹정보를 검색케 해주는 프로그램을 "웹 브라우저(Web Browser)"라고 한다. 웹 서비스를 제공하는 기관이나 장소를 "웹 사이트(Web Site)", 웹 서비스를 제공하는 호스트컴퓨터를

"웹 서버(Web Server)"라고 한다.

① 무엇보다도 가치있는 내용을 항상 새롭게 갱신해야 하므로 사이트 개설에 신중하며, 갱신한 날짜를 페이지 안에 명시한다.

② 문서상에 너무 큰 그래픽 이미지를 넣어 두면 많은 이용자들이 느린 모뎀으로 인터넷을 접속해야 하기 때문에 이런 이미지들을 받기 위해서는 시간이 많이 소요되므로 자제하도록 한다. 그러므로 인터넷에 부담되지 않도록 꼭 필요할 때만 그래픽이나 멀티미디어 기능을 사용하도록 한다.

③ 비디오나 사운드파일을 페이지에 포함시키는 경우 옆에 파일크기(예:10KB, 2MB)를 미리 알려 사용자가 다운로드시간을 예측할 수 있도록 배려한다.

④ 문서 하단에 작성자 전자우편 주소를 명시하여, 사용자와의 대화의 창을 열어 두어 질문에 답할 수 있도록 한다.

7) 원격접속(Telnet) / 파일전송(FTP)

원격접속 서비스(Telnet)는 자신이 사용권한을 가지고 있는 전제하에 다른 곳에 위치한 컴퓨터를 온라인으로 연결하여 사용하는 서비스이다. 네트워크를 이용할 때 가장 많이 사용하며 텔넷을 이용하여 컴퓨터 사용자로 로그온하려면 userid와 암호(password)를 넣어야 하며 로그온되면 이용할 수 있다. 컴퓨터(electronic computer)와 같으나, 연산 장치, 기억 장치, 제어 장치가 있는 중앙 처리 장치를 중심으로 하여 디스크 등의 보조장치나 여러 개의 입력장치가 접속된 대규모의 조직을 말할 때 사용한다.

① 서비스의 포트번호와 사용방법 등의 사전정보를 미리 숙지한 후 접속한다. 그렇지 않으면 서버를 느리게 만들고 다른 이용자에게 부담을 줄 수 있으므로 사용안내를 반드시 읽도록 한다.

② 공용 디렉토리를 이용하게 될 경우 이 디렉토리 밑에 자신의 사용자 이름으로 디렉토리를 만들어 쓰는 것이 바람직하다.

③ 파일전송을 받을 때에는 가급적 네트워크에 부하가 걸리는 시간을 피한다.

④ 문서 파일을 다운로드받아 필요한 정보를 입수하면 즉시 접속을 끊도록 한다.

⑤ 다운로드 받은 프로그램이 쉐어웨어라면 사용해 보고 마음에 들 경우 저작권자에게 일정 요금을 지불해야 한다. 사용해 본 경우 요금을 지불할 만한 가치가 없다면 자신의 시스템에서 그 프로그램을 지우도록 한다.

8) 모티켓(Mobile+Etiquette)

휴대전화'를 의미하는 'mobile phone'과 '예절'을 의미하는 'etiquette'을 합성한 말로, 휴대전화 통화에서 지켜야 할 예의범절을 뜻한다.

① 가장 기본적인 것은 공공장소에서 휴대폰 벨소리를 진동으로 하거나 전원을 꺼둔다. 최근 전원이 꺼져 있을 때도 통화를 시도한 발신자번호 확인이 가능한 서비스가 있으니 꺼두는 것이 바람직하다. 또한 휴대폰 게임을 할 때도 소리 내지 않아야 한다.

② 지하철이나 버스, 공중화장실에서 큰 소리로 통화하지 않아야 한다. 당연한 사실이지만 가장 안 지켜지는 것 중 하나다.

③ 제3자 입장에서도 모티켓이 있다. 통화자가 입을 가리고 조용히 통화하면 고개를 돌리든지 듣지 않는 것이다.

④ 학교 수업시간이나 도서관에선 반드시 전원을 꺼놓든지 벨소리를 무음으로 전환해야 한다.

⑤ 통화할 때 전화 받는 사람의 통화가 가능한지부터 확인하는 습관을 길러야 한다.

⑥ 사무실 내에서 이동할 때 꼭 휴대폰을 지니고 다녀야 한다. 부재 시 울리는 휴대폰 벨소리나 진동소리는 타인을 짜증나게 한다.

⑦ 상대방이 운전 중일 때는 다시 통화하기로 하고 끊어야 한다.

⑧ 학교나 공공장소에서는 휴대폰을 가방보다는 꺼내기 쉬운 주머니에 보관해야 한다.

⑨ 의료기기 주위나 병원에서 절대 사용하지 말아야 한다.

⑩ 문자 메시지 보낼 때 발신자 이름을 반드시 적어 보내도록 한다.

⑪ 카메라폰을 이용할 경우 상대방의 인권과 사생활을 침해하는 것은 아닌지 생각한 후 양해를 구한다.

9) 모바일 어휘구사 매너

① 어느 때보다도 올바른 문법이 중요시된다. 정확하게 당신의 의도를 전달하기 위해 어떻게 문장을 올바르게 구성해야 하는지 알아야 한다.

② 당신 자신을 말로써, 글로써 명확하고 간결하게 표현하기 위한 기술을 개발해야 한다.

③ 상단에 보내는 사람의 이름을 적는다.

④ 메시지에는 언제나 제목을 넣도록 한다.

⑤ 메시지는 간략하게 만든다.

⑥ 요점을 빗나가지 않는 제목을 잡도록 한다.

⑦ 올바른 철자와 문법을 사용한다.

⑧ 원래 e-amil의 내용과 관련된 일관성 있는 답을 하도록 한다.

⑨ 다른 비즈니스 서신에서와 마찬가지로 화가 난 감정의 표현을 보내는 것은 피한다.

⑩ 당신의 답장이 어디로, 누구에게로 보내지는지 주의한다. 자동 답신을 선택하여 보내는 것이 효율적으로 보이기는 하지만, 그 답신이 원래 메일을 보낸 사람에게 도착하지 않을 수도 있다. 원래의 메시지에 첨부된 회신 주소는 메시지를 보낸 사람이 것이 아닐 수도 있음을 명심하라.

5. 네티켓 10대 수칙

① 사이버 공간이라도 상대방은 실제 인간임을 기억하라.

② 실제생활에 적용된 것처럼 똑같은 행동을 하라.

③ 현재 접속해 있는 그곳 문화에 어울리게 행동하라.

④ 다른 사람의 시간도 소중하다.

⑤ 온라인상의 당신 자신을 근사하게 만들어라.

⑥ 전문적인 지식을 공유하라.

⑦ 논쟁은 절재 된 감정아래 향하라.

⑧ 다른 사람의 사생활을 존중하라.

⑨ 당신의 권력을 남용하지 말라.

⑩ 다른 사람의 실수를 용서하라.

제6장 테이블 매너

제1절 테이블 매너

테이블 매너는 식사를 함에 있어서 기본적으로 지켜야 할 예절이며 상대방을 위한 배려와 존중을 기본으로 한다. 테이블 매너를 지켜야 하는 이유는 식사를 같이 하는 각 구성원들이 각자의 개성과 문화를 이해하고 서로가 즐겁고 유쾌한 분위기에서 요리를 맛있게 먹기 위함이다. 개인적인 사교 모임이나 중대한 의사결정을 해야 하는 비즈니스 모임에서도 식사 분위기에 따라서 대화를 이끌어 나가는 경우가 많기 때문 현대인의 테이블 매너는 필수이다.

1. 식문화의 유래

B.C 40만년전 인간은 처음으로 불을 사용할 줄 알았고, 베이징 원인은 고기를 불에 구어 먹기를 좋아했고, 사람의 고기도 먹었다. 불을 만드는 방법은 몰랐으며, 불씨를 꺼트리지 않도록 불침번을 두었다.

이처럼 불을 사용하면서부터 요리방법은 발전되었으며, B.C 500년에는 그리스에서 인류 최초의 Cooking Book(요리서)이 간행되었다. 그리스에서는 대연회에서 솜씨를 자랑하는 전문적인 요리사가 중시되어, 상어나 뱀장어를 맛있게 요리로 만들어내는 이름난 요리사를 서로 모셔갔다. 이 때문에 미식법, 요리법 등의 책이 몇 가지 출판되었다.

동양에서는 중국 고대 춘추전국시대(B.C 700~B.C 400년 사이)에 지어진 예기(禮記)의 내측편에 팔진미 요리 등 일상생활의 요리의 조리방법 및 예절에 대한 기록이 보인다.

이처럼 동서양의 식생활문화는 B.C 500년을 계기로 각각 생활문화를 기초로 발전하게 된 것이다. 동양의 채식과 곡류를 중심으로 하는 농경문화의 식생활은 여기에 편리한 수저나 젓가락을 주 기물로 사용했으며, 서양의 육류와 빵을 주식으로 한 식생활 문화는 여기에 편리한 나이프와 포크를 사용하게 된 것이다.

2. 테이블 매너의 필요성

국제화 시대를 살아가는 요즈음 우리는 세계 각국 사람들과의 만남이 빈번해짐에 따라 테이블 매너의 중요성이 날로 높아지고 있다.

원래 테이블 매너란 19세기 영국의 빅토리아 여왕시대에 완성된 것으로 이 시대는 형식과 도덕성의 틀을 어느 정도 지키면서 서로가 요리를 맛있고 즐겁게 먹기 위하여 정해진 약속이라 할 수 있다. 즉 나 자신의 요기를 즐기기 위한 권리인 동시에 타인의 권리를 지켜주는 규율인 것이다.

첫째, 자신만을 즐기기 위해 음식 먹는 소리, 웃음소리, 식기 부딪치는 소리, 분위기에 어울리지 않는 복장, 지나친 향수 등은 타인의 식욕을 떨어뜨리는 동시에 자신의 품위도 떨어뜨리는 행위인 것이다.

둘째, 테이블 매너는 위험방지 및 안전성 유지에 필요한 것이다.

예를 들어 포크, 나이프의 사용 시 야기될 수 있는 부상으로 나이프를 포크 대신 입에 넣는 행위, 포크, 나이프를 들고 무의식으로 흔들면서 대화하는 행위 등은 나 자신 뿐만 아니라 타인에게도 위험한 행위인 것이다.

따라서 포크, 나이프사용, 서비스 제공 순서나 태도 등의 테이블 매너는 우리 모두의 안전을 위해서도 절대 필요한 것이다.

이처럼 테이블 매너는 요리를 맛있게 즐기고 또한 안전성 유지를 위하여 필요한 것이라고 할 수 있다.

3. 테이블 매너의 일반

즐거운 식사를 위한 레스토랑 예약은 기본이며 전망 좋은 창가나 특별한 좌석을 원할 경우 미리 예약하는 것은 필수다. 예약은 주로 전화로 하게 되며 요즘은 E-mail을 이용하는 경우도 있다.

예약 시는 이름과 시간, 참석자수, 연락처 등을 알려주어야 하며 특별한 모임(생일, 기념일, 약혼식)일 경우 미리 알려준다면 좋은 서비스를 받을 수 있으며 특별한 요리 주문의 경우 레스토랑 측의 준비를 위해 미리 알려주는 것이 좋다.

또한 가격도 미리 알아두는 것이 기본이며, 사정상 예약 상황을 지키지 못하는 일이 발생시 빨리 연락하여 취소하는 것이 기본이며 늦어질 경우도 가능한 바로 연락하여 저절로 취소되는 일이 없도록 해야 한다.

4. 예약 및 자리 배치

각국 문화의 척도로 '예약'을 말하기도 한다. '예약'과 '취소'는 권리와 의무처럼 불가분의 관계로 식당 이용의 1순위 이다. 적어도 2주 전에 예약하고 전날 예약을 재확인 한다.

1) 예 약

① 예약 시 이름, 연락처, 일시 및 참석자 수를 알려준다.

② 중요한 자리라면 자리배치 및 와인선정 그리고 결재 방법까지 미리 의논한다.

③ 특별한 날(생일, 결혼기념일 등)일 경우 사전에 말하여 별도의 서비스를 받는다.

④ 시간이 걸리는 로스트비프라든가 테린 같은 요리는 미리 주문해 두는 것이 좋다.

⑤ 예약시간은 반드시 지키며 중요한 자리라면 미리 도착해 자리를 확인하고 손님을 맞는다.

⑥ 예약당일에 사정이 생겨 변경사항이 발생했을 경우에는 미리 연락을 한다.

⑦ 고급레스토랑에서는 30분 이상 늦으면 예약이 취소된 것으로 간주

될 수 있다.

2) 착 석

(1) 도 착

① 레스토랑 입구에 도착하면 예약 사항 및 이름을 확인한 후 웨이터의 안내받아 착석한다.

② 모자, 코트, 가방 등의 짐은 클록 룸(Cloak Room)에 맡긴다.

③ 여성을 동반했을 때 여성이 코트를 맡길 때 벗는 것을 도와준다.

④ 여성이 화장실에 손을 씻으러 가면 나올 때까지 기다려 함께 안으로 들어간다.

⑤ 레스토랑에 들어갈 때 웨이터가 안내해 줄 경우 여성이 먼저 들어간다.

(2) 상석과 말석

① 상석

· 안내자가 가장 먼저 의자를 빼주는 자리에 그날의 주빈이 앉는다.

· 초대를 받은 사람 중 여성, 연장자, 거래처, 사회적 지위 등에 따라 주빈을 결정한다.

② 상석의 조건

· 앉을 때 전망이 좋은 곳으로, 창가라면 외부의 경치가 잘 보이는 곳, 스테이지나 플로어에서 쇼를 관람하는 경우라면 스테이지가 잘 보이는 곳

· 입구에서 먼 곳

· 벽을 등진 곳

※ 위의 세 가지 조건 중 전망이 가장 중요하다.

③ 말석

· 통로 또는 출입문에서 가까운 곳

· 벽 또는 출입문을 바라보는 곳

(3) 자리 배치

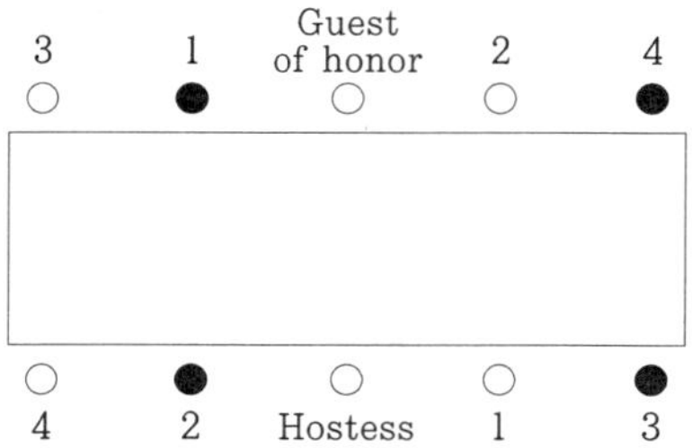

· 정식만찬이 아니라 소수 또는 약식의 경우라 할지라도 서열에 따른 자리 배치는 신경을 써야 한다.

· 좌석배치는 나라마다 다소의 차이가 있으나 상석의 기준은 대동소이하며, 공식적인 행사에서는 대개 유럽식 또는 미국식의 두 가지가 기준이 된다.

① 유럽식(프랑스식)

· HOST(주최자)나 HOSTESS(주최자의 부인 혹은 남편)가 식탁의 중앙에 마주보고 앉고, 손님의 서열 순으로 남녀동석을 기준으로 오른쪽, 왼쪽 순으로 앞쪽과 교차해서 앉는다.

· 서열 1위인 손님을 주빈라고 부르며, 주최자의 오른쪽에 앉는 것이 일반적이다. 주최자의 권유나 양보 시 주최자의 자리에 앉아 주최의 부인 혹은 남편과 마주 대하기고 한다.

· HOST는 자기 좌석을 주빈에게 양보하고 같은 쪽 2 또는 4에 앉는다.

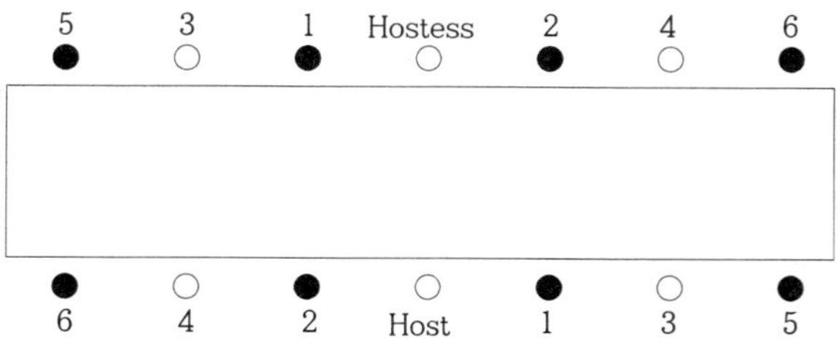

② 영 · 미국식

· HOST나 HOSTESS가 식탁의 양쪽 끝으로 마주보고 앉고, 손님의 서열 순으로 오른쪽, 왼쪽 순으로 앞쪽과 교차해서 앉는다.

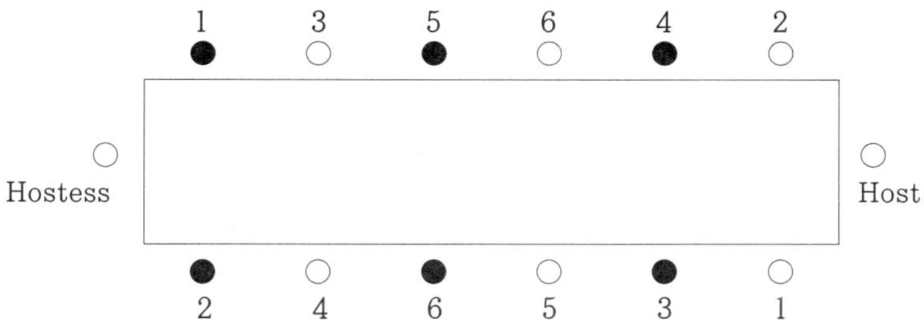

③ 다양한 자리배치

· 주빈이 없는 남자 혹은 여자만의 연회

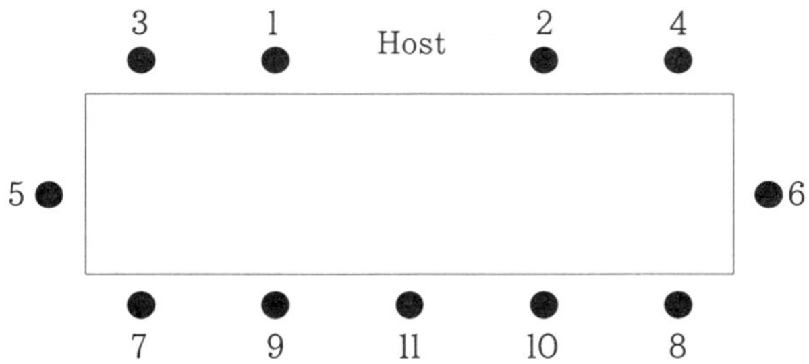

· 주빈이 있는 남자 혹은 여자만의 연회시

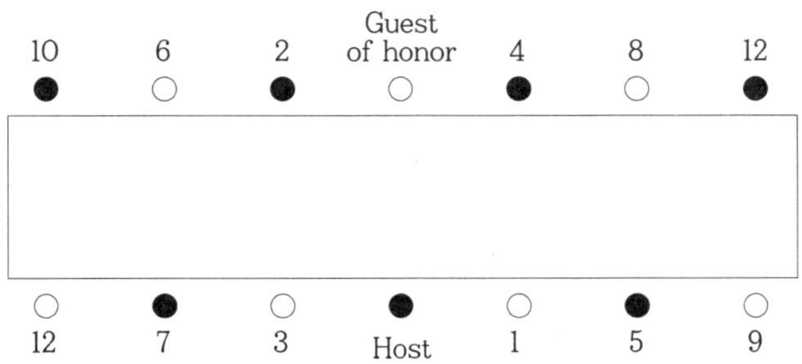

· 공동주최자 내외가 있는 경우

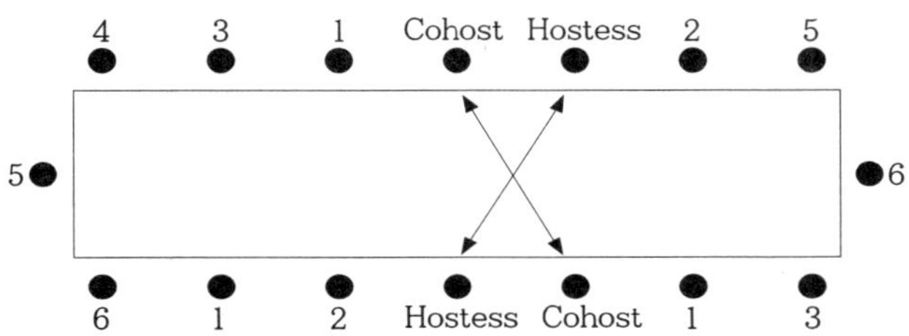

· 공동주최자 내외가 있는 경우

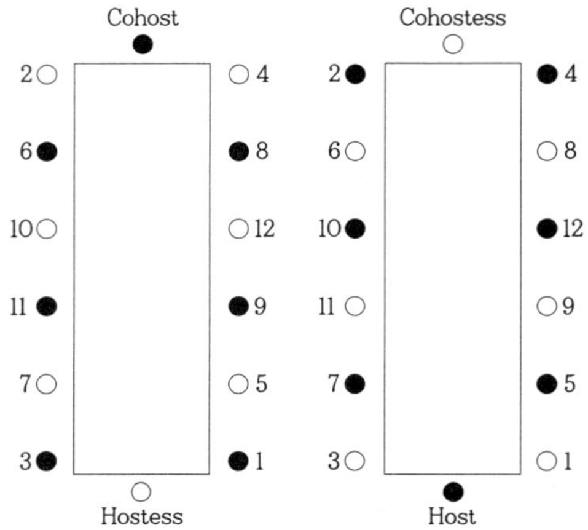

· 주빈이 있는 부부 동반인 경우(원탁)

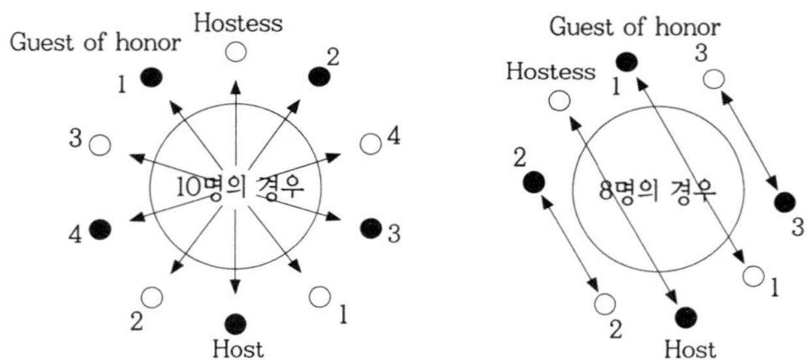

· 주빈이 있는 부부동반인 경우(U자형 배열)

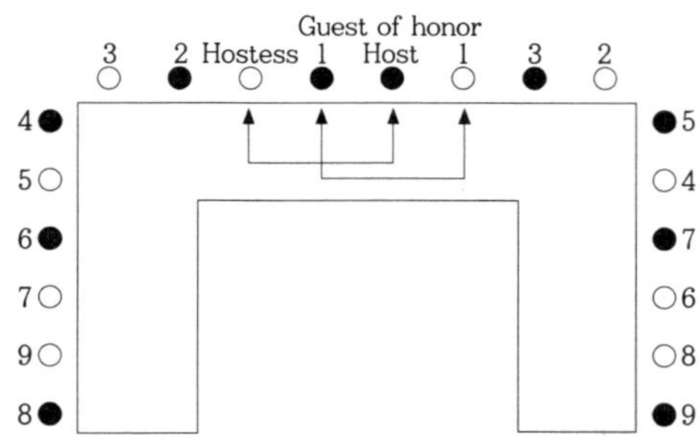

· 공식적인 만찬 시 헤드 테이블 세팅

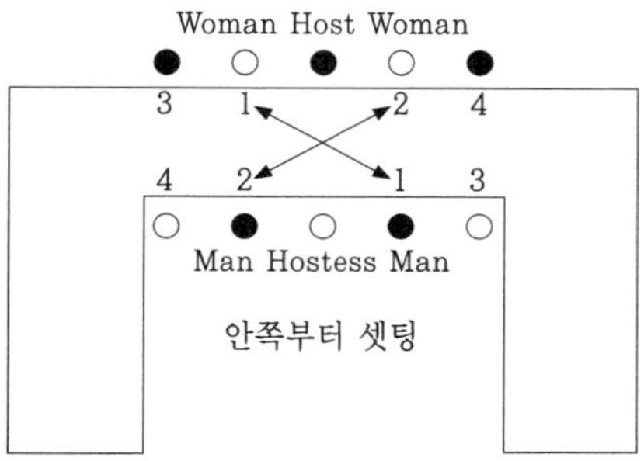

· 공식 만찬의 식탁은 일자형이 일반적이며, 남녀 동반이 아닐 경우 정중앙 HOST의 오른쪽 자리는 주빈으로 하되, 제2서열인 왼쪽자리는 중요한 연사 자리로 할애하고, 사회를 맡고 있는 낮은 서열의 사람을 HOST 옆에 최대한 가깝게 배치한다.

ⓐ 사회자와 중요한 인사가 있을 경우 : 7명

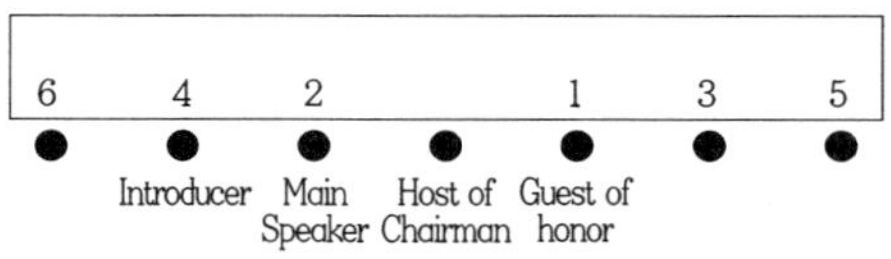

ⓑ 부부동반의 경우 : 12명

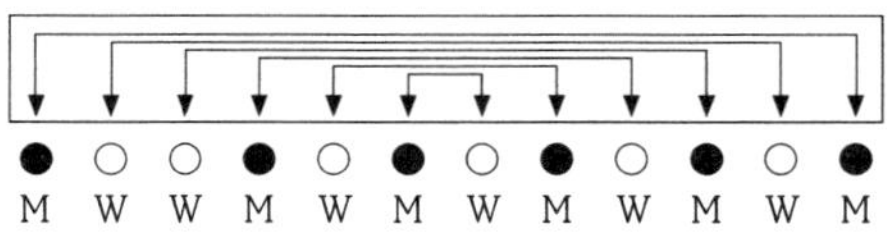

3) 착석의 에티켓

레스토랑을 이용할 때 입구에 들어서면 반드시 지배인(Manager) 혹은 리셉션니스트(Receptionist)가 고객을 맞이하며 "몇 분이십니까?" "예약하셨습니까?" 등등을 물은 후 테이블까지 안내해 준다. 따라서 이러한 관행을 무시하고 레스토랑에 들어서서 곧바로 아무 테이블에나 가서 앉아버리는 행위는 에티켓에서 벗어나는 일이다.

다만 안내 받은 테이블의 위치가 마음에 들지 않은 경우에는 "저쪽 자리는 안될까요?"라는 식의 희망을 표시하는 것은 무방하다. 그런데 정식 디너에서는 서열을 중시한다. 레스토랑에서는 대개 안내자가 제일 먼저 상석의 의자를 빼주도록 되어 있으므로 상석에 그 날의 주빈이 앉도록 하면 된다.

레스토랑에서 좋은 자리의 조건으로는 첫째, 앉았을 때 전망이 좋은 자리가 최상석이다. 창가라면 외부의 경치가 내려다보이는 곳이다. 스테이지나 플로어에서 쇼를 관람하는 경우라면 스테이지가 제일 잘 보이는 곳이 좋겠다. 다음으로는 마음이 편한 곳이 좋다. 즉, 업장에서 통로가 되는 곳, 즉 사람들이 많이 오가는 곳, 의자의 등받이가 스치는 곳이라든가 입구에서 가까운 곳 등은 좋은 자리라 할 수 없다. 서양에서는 레이디퍼스트(Lady First)의 여성존중사상이 에티켓의 기본으로 되어있다. 따라서 자리에 앉을 때도 여성이 앉고 난 후에 남성이 앉도록 되어있다. 여럿이 식사를 할 때에도 마찬가지이다. 고령자, 연장자, 여성들과 함께인 경우라면 남성은 그들이 앉을 때까지 의자 뒤에 서서 기다리거나 여성의 착석을 보조해 주는 것이 신사의 에티켓이다.

한편 웨이터나 남성이 의자를 빼주면 여성은 왼쪽에서부터 의자 앞으로 가 앉는다. 의자에 앉을 때는 허리를 깊숙이 하여 앉고 상체는 꼿꼿이 세운다. 아무것도 하지 않을 때의 손은 자연스럽게 테이블 위나 무릎위에 올려놓는다. 그러나 팔꿈치를 테이블위에 세우거나 턱을 괴는 등의 행위는 삼간다.

4) 올바른 자세

테이블 매너의 커다란 목적 중의 하나는 상대에게 불쾌감을 주지 않고 맛있게 식사를 하려는데 있다. 부자연스러운 자세나 어색한 동작은 상대에게 부담을 주기 쉽다.

부드러운 움직임, 자연스러운 자세는 몸과 테이블 사이의 간격을 바르게 했을 때 비로소 이루어진다. 몸을 앞으로 구부린다거나 어깨나 팔꿈치를 뻗치는 등 보기 싫은 모습은 대개 테이블과 몸 사이의 거리가 너무 멀거나 가깝기 때문에 생겨난다. 테이블에서 가슴까지는 대개 주먹 두개만큼의 거리를 두면 되겠다. 한편, 식사가 시작되고 나서 의자의 위치를 바꾼다며 소리를 자꾸 내는 것은 큰 실례이다.

5. 식사주문

① 메인 코스(Main course)부터 정한다.

→ 기호에 맞게 생선 또는 육류 요리 중에서 한 가지를 정하고, 그에 맞는 소스를 선택한다.

② 육류를 주문한 후 익히는 정도에 따라 Rare, Medium rare, Medium-well, Well-done 중 택일한다.

→ 많은 한국사람들이 Well-done을 선택하지만, 육질을 즐기려면 Medium rare나 Rare 정도를 추천한다.

③ 메인 코스가 정해지면, 그에 맞추어 전채요리를 선정한다.

→ 음식에는 '균형과 조화'가 있다. 메인이 스테이크이면 전채는 차갑고 소량인 오이스터(Oyster:굴)나 캐비어(철갑상어 알) 위주로 하거나, 생선 요리의 경우는 해산물 칵테일 · 에스카르고 등을 주문하지 않고 육류 계통의 전채요리(Foie Gras: 거위 간 등)를 선정하는 등 육류와 생선, 차가운 음식과 더운 음식을 골고루 섞어 조화를 이룬다.

④ 디저트는 메인 코스를 마친 후 주문한다.

→ 스플게와 같이 시간이 걸리는 디저트는 미리 주문해야 한다.

⑤ 디저트는 보통 과자(Sweet)나 케이크-과일-차의 순이다.

※ 메뉴의 유래

541년 독일에 브룬스위크(Brunswick)라는 백작이 어느 날 친구들을 초대해 만찬을 베풀었는데, 그 날 준비된 요리를 메모하여 좌석마다 놓고는 차례대로 나오는 요리와 비교해 가며 식사를 할 수 있도록 배려했다고 한다. 이로 인해 초대를 받았던 친구들은 즐거운 마음으로 식사를 했고, 이후부터 그의 친구들도 식사 초대시에는 이를 모방하면서 점차 메뉴로 발전되었다고 한다.

어원 : 라틴어 Minutus(minuere 작게 하다 -tus과거분사 어미 = 작게 된 것) → 영어 Minute(명세서) →Menu

※ 주문 시 유의사항

① 종업원을 부를 때는 손을 가볍게 들거나 '웨이터'라고 조용히 부른다.

② 메뉴는 천천히 보고 음식을 주문할 때는 'Please'란 말을 붙인다.

③ 음식에 대해 잘 모를 경우에는 웨이터에게 물어보거나 상대방의 추천을 받아서 주문한다. Today's Special을 주문해 보는 것도 좋다.

→ 우리는 현지인이 아니기 때문에 현지 음식에 대해 잘 모르는 것이 당연하므로 창피해 할 이유가 없다. 과감하게 물어보는 것이 오히려 자연스럽다.

④ 초대받은 손님으로서 음식을 주문할 때는 최저가와 최고가를 제외하고 자신이 좋아하는 요리를 선택한다.

⑤ 귀빈일 경우, 금액이 적히지 않은 메뉴를 제공해 주문 시 가격에 대해 고민하지 않도록 배려할 수 있다.

⑥ 비즈니스 식사 시 가급적 먹기 불편한 음식(가시나 뼈가 있는 생선, 게나 가재 등)은 삼가는 것이 좋다. 식사도 비즈니스이기 때문이다.

→ 국내 식당에서처럼 '아가씨' 또는 '이것 봐요!' 등의 호칭과는 철저히 구분할 필요가 있다.

6. 올바른 기물 사용법

1) 테이블 셋팅(Table Setting)

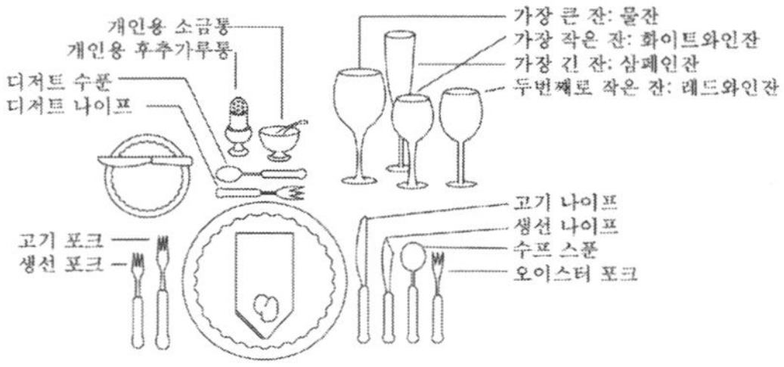

· 포크는 끝이 위를 향하고, 나이프 칼날은 안쪽을 향하게 한다.

· 중앙의 접시를 중심으로 나이프는 오른쪽, 포크는 왼쪽에 놓는다.

· 메뉴 종류에 따라서 포크 · 나이프 · 스푼이 다르게 놓인다.

· 작은 식전주 에서부터 와인 잔 그리고 물잔에 이르기까지 왼쪽에서부터 오른쪽으로 (중앙쪽) 일자형으로 배열한다.

  – 식전주로 쉐리(Sherry : 스페인 산 백포도주)가 나올 경우, 다 마신 후에 잔은 가져간다.

· 전채로 굴이 나올 경우, 포크(Oyster fork)는 수프 스푼 바로 위쪽에 올려놓거나 가장 오른쪽에 놓는다.

· 빵 접시나 샐러드 접시는 왼쪽에 올려놓는다.

· 디저트용 나이프와 포크는 중앙의 접시 위쪽에 올려놓는다. 경우에 따라서는 디저트가 나올 때쯤 별도로 제공하기도 한다.

2) 세련된 냅킨 사용

냅킨은 자리에 앉자마자 성급하게 펴는 것이 아니다. 테이블을 둘러보고 모두가 자리에 앉고 난 것을 확인한 후에 무릎위에 펼친다. 비행기나 기차 등 흔들리는 곳에서 식사를 할 때에는 와이셔츠나 조끼의 단추 구멍에 꽂기도 한다. 냅킨을 무릎위에 펼쳐놓는 것은 음식물이 잘못 떨어지더라도 옷이 더러워지지 않도록 하려는데 그 목적이 있다. 그 밖에 입을 닦는다든가 핑거 볼(Finger Bowl)을 사용한 후 물기를 닦을 때 이용한다.

※ 냅킨의 유래

최초의 냅킨은 풀 사이즈의 타월이었다. 고대 이집트, 그리스, 로마인들은 손에 묻은 음식을 닦기 위해 '서비에트(Serviettes)'라고 불린 타월 크기의 냅킨을 사용했다. 기원전 6세기에 로마의 귀족들은 냅킨을 남은 음식을 싸 가지고 가는 주머니로 사용했다.

중세에는 식탁보가 냅킨의 역할을 했다. 왜냐하면 오른손에는 오직 칼 하나만 있었다. 귀족은 세 손가락, 일반 시민들은 다섯 손가락을 사용하는 것이 당시의 매너였으며, 고기를 썰거나 가져올 때 사용하는 칼이 포크의 역할을 대신하기도 했다.

그 후 17세기에 다시 포크를 사용하면서부터 손가락이 깨끗해졌고, 타월 크기의 냅킨은 불필요해졌다. 단지 입을 닦는 데만 사용되면서 냅킨의 크기는 50cm×50cm 크기로 평준화되었고, 천도 린넨으로 고급화되면서 작아졌다.

그러나 입을 닦더라도 세게 닦지 말고 가볍게 눌러가며 닦는다. 특히 어떤 여성은 입술의 루즈를 냅킨으로 닦아내기도 하는데 이는 에티켓에서 벗어난 행위이므로 삼가 토록 한다. 또한 잘못하여 물을 엎질렀을 때에도 냅킨으로 마구 닦지 않도록 한다.

이런 경우에는 웨이터에게 부탁해 처리하도록 한다. 식사가 끝난 후 일어설 때 냅킨은 되는대로 접어 테이블위에 놓는다. 의자 위에 놓는 것은 금기시 되어 있다. 지나치게 깨끗이 접어놓으면 잘못하여 사용치 않은 냅킨으로 착각할 수 있기 때문이다.

3) 조미료 병(Casters)

손이 닿지 않는 곳에 있으면 옆 사람에게 부탁해서 건네받도록 한다. 이때는 공손하게,"Could you pass me the…, please?"와 같은 표현을 쓴다.

· 소금 그릇 속에 스푼이 없으면 깨끗한 나이프 끝을 사용한다.

· 고급 레스토랑에서는 통후추나 통소금을 페퍼 밀(Papper mill)에 넣어 제공하는데, 몸통을 손으로 돌려 간을 맞춘 다음 한, 두번 몸통을 쳐주어 여분이 테이블 위에 떨어지지 않도록 한다.

· 겨자는 주로 작은 단지에 담겨져 나온다.

· 요리가 나오면 먼저 맛을 보고 조미료를 친다.

4) 핑거볼

핑거볼에서는 한 손씩 교대로 손을 씻는다. 핑거볼은 손가락 끝만을 닦는 것이므로 손을 푹 다그는 일은 삼가도록 한다. 또 한 손씩 교대로 씻도록 한다. 포도나 살구 등 손으로 먹는 과일은 대개 과즙이 손에 묻기 쉽다. 이 경우에는 냅킨으로 닦지 말고 핑거볼에서 손을 씻도록 한다. 왜냐하면 과즙이 묻은 냅킨은 세탁이 어렵기 때문이다. 핑거볼은 과일을 먹을 때에만 나오는 것이 아니라 튀긴 베이컨이나 아티초크, 양갈비, 굴, 가재요리 등 손을 사용해 음식을 먹을 때에도 함께 따라 나온다.

5) 나이프와 포크의 이용

(1) 잡는 법

· 포크는 왼손으로 잡되 포크의 손잡이 끝이 손바닥의 한가운데로 오게 하며, 포크를 똑바로 쥘 때는 왼손으로 젓가락을 쥐는 것과 같이 한다.

· 나이프는 인지가 나이프의 손잡이를 벗어나지 않도록 인지의 위치에 유의한다.

(2) 사용법

① 식사 시

· 포크와 나이프는 바깥쪽에 있는 것부터 순서대로 사용한다.

· 나이프와 포크를 동시에 사용하여 고기를 자를 때는 끝이 서로 직각이 되게 하며, 팔꿈치를 옆으로 벌리지 말고 팔목 부위만 움직여 자르는 것이 좋다.

· 나이프로 고기를 썰 때 톱질하듯이 자르지 않는다. 고기용 나이프는 칼날 앞부분이 톱니로 되어 있으므로 앞쪽을 당기듯이 또는 밀듯이 썬다.

· 야채에는 반드시 포크를 사용한다.

· 메뉴에 따라 나이프 · 포크가 더 필요하면 보충해 주므로 사용한 나이프와 포크는 다시 쓰지 않는다.

· 식사중의 포크와 나이프는 접시 위로 서로 교차해서 놓는다.

· 나이프 칼날은 안쪽으로, 포크는 엎어놓는다.

② 식사가 끝난 후

· 접시 중앙에 일자형으로 나란히 놓는다.

· 나이프 · 포크 · 스푼을 사용했다면 바깥쪽부터 나이프 · 포크 · 스푼 순으로 모아놓는다.

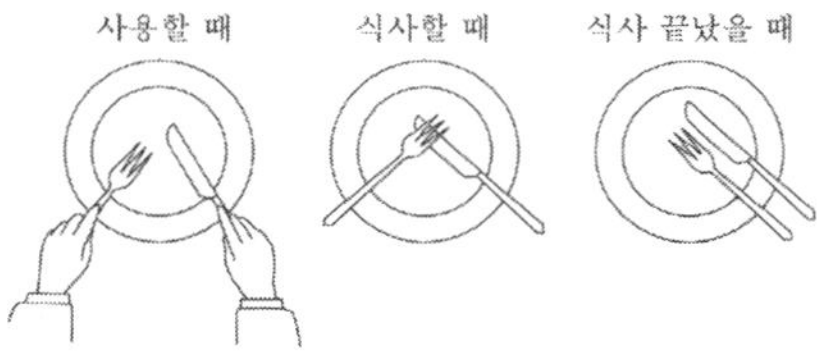

(3) 종 류

① 포크류

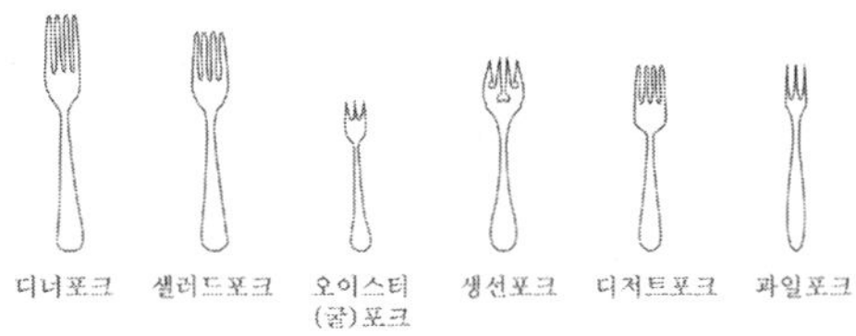

② 나이프류

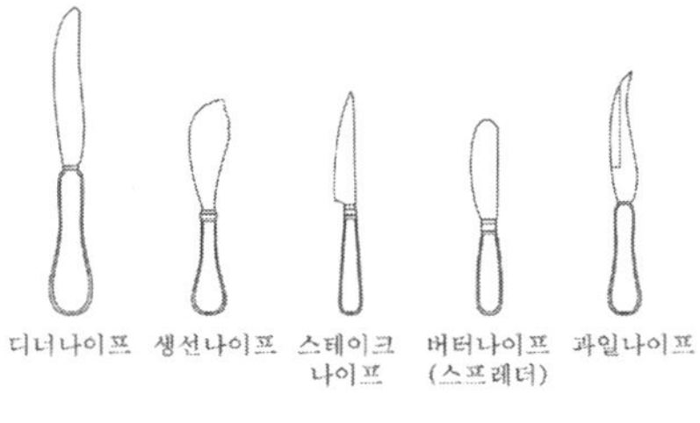

(4) 주의사항

① 포크로 자르기 어려운 것은 떠먹는다.

스테이크나 생선 요리에 곁들여 나오는 야채로 감자, 당근, 파슬리, 완두콩 등이 있다. 그대로 먹을 수 있는 크기라면 자르지 않아도 되지만 큰 것은 한 입 크기로 잘라 먹는다. 크레손이나 파슬리 등의 생야채는 장식이 아니고 그 특유의 쓴맛이 고기나 생선의 맛을 한층 높여 주므로 먹는 것이 좋다. 그러나 손으로 집어 먹지는 말고 나이프와 포크를 사용하여 먹는다.

완두콩과 같은 콩 종류는 구르지 않게 일단 포크 등으로 으깬다. 나이프의 힘을 빌려 포크에 얹어 먹어도 되고 오른손에 포크를 들고 떠먹어도 된다(다른 방법으로는 왼손에 빵을 쥐고 콩이 빠져 나가지 못하게 하면서 먹을 수도 있는데 이때 사용했던 빵은 그대로 먹도록 한다.).

② 사용 중의 나이프와 포크

식사 도중에 잠시 나이프와 포크를 놓을 때는 접시 중앙 또는 둘레쪽으로 두 개가 여덟 八자형이 되도록 놓는데 이때 나이프는 칼날이 안쪽으로 향하도록 한다. 식사가 끝났을 때는 나이프는 뒤쪽에 포크는 자기 앞쪽에 오도록 가지런히 모아서 접시의 중앙에서 오른쪽으로 비스듬히 놓는다. 이 경우에 나이프는 날이 자기를 향하도록 하고 포크는 등이 밑으로 가게 한다.

위와 같이 나이프와 포크를 접시에 놓는 방법이 그대로 웨이터에 대한 신호가 된다. 즉 웨이터는 손님이 아직 요리를 먹는 도중인지 아니면 이미 끝난 지를 나이프와 포크가 놓여 진 상태를 보고 분간하므로 잘 알아서 놓아야 한다.

※ 포크의 유래

먼 조상들은 나이프 하나로 모든 걸 해결했다. 무기도 되거니와 짐승을 살해한 후 고깃덩이를 찍어 먹는 도구로 사용하기도 했다. 가끔 입을 베이기도 한 우리의 조상들은 지혜를 발휘하여 칼날을 둘로, 셋으로 그리고 넷으로까지 갈라 오늘날의 포크를 만든 것이다.

영어의 'fork'라는 말은 농부의 쇠스랑을 의미하는 라틴어의 '푸르카(furca)'에서 유래되었다. 식사 도구로서의 포크는 11세기 이탈리아 북부 투스카니에서 처음 등장했다. 당시의 성직자들은 포크의 사용을 비난했지만, 부유한 투스카니 사람들을 위해 금과 은으로 만들어진 포크가 주문 생산되었다. 그 당시 포크는 대부분 두 갈래밖에 없었다. 그러나 17세기까지 포크는 희귀품에 불과했고, 포크의 사용은 비난을 받았다. 18세기에 접어들어 프랑스 혁명이 도래하면서 지배 계층의 귀족들이 권위와 부의 상징으로 포크(네 갈래의 포크)를 사용하기 시작했고, 이때부터 포크가 유행하기 시작했다.

※ 나이프의 유래

1백 50만 년 전부터 사용해온 나이프는 인간의 주요 무기이자 주방기구였다. 오랫동안 대부분의 사람들은 칼을 응급시 사용할 수 있도록 허리에 차고 다이면서 고기를 썰어 먹거나, 심한 경우 무기로서 사람을 죽이는 데 사용했다.

끝이 둥근 나이프는 프랑스 루이 13세의 주교이자 총리였던 리슐리외에 의해서 식사 중에 나이프의 날카로운 끝으로 이빨 수시는 것을 금지하기 위해 만들어졌다. 나이프 · 포크 · 스푼은 2백 년 전만 해도 유럽과 미국의 대부분의 레스토랑에서 하나 혹은 둘만 제공했고, 세 가지 모두 제공하는 경우는 드물었다. 따라서 부유한 사람들은 여행할 때 개인용 식사도구를 싸 가지고 다녀야만 했다.

③ 나이프와 포크를 떨어뜨렸을 때

실수로 나이프나 포크를 떨어뜨리는 것은 흔히 있을 수 있는 일이다. 식탁에서 나이프와 포크를 떨어뜨렸을 때에는 자신이 직접 주워서는 안 되며 웨이터를 불러 줍게 하고 새 것을 요구하는 것이 좋다. 자기가 떨어뜨린 것을 집으려고 하면 그 모양새도 나쁘고 더 큰 불상사가 일어날 수도 있으니 주의하도록 한다.

남녀가 같이 자리를 할 때 여자가 나이프나 포크를 떨어뜨렸으면 남자가 대신 웨이터를 부른다. 그러나 일반 가정에 초청되었을 때에는 떨어뜨린 것을 자신이 직접 줍고 새것을 요구한다. 그리고 식사 도중 음식을 식탁 위에 떨어뜨렸을 때는 슬며시 포크로 주워서 접시 한 구석에 놓으며 이것을 먹어서는 안 된다.

④ 라이스 먹는 법

라이스는 포크 등에 올려 먹을 수는 없고 꼭 포크의 안쪽에 담아서 먹도록 한다. 포크를 많이 쓰는 구미인들도 부스러지기 쉬운 음식을 포크 등에 올려 먹지는 않는다. 그렇다고 음식이 떨어질까 봐 허리를 굽히고 음식 가까이 입을 대고 먹는 것도 보기에 좋지 않으므로 포크에 잘 담아 먹도록 한다.

⑤ 음식은 나이프로 먹지 않는다.

나이프는 음식을 자를 때만 사용하는 것인데 나이프로 요리를 먹는 것은 잘못이다. 포테이토나 스테이크를 나이프로 찌르거나 떠서 입으로 가져가는 것은 금물이다. 포크의 등에 요리를 올려놓고 나이프로 받쳐 먹는 것도 실례이다.

나이프는 일종의 칼이다. 특히 고기용 나이프는 매우 예리하므로 입으로 가져가서는 위험하고 자칫 다치기 쉬우니 주의하도록 한다. 요리는 반드시 포크로 입에 가져가며, 포크의 옆을 사용해서 과실, 야채 등 연한 음식을 자르는 것은 괜찮다.

그리고 스프나, 주스, 커피 잔에 스푼을 넣어두면 안 된다. 팔이나 내프킨 등에 걸려 컵이 넘어지거나 하면 옷을 버리게 한다. 웨이터가 요리를 제공할 때 고객 좌측에서 서브하며 고객은 상체를 약간 굽혀 웨이터의 서브를 용이하게 한다. 음료의 경우는 손님의 우측에서 제공한다.

테이블 매너는 요리를 맛있게 먹기 위한 것과 동시에 안전에도 필요하다.

(5) 스픈 사용법

① 잡는 법

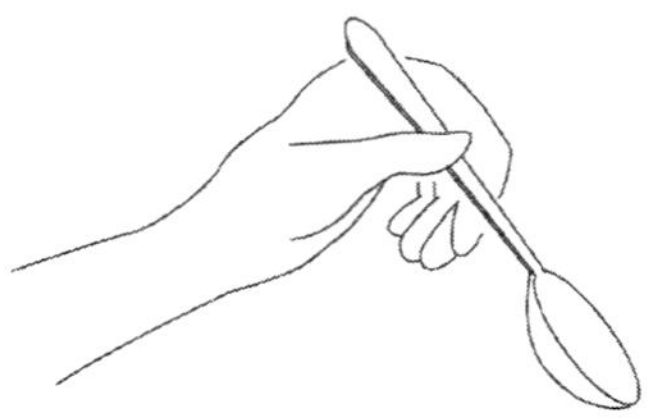

· 펜을 쥐는 것처럼 해서 손잡이보다는 약간 위로 잡는다.

· 엄지가 손잡이 중앙에 가까이 와야 하며, 다른 손가락들이 받쳐주듯 하면 된다.

· 손잡이를 주먹처럼 쥐면 팔꿈치가 벌어져 입에 떠 넣기가 힘들어진다.

· 다 먹은 후에는 접시 밑의 쟁반 앞쪽에 일자로 올려놓는다.

② 사용법

· 스픈은 한국식 숟가락과는 달리 크고 둥글다. 따라서 한 입에 다 넣지 말고 입술 끝에 올려놓고 기울여 흘러내리는 것이 올바른 매너이다. 한국식 숟가락과는 사용 방법이 다르니 유의하자.

· 티스푼은 설탕이나 크림이 묻었다고 입으로 가져가선 안 된다.

③ 종 류

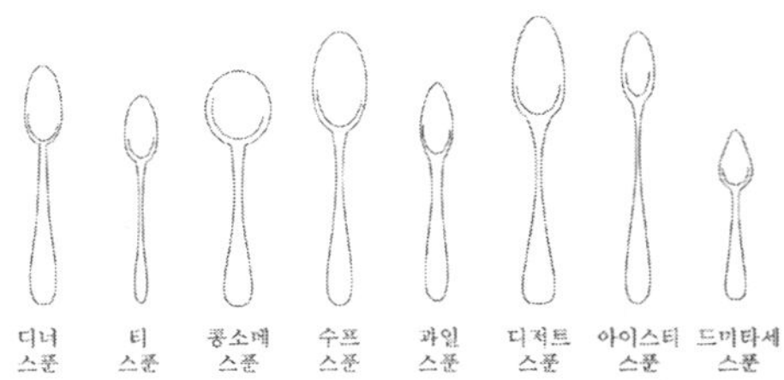

6) 와인 잔과 물잔(Glasses)

① 잡는 법

· 쉐리나 와인 잔을 잡을 때는 몸통(body)를 잡지말고, 가지(Stem) 부

분을 잡는다.

· 와인 잔을 잡을 때는 엄지와 인지를 주축으로 중지가 보조하는 형식으로 쥐며, 다른 손가락들은 중지 옆에 가지런히 붙여준다.

· 물잔(Goblet)이나 온더락스 잔(Tumbler)은 손잡이가 짧으므로 몸통을 쥔다.

· 와인 잔을 잡을 때는 몸통(body) 부분을 잡지 말고, 가지(Stem)부분을 잡는다.

② 사용법

· 잔들도 나이프와 포크의 사용 순서처럼 바깥쪽에서 안쪽으로 차례차례 사용한다.

· 맨 오른쪽에 있는 Y자 모양의 잔은 쉐리 잔으로 수프와 함께 제공되며, 비워진 수프 접시와 함께 치워진다.

· 특히 레드와인 잔이 화이트와인 잔보다 크다는 것에 주의하자. 이것은 레드와인이 화이트 와인보다 향(향은 포도 자체의 향(Aroma)과 숙성된 포도에서 나는 향(Bouquet)이 있다)과 색이 진하기 때문에 더 많은 향을 잔에 간직하고, 색을 통해 시각적인 검증을 하기 위함이다.

· 가장 큰 잔이 물잔(Water goblet)으로 중앙 가장 가까이에 놓여 있으며, 만약 샴페인이 디저트와 함께 제공된다면 가느다란 샴페인 잔(Flute)이 물잔 왼쪽에 놓여진다.

· 한국식대로 물 잔이 가장 먼저 나오지 않고 와인 잔들 다음에 나오는 이유는, 물보다 와인이 식욕을 돋우는 데 우선하므로 식사 중에는 와인을 즐기라는 이유에서다.

③ 종류

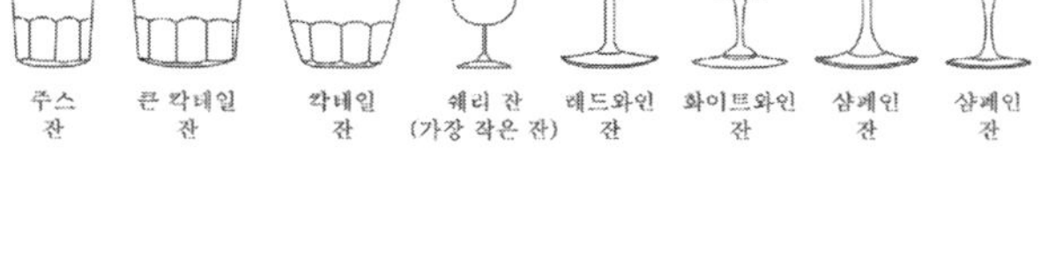

7. 식사 매너

1) 식전주

(1) 식전주는 식욕을 촉진하기 위해 마신다.

따라서 타액이나 위액의 분비를 활발하게 만드는 자극적인 것이 좋다. 대표적인 식전주로 셰리(Sherry)주가 있다. 셰리주는 스페인산 백포도주를 말하는데 맛이 담백하고 다소 곰팡내가 나는 듯 한 것이 특색이다. 스페인에서는 셰리와인을 '헤레스(Jerez)'라고도 하는데, 이는 주생산지인 '헤레스 델라 프론테라(Jerez de la Frontera)' 지방의 이름에서 따온 것이다. 한편, 셰리주에는 크림 셰리(Cream Sherry)와 드라이 셰리(Dry Sherry)가 있는데 크림 셰리는 여성에게, 드라이 셰리는 남성에게 각각 잘 어울린다.

정식만찬에서의 셰리주와 함께 베르무트(Vermouth)를 식전주로 마신다. 베르무트는 백포도주에 여러가지 약초와 향초 등을 가미한 것으로 드라이(Dry)한 프랑스 베르무트와 약간 달짝지근(Sweet)한 이탈리아 베르무트가 있다. 그 밖의 식전용 칵테일로는 남성의 경우 마티니, 여성의 경우 맨해튼이 좋다.

요즈음 인기를 끌고 있는 칵테일 중에 키르(Kir), 혹은 키르로얄(Kir Royale)이라는 것이 있다. '키르'라는 명칭은 겨자(Mustard) 생산지로 유명한 프랑스 디종(Dijon)시의 '키르'라는 시장(市長)의 이름에서 따온 것으로 그가 처음 만들어 마시기 시작한데서 유래되었다고 한다. 키르는 크림 드 카시스(Creme de Cassis)라고 하는 리큐어에 백포도주를 혼합한 것이고 키르로얄은 샴페인을 혼합한 것이다. 그 밖에 즐겨 마시는 식전주로 마가리타(Margarita), 캄파리(Campari), 듀보네(Dubonet), 샴페인 등이 있다.

술을 마시지 못하는 사람이나 여성의 경우, 식전주를 다함께 마실 때에는 멍하니 앉아 있는 것 보다 진저엘이나 주스 등을 마시는 것이 예의이다.

(2) 차가운 술인 경우에는 글라스의 목 부분을 잡는다.

식전주는 식욕을 촉진하기 위해 찬 것이 준비되는 경우가 많다. 이런 경우에는 글라스를 감싸 듯 잡아서는 체온으로 인해 술의 온도에 변화가 본래의 제 맛을 잃게 된다. 또한 술의 아름다운 빛깔도 볼 수 없게 된다.

차게 마시는 식전주의 경우는 글라스의 목 부분(Stem)을 잡도록 하며, 너무 시간을 끌며 마시지 않는다.

한편 식전주로 칵테일을 낼 경우에는 올리브나, 체리, 레몬 등을 글라스 가장자리에 장식하는데 이는 먹어도 된다. 장식 핀에 끼워져 있는 경우는 장식 핀을 이용해 먹도록 하며 레몬 등은 손으로 집어 먹어도 된다.

(3) 식전의 위스키는 약하게 마신다.

위스키는 원래 식후주이나 최근에는 식전에 마시는 일이 많아졌다. 그러나 위스키는 알코올 함유량이 80~95%로 높으므로 물이나 소다수로 희석하여 마시도록 한다. 참고로 위스키 알코올 함유량 80%는 도수로는 40도이다.

식전주는 한두 잔 정도로 끝내도록 하며 식사 전에 너무 마셔 취하는 일이 없도록 한다.

2) 전채요리

요리는 순서대로 먹기 시작하면 좋다. 동양적 사고방식에서는 여러사람이 식사를 할 때, 모든 요리가 다 나오기 전에 먼저 먹는 것은 예의에 어긋나는 것으로 여기지만 서양요리에서는 요리가 나오는 대로 바로 먹기 시작하는 것이 매너이다. 서양요리는 뜨거운 요리든 찬요리든 가장 먹기 좋은 온도일 때 서브되고 좌석배치에 따라 상석부터 제공되기 때문이다. 따라서 온도가 변하기 전에 먹는 것이 예의이면서 또한 제 맛을 즐길 수 있는 하나의 요령이다. 그러나 4~5명이 식사를 함께 하는 경우에는 요리가 전부 나오는데 그다지 시간이 걸리지 않으므로 먼저 나온 경우에는 조금 기다렸다가 함께 식사를 하는 것이 좋으며 특히 윗분의 초대를 받은 경우는 더욱 그렇다. 그런 경우에는 윗분이 나이프와 포크를 잡은 후에 먹기 시작하는 것이 에티켓이다.

한편, 친구 몇이서 식당에서 각자 주문을 하여 식사를 할 때는 요리가 나오는 시간이 서로 다를 수 있다. 이때 식사의 시작은 조금씩 달라도 되지만 식사를 끝내는 타이밍은 맞추도록 하는 것이 예의다. 전채요리는 너무 많이 먹지 않는다. 전채요리는 식전에 먹는 식욕 촉진제 같은 것으로 뒤에 나올 생선이나 고기요리를 맛있게 먹기 위해 타액이나 위액의 분비를 활발히 해두려는데 목적이 있다. 따라서 전채요리의 수는 셀 수 없을 정도로 많으면 식욕을 높여주는 것이라면 일단 전채요리가 될 수 있다. 전채요리는 아무리 맛이 있어도 지나치게 많이 먹으면 곧이어 나올 메인 요리를 제대로 먹을 수 없으므로 적당히 먹는다. 한편 메뉴에 전채요리가 있다고 해서 반드시 전채를 먹어야 한다는 것은 아니다. 수프부터 시작해도 되고 또 수프를 생략하고 생선요리부터 바로 시작해도 된다.

요컨대, 공복이야말로 최고의 애피타이저인 것이다. 샐러리, 파슬리, 카나페는 손으로 먹어도 된다. 전채요리로 나온 샐러리, 파슬리, 양파, 당근 등은 손으로 먹어도 상관없다. 손을 더럽힐 염려가 없기 때문이다. 전채에서만이 아니라 끈적거리지 않는 음식은 손으로 먹어도 된다. 아스파라거스는 손으로 먹는 것이 더 맛있다고도 한다. 줄기부분을 손으로 잡고 봉우리부분에 소스를 묻혀 베어 먹는데 줄기부분은 남긴다. 작은 토스트나 크래커위에 치즈, 연어, 캐비어 등을 얹어 한입에 먹기 좋게 나오는 카나페(Canape)는 손으로 먹는다. 크기도 한입에 먹을 정도로 적당할 뿐 아니라 포크나 나이프를 대면 모양이 흐트러지므로 손으로 하나씩 취향대로 골라 그대로 먹으면 된다. 생굴은 생굴용 포크로 관자부분을 떼 낸 후 떠서 먹는다. 전채로 나오는 생굴은 대개 껍질째 제공된다. 이 때 사용하는 포크(Oyster Fork)는 한쪽 혹은 양쪽의 폭이 넓고, 칼날로 되어 있다. 왼손으로 껍질을 단단히 잡고 포크의 칼날로 관자부분을 떼어내어 떠서 먹으면 된다. 이때 레몬즙 또는 식초(Wine Vinegar)를 뿌려 먹으면 맛이 더욱 산뜻하다. 먹고 난 다음 껍데기에 남아 있는 즙 역시 일미이므로 그대로 입에 대고 마시면 된다. 생굴이 맛이 있는 계절은 10월 중순~3월 중순까지이다. 흔히 영어로 'R'이 있는 달이라고도 말하는데 이는 대부분의 조개류나 복어의 경우도 마찬가지이다. 이 시기가 지나면 대개 산란기에 접어들어 살이 적어지고 물이 많아져 때로는 중독성을 띠기도 하므로 주의해야 한다. 식당에서 생굴을 주문하면 6개 또는 12개가 1인분으로 되어 나온다.

3) 수프

(1) 종 류

① 콩소메(Consomme = Potages clear)

쇠고기, 생선, 닭고기 등을 푹 삶은 국물로 만든 맑은 수프이다. 진한 맛의 앙트레(육류)에 어울리며 코스가 많은 정찬요리 에 알맞다.

② 포타주(Potage = Potages Lie)

걸쭉한 수프로 감자, 옥수수 등 채소가 첨가된 담백한 요리에 어울린다. Creme de(cream-base)로 시작되는 수프의 통칭이다. 일반적으로 말하는 크림수프라는 것은 수프의 기본 베이스로, 메뉴에 없는 것이므로 주문하지 않는 것이 원칙이다. 아스파라거스 크림수프나 콜 크림수프 등이 정식 명칭이다.

(2) 수프를 먹는 매너

수프용 스푼은 펜을 잡듯이 잡는다. 수프용 스푼은 보통 펜을 잡듯이 하여 중간에서 약간 위쪽 부분을 가볍게 잡으면 된다.

수프를 먹는 방법에는 미국식과 유럽식의 두 가지가 있다. 자기 앞쪽에서 바깥쪽으로 하여 떠먹는 것이 미국식이며 반대로 바깥쪽에서 앞쪽으로 먹는 것이 유럽식이다. 수프를 먹을 때에는 스푼에서 국물이 떨어지더라도 접시 중앙에 떨어지도록 접시 가장자리에서 벗어나지 않은 곳에서 멈추도록 한다. 뜨거운 수프일 경우에는 스푼으로 맛을 조금 본 후, 너무 뜨겁다 싶으면 스푼으로 천천히 먹을 때와 같은 식으로 저어 식힌 다음 먹도록 한다. 입으로 불어가며 먹는 것은 좋지 않다. 수프를 먹을 때는 차를 마시듯 소리를 내서는 안다. 또 스푼으로 뜬 수프를 한번에 먹지 않고 조금씩 나눠 마시는 버릇도 좋지 않다. 손잡이가 달려있는 수프 컵의 경우는 손으로 들고 마셔도 된다. 수프를 먹다 보면 조금 남은 것은 떠먹기가 쉽지 않다. 이런 때는 접시를 왼손으로 잡고 앞쪽으로 조금 기울여 떠먹도록 한다. 또한 손잡이가 달려있는 경우에는 손으로 들고 마셔도 된다. 양쪽에 손잡이가 달려있는 경우는 양손으로, 한쪽에만 달려있는 경우는 한 손으로 잡아 입으로 마시듯 먹는다. 그러나 스푼이 있는 경우는 스푼으로 맛이나 뜨거운 정도를 먼저 알아본 후 스푼을 밑 접시에 내려놓고 나서 컵을 들고 마시는 것이 매너이다. 컵 속에 스푼을 넣은 채 마시거나 컵을 든 상태에서 스푼으로 떠먹는 것은 매너가 아니다.

4) 빵

빵은 수프를 먹고 나서 먹기 시작한다. 빵은 처음부터 테이블에 놓여있는 경우도 있지만 연회의 경우 대개 수프가 끝나면 바로 나오게 되어 있다.

빵은 처음부터 먹는 것이 아니며 수프와 함께 먹는 것도 아니다. 빵은 요리와 함께 먹기 시작해 디저트를 들기 전에 끝내는 것이다. 빵은 요리의 맛이 남아 있는 혀를 깨끗이 하여 미각에 신선미를 주기 때문이다. 그러나 빵이 처음부터 제공되는 경우에는 조금씩 먹어도 된다. 빵접시는 왼쪽에 놓인다. 따라서 긴 테이블에서 식사할 경우에는 오른쪽에 있는 빵접시를 잘못 사용하는 실수를 하지 않도록 주의한다. 또 빵 접시를 중앙에 갖다 놓거나 하지 않도록 한다. 점심과 저녁식탁에는 빵에 버터만 제공된다. 빵은 나이프로 자르지 않는다. 빵은 웨이터가 여러 종류를 가져와 서브하든 테이블위에 처음부터 놓여 있든 간에 자신의 손으로 취향대로 가져와 먹는다. 이 때 여성에게 먼저 건네는 것이 매너이다.

또한 포크나 나이프를 이용해 먹지 않는다. 한쪽, 한쪽 적당량을 손으로 잘라 먹으면 된다. 빵을 손으로 자르다 보면 빵 부스러기가 떨어지기 쉬우므로 되도록 빵 접시 위에서 자르도록 하고 테이블위에 부스러기가 떨어졌어도 손으로 털거나 할 필요는 없다. 토스트의 경우는 나이프를 이용해 자른다. 버터나 잼이 발라져 있기 때문에 손으로 자르려고 하면 불편하기 때문이다.

이럴 경우에는 왼손으로 빵의 한쪽 끝을 잡고 오른손에 나이프를 들고 자르면 된다. 끝으로 토스트(Toast)나 크루아상(Croissant), 브리오슈(Brioche) 등은 조식용 빵이므로 만찬회석상에서 이를 요구하는 실수를 범하지 않도록 한다.

버너는 1인용으로 제공되기도 하고 2인용으로 나올 때도 있다.

2인용일 경우는 버터나이프로 빵 접시에 버터를 한 조각 옮긴 다음 사용한다.

5) 생선요리

생선은 뒤집지 않는다. 생선요리의 대표적인 것으로 광어 뫼니에르(Meuniere)가 있다. 뫼니에르란 생선조리법의 하나로 계란과 밀가루를 묻혀 프라이팬에서 익히는 것인데 원래 의미는 '방앗간 여주인'이라는 말이라고 한다. 광어 뫼니에르는 광어를 통째로 요리하는 경우와 머리와 꼬리부분을 떼내어 요리하는 경우가 있다. 통째로 요리된 광어 뫼니에르를 먹으려면 우선, 포크로 머리 부분을 고정시키고 나이프로 머리 부분과 몸통을 자른 후, 꼬리 부분도 잘라낸다. 그 다음에는 지느러미 부분을 발라낸다. 머리와 꼬리, 지느러미는 접시의 위쪽에 한데 모아놓는다. 그리고 나서 뼈를 따라 왼쪽에서 오른쪽으로 나이프를 수평으로 움직여 위쪽의 살과 뼈를 발라놓는다. 생선의 살만을 앞쪽에 놓고 왼쪽에서부터 먹을 만큼 잘라가며 먹는다. 위쪽의 살을 다 먹은 다음에는 생선을 뒤집지 말고 그 상태에서 다시 나이프를 뼈와 아래쪽의 살 부분 사이에 넣어 살과 뼈를 발라 놓는다. 발라낸 뼈는 접시 위쪽의 머리, 꼬리 등과 함께 놓아둔다. 남은 생선의 살을 동일한 방법으로 조금씩 잘라가며 먹는다. 간혹 가시를 모르고 먹은 경우에는 입속에서 발라내 왼손으로 입을 가린 후 포크로 가시를 빼거나 오른손으로 살짝 빼내어 접시가장자리에 올려놓는다. 생선 뫼니에르에 놓여 있는 레몬은 나이프로 눌러 즙을 낸다. 생선 뫼니에르에는 얇게 자른 레몬이 놓여져 나오는데 생선의 담백한 맛과 레몬의 산미가 멋진 조화를 이루기 때문이다. 뫼니에르가 나오면 먼저 레몬의 한쪽 끝을 포크로 고정시키고 나이프로 가볍게 눌러 즙을 낸다. 이때 너무 세게 누르면 생선이 부스러질 수 있으므로 주의한다. 즙을 짠 레몬은 접시 한쪽에 놓는다. 뫼니에르 이외에 생선프라이나 석쇠구이 등의 요리에도 레몬이 곁들여지는데 이때는 오른손의 엄지, 중지, 집게손가락을 이용, 즙을 내어 생선위에 뿌린다. 생선요리는 살이 무르기 때문에 나이프와 포크가 함께 놓여져 있더라도 포크만으로 먹어도 된다. 특히 생선 그라탕은 대개 포크로 먹는다. 생선 그라탕이란, 생선이나 새우 등을 크림소스와 함께 그라탕 접시에 넣어 오븐에서 구워낸 요리를 말한다. 그라탕 요리를 먹을 때는 접시가 몹시 뜨거우므로 손으로 접시를 잡는 일을 삼가도록 한다. 데일 염려가 있기 때문이다.

새우는 껍질을 때내고 나서 먹는다. 새우요리가 나오면 우선 포크로 머리 부분을 고정시키고 나이프를 새우의 살과 껍질 사이에 넣어 살을 벗겨내듯 하면서 꼬리쪽으로 나이프를 옮겨간다. 이렇게 양쪽으로 반복하다보면 껍질이 쉽게 벗겨지게 된다. 다음으로 왼손의 포크로 꼬리부분을 들어 올리고 오른손의 나이프로 껍질 부분을 누른다. 그리고 나서 다시 포크로 살 부분만 당기면 쉽게 빠져나온다. 껍질만 한 곳에 놓아두고 살 부분을 왼쪽부터 잘라가며 마요네즈나 크림소스 등에 묻혀 먹는다. 통째로 먹는 왕새우의 경우는 미리 발려져서 나오므로 한번 정도 잘라 먹으면 된다.

보리새우나 중간새우는 샐러드나 그라탕, 프라이 등에 사용되며 잔 새우는 게와 마찬가지로 새우 칵테일 등으로 주로 먹는다. 부이야베스는 포크, 나이프, 스푼을 사용해 먹는다. 부이야베스(Bouillabaisse)는 남프랑스의 명물요리로 원래 지중해 연안의 마르세이유 항과 투론 항에서 잡아올린 해산물을 어부들이 수프로 만들어 먹은 것이 시초라고 한다. 수프인지 생선요리인지 구분이 잘 안가는 요리이지만 대개 생선요리 코스로 나오는 경우가 많다. 재료로는 푹 끓여도 살이 부서지지 않고 뼈가 잘 떨어지지 않는 장어, 도미, 아구, 농어 등의 생선이 사용된다. 여기에 조개, 새우, 게 등과 토마토, 양파를 넣고 샤프랑, 소금, 후추로 맛을 낸 것이다. 그리고 마지막으로 마늘빵을 수프위에 띄워 다진 파슬리를 뿌려놓는다. 부이야베스는 재료로 각 지방의 특산 해산물을 넣어 지방마다 독특한 맛을 살릴 수 있다는 장점이 있다.

우리나라의 해물찌개도 이와 비슷하다고 할 수 있다. 먹을 때는 자기가 좋아하는 해산물을 나이프와 포크를 이용해 먹고 스푼으로 수프를 떠서 먹으면 된다. 스푼이나 나이프, 포크 중 어느 것을 사용치 않을 때는 수프 접시 아래에 있는 밑 접시에 놓으면 되는데 스푼이나 나이프는 오른쪽, 포크는 왼쪽에 놓는다. 수프 속에 담가놓는 일은 삼가도록 한다. 부이야베스에는 백포도주가 잘 어울리며 수프가 진하므로 빵과 곁들여 먹어도 좋다.

※ **레스토랑 메뉴에**는 대개 요리 이름에 소스가 함께 씌어 있다. 소스를 뿌리는 요리를 주문했을 땐 음식이 나왔다고 해서 바로 먹기 시작하면 안된다. 곧 소스가 따라 나오기 때문이다.

※ 바닷가재 먹는 법

정식 풀코스에서는 껍데기가 발라져 나오는 경우가 많으므로 특별히 먹는 법에 신경쓰지 않아도 좋다. 주문할 때 어떤 형태로 나오는지 물어봐서 통째 나온다면 껍데기를 벗겨 달라고 요구한다. 여의치 않을 땐 집게발을 손으로 잡고 전용가위로 가볍게 자른 후, 전용포크로 살을 꺼내 나이프와 포크로 잘라 먹는다.

※ 식용달팽이 · 대합 먹는 법

에스카르고, 즉 식용달팽이 역시 생선요리에 들어간다. 에스카르고는 버터, 마늘, 향료 등을 넣어 오븐에 구운 직후 내오게 돼 있다. 왼손의 에스카르고용 홀더로 껍데기를 고정시킨 후 오른손의 전용 포크로 집어내 먹는다. 껍데기를 들고 국물을 마실 때에는 뜨거워 입을 댈 염려가 있으니 주의한다. 버터소스와 빵이 나오면 빵과 에스카르고를 소스에 찍어 먹는다. 에스카르고를 전채 삼아 먹을 수도 있는데 이때는 생선요리를 생략한다.

대합을 먹을 때는 손으로 껍데기를 잡고 포크로 관자 부분을 떠서 살을 떼내 먹는다. 관자가 잘 떨어지지 않을 때는 포기하고 살 부분만 먹는다.

6) 샤벳

풀 코스의 생선 요리와 육류 요리 사이에 제공되는 것으로, 단맛이 적고 알코올 성분이 있는 소량의 빙수와도 같다.

오늘날에는 거의 생략되고 있긴 하지만, 다음 코스의 식사를 위해 입안을 산뜻하게 하고 미각을 새롭게 하기 위한 것이다.

※ 샤벳의 유래

알렉산더 대왕이 페르시아를 공격하던 때, 병사들이 싸움보다도 더위의 일사병으로 자꾸 쓰러지고 있었다. 이에 알렉산더 대왕은 특공대를 조직해서 알프스의 만년설을 떠오도록 해서 과일즙과 꿀을 넣어 병사들에게 먹도록 했는데, 이것이 샤벳의 시초라고 한다. 더 역사적으로 보면 설이 분분한데, 중국 황실의 빙과가 유럽으로 전파되어 오늘날 샤벳이 되었다는 설과 터키 지방의 얼음 동굴에서 얼음을 뜯어 먹었던 데서 유래되었다는 설도 있다.

대게 다리가 긴 글라스에 담겨 나오므로, 왼손으로는 글라스의 다리 부분을 잡고 오른손으로는 디저트용 스푼을 이용해서 떠먹는다.

7) 육류요리

프랑스어로 필레(Filet)란 안심을 뜻한다. 안심은 소 등뼈 안쪽으로 콩팥부터 허리부분에 이르는 가느다란 양쪽 부위를 말한다. 지방이 거의 없고 부드러워 쇠고기 중 최상급에 속한다.

그중에서도 최고급 스테이크는 앞쪽 넓은 두분의 안심을 이용한 샤토브리앙이다. 찹(Chop)은 갈비뼈에 붙은 돼지 · 양 · 송아지 고기를 뜻한다.

스테이크를 주문할 때에는 굽는 정도를 택한다. 살짝 구울수록 육즙이 많아 고기의 참맛을 즐길 수 있다.

① 레어(rare, 약간 구운 것) : 표면만 구워 중간은 붉은색 날고기 상태 그대로임

② 미디엄 레어(midium rare, 좀 더 구운 것) : 중심부에 분홍색과 붉은색이 섞여 있는 상태

③ 미디엄(midium, 중간 정도 구운 것) : 중심부가 모두 분홍색

④ 웰던(well done, 완전히 구운 것) : 표면은 물론 중심부까지 충분히 구워져 갈색을 띤 상태

(1) 고기요리 먹는 법

① 스테이크

고기 왼쪽을 포크로 고정시키고 나이프로 먹기 좋을 민큼씩 잘라가며 먹는다. 접시 바깥쪽에서 안쪽으로 세로 방향에 맞춰 자른다. 너무 크다 싶을 땐 다시 비스듬히 잘라가며 먹는다. 육류용 나이프는 앞부분이 톱니로 되어 있다. 무조건 힘을 주는 것보다 앞쪽으로 당기듯 부드럽게 움직여야 잘 썰어진다.

② 양고기

뼈 끝부분에 종이가 감겨 있으면 그것을 왼손으로 잡고 오른손으로 살코기를 발라낸다. 처음부터 뼈를 모두 발라내도 되고, 격식을 차리지 않는 자리에선 중심부분을 잘라내 포크로 살코기만 뜯어먹어도 된다. 그러나 손에 들고 먹는 것은 삼간다. 꼬치에 꿴 양고기는 포크로 고기를 고정한 뒤 꼬치를 빼고 나이프와 포크를 이용, 잘라 먹는다.

③ 닭고기

격식을 갖춘 만찬에서는 어떤 부분도 손가락으로 집어서는 안 된다. 그러나 격식이 필요 없는 자리일 땐 은박지로 싼 다리 부분을 포크와 나이프

를 이용해 적당한 크기로 자른 뒤 손으로 들고 뜯어 먹어도 괜찮다.

8) 야채와 샐러드에 대한 매너

옥수수는 손으로 먹어도 된다. 식기를 사용하지 않고 손으로 먹어도 되는 요리는 핑거 푸드(Finger Food)라고 한다. 우선 옥수수는 먹기 불편한 음식으로 특히 여성들이 꺼리는 경향이 많다. 이런 경우에는 막대기를 양손으로 잡고 1/4~1/2 정도에 버터를 바르고 소금, 후추를 뿌린 후 베어 먹고 다시 나머지 부분도 같은 식으로 먹는다. 여기저기 생각없이 갉아먹는 일은 삼가 하도록 한다. 막대기가 꽂혀있지 않은 경우에는 양손으로 잡고 먹어도 무방하다.

그 밖에 샐러드로 나오는 아티초크도 손으로 먹는다. 먹는 방법은 바깥쪽에 붙어있는 잎사귀를 뜯어낸 후 껍질을 안쪽을 소스에 묻혀 껍질을 벗겨가며 먹는다. 살짝 데친 새우의 경우도 작아서 나이프나 포크로는 먹기 불편하므로 손으로 먹는다. 베이컨을 바삭바삭하게 튀긴 크리스피(Crispy)도 손으로 먹는다. 소금이나 후추는 무턱대고 뿌리는 것이 아니다. 테이블 위에는 대개 소금, 후추, 머스타드, 타바스코 등의 조미료가 놓여있게 된다. 흔히 음식이 나오면 무턱대고 이들 조미료를 뿌리는 사람들이 있는데 이는 매너에서 벗어나는 일이다. 일단 한 두번 먹어본 다음 취향에 맞게 조미료를 뿌리도록 한다. 특히 프랑스의 일류 레스토랑에서는 요리의 맛이 제일 좋은 상태에서 음식을 낸다는 전통이 있어 함부로 조미료를 뿌리는 사람에 대해서는 주방장을 무시하는 것으로 여길 수도 있으며 음식을 먹을 줄 모르는 사람 취급을 하거나 경원시하는 경향이 있다.

9) 디저트

디너의 디저트로 마른 과자는 좋지 않다. 디저트로는 과자나 케이크, 과일 등이 나온다. 디저트(Dessert)란 프랑스어의 데세르비르(Desservir)에서 유래된 용어로 치운다, 정리한다. 라는 의미이다. 메인코스가 끝나고 디저트를 주문하기 전에 빵, 조미료, 식사가 끝난 접시를 모두 치우는 것과 관계가 있다고 볼 수 있다. 디저트용 과자로는 프랑스어로 앙트르메(Entremets)라고 하는데 이는 앙트르(중간)라는 단어와 메(음식)이라는 단어의 합성어로 원래는 고기요리와 찜구이 요리 사이에 나오는 빙과류를 일컫는 말이었다고 한다. 그러나 오늘날에는 빙과류도 포함해 달콤한 과자 전부를 가리키는 의미로 사용되며 영어로는 스위트(Sweet)라 부른다. 서양요리에서는 설탕을 거의 사용치 않으며 전분도 적게 사용한다. 따라서 식후에 달콤한 것이 먹고 싶어지는 것은 당연하다 하겠다. 그런데 디저트용 과자는 달콤한 것으로 부드러워야 한다. 쿠키라든가 빵 등의 마른과자는 조식의 빵 대신, 혹은 오후에 차를 마실 때 먹도록 하며 디너의 디저트로는 적당치 않다. 디너의 따뜻한 디저트로는 푸딩이 있다.

또한 크림으로 만든 과자나 과일을 이용한 과자나 파이 등도 있다. 차가운 디저트로는 아이스크림이나 셔벗이 있다. 수분이 많은 과일은 스푼으로 먹는다. 과일은 수분의 많고 적음이나 형태에 따라 먹는 방법도 제각각이다. 우선, 수분이 많은 멜론이나 오렌지류는 스푼으로 먹는다. 사과나 감등 수분이 적은 것은 나이프나 포크를 사용한다. 또 포도 등 작은 것은 손으로 먹어도 된다. 구체적으로 먹는 방법을 살펴보면 멜론은 반달형으로 잘라 제공된 경우, 왼손으로 껍질 부분을 누르고 오른손의 스푼으로 오른쪽부터 떠서 먹는다. 그러나, 레스토랑에서는 대개 먹기 좋게 제공 하므로 이때에는 포크로 하나씩 먹으면 된다. 수박이나 파파야등도 멜론과 같은 방식으로 먹는다. 씨는 미리 스푼 등으로 발라내지 말고 입속에서 발라내어 스푼에 뱉어 접시위에 놓는다. 그레이프프루트(자몽)도 스푼으로 먹는다. 대개 반분하여 나오므로 하나씩 스푼으로 파가며 먹는데 스푼의 반 정도가 톱니모양으로 되어있는 것이 특징이다. 딸기는 한 알씩 손으로 먹는다.

표 6-1 음식종류에 따른 먹는 방법

종 류	먹는 방법
무스, 푸딩	스 푼 ☞ 푸딩은 더운 디저트 중의 대표적으로 밀가루와 버터, 우유, 계란 등을 수증기로 찐 과자류
파이	포크
소프트케이크	포크 또는 스푼
아이스크림, 샤벳	포크(케이크를 곁들린 경우)또는 스푼 ☞ 포크는 과자나 아이스크림을 밀어내는 용도로 사용하고, 스푼으로 떠먹는 것이 보기에 좋다.
슈크림	손 또는 포크

9) 과일류

대부분의 메뉴에는 과일의 이름이 기재되어 있지 않으므로 웨이터에게 따로 주문한다. 보통 과일을 먹을 때면 종업원은 과일 접시에 핑거 보울을 식탁의 중앙에 놓는다. 보울 안에는 냄새를 없애주기 위한 레몬조각이 들어있고, 꽃잎을 장식한다. 씻을 때는 한 손씩 교대로 손끝만 씻는다.

10) 차

식사의 마지막은 차를 마시는 것이다. 식사 주문시 세트요리를 주문하면 차 종류는 일반적으로 포함되어 나오지만, 일품요리는 별도로 시켜야 한다. 식후에는 밀크 커피처럼 양이 많고 연한 종류 보다 블랙커피나 에스프레소 등의 진한 종류가 더 어울린다.

(1) 먹는 방법

- 처음에는 찻잔의 손잡이는 왼쪽에, 스푼은 앞쪽에 놓는다(반대로 놓아도 된다.).
- 스푼을 찻잔 속에 넣은 채 마시거나 너무 고개를 뒤로 젖히면서 마시지 않도록 한다.
- 아무리 뜨거워도 불거나 소리를 내어서는 안 된다.
- 손잡이는 손가락을 끼우지 않고 통째로 잡는다(단, 머그잔은 예외).
- 티백으로 나왔을 경우 티백은 물이 흐르지 않게 스푼에 감아 짜낸 후 뒤쪽에 가로로 놓는다.

8. 식사 시 상황에 따른 에티켓

① 식사중의 실수

이런 경우 웨이터나 지배인을 불러 도움을 청한다. 가능한 다른 사람이 모르게 조용히 오른손을 들어 신호를 보내도록 한다.

② 뜨거운 음식이나 상한 음식을 먹었을 때

무심코 먹은 음식이 너무 뜨거울 때에는 찬물을 먹는다. 주변에 물이 없을 시에는 뱉도록 하는데 종이 냅킨에 싸서 그릇 한쪽에다 놓아둔다. 상한 음식을 먹었더라도 마찬가지로 빨리 뱉도록 하는데, 뱉는 것이 잘 안 보이도록 냅킨으로 가리도록 한다.

③ 고기나 뼈가 목에 걸렸을 때

생선가시가 걸렸을 때는 물을 마시거나 냅킨으로 입을 가리고 기침을 한다. 손가락으로 입에서 꺼내는 것도 실례가 되지 않으며, 이때에도 역시 다른 손이나 냅킨으로 입을 가리도록 한다. 고기나 뼈가 목에 걸려 기침을 여러 번 하고 싶다면 양해를 구하고 자리를 물러나도록 한다.

④ 기침, 재채기, 코 풀기

기침이나 재채기가 나오려 하면 손수건 또는 냅킨으로 코와 입을 먼저 가리도록 한다. 코를 풀고 싶을 때에는 양해를 구하고 자리를 뜬다. 자신의 손수건이나 휴지를 사용하며, 냅킨은 원래 사용하지 않는 것이다. 땀이 날 때에도 냅킨으로 닦지 않는다.

1) 뷔페(buffet)식사 매너

① 음식은 적당량 보기 좋게 담는다.

② 음식은 정찬의 순서대로 나누어 담아 먹는다.

③ 미각을 돋우는 찬 음식 → 스프와 빵 → 샐러드 → 뜨거운 메인음식 → 디저트 류 → 차 등의 풀코스의 순서대로 조금씩 나누어 담아 먹는다.

④ 아무리 좋아하는 음식이라도 집중적으로 그것만 먹지 않는다.

⑤ 뷔페에서는 테이블을 중심으로 왼쪽 방향으로 돌면서 담는다.

⑥ 생선과 육류는 같은 접시에 담지 않는다.

⑦ 음식을 먹으면서 다니거나 먹고 남기는 행동은 매너에서 어긋난다.

⑧ 여성이 음식을 담으러 갈 때에는 남성이 에스코트하여 접시에 옮겨

담는 것을 도와주며 요리 선택에 세심한 신경을 써 준다.

⑨ 음료를 가지러 가는 것은 남성의 역할이다.

⑩ 같이 식사하는 사람들과의 보조를 맞춘다.

2) 바른 자세와 대화 매너

먼저 의자 깊숙이 앉아 상체를 꼿꼿이 세운다. 몸을 앞으로 구부리거나 어깨, 팔꿈치를 뻗치는 등 부자연스러운 자세는 보기 흉하다. 대개 테이블과 몸 사이 거리가 너무 멀거나 가깝기 때문에 생긴다. 주먹 2개만큼 뜬 거리가 적당하다.

식탁 위에 팔꿈치를 올려놓는 것은 좋지 않다. 양손 또는 왼손을 식사가 끝날 때까지 테이블 위에 가볍게 얹어 놓는다. 머리를 긁거나 턱을 괴는 행위, 다리 꼬기, 식기를 여기저기로 움직이거나 포개놓는 행위, 식기가 더럽다고 냅킨으로 닦는 행위, 잔이나 컵에 스푼을 꽂아 두는 행위 등은 모두 예의에 벗어난다.

식사 후 담배를 피우거나 식후주를 마실 때쯤에나 비로소 의자를 뒤로 밀고 다리를 포개는 식의 자유로운 자세를 취할 수 있다. 음식을 먹을 때는 입을 다물어 소리를 내지 말고, 음식물이 입 안에 있을 때는 음료를 마시거나 다른 요리를 먹지 않는다.

대화를 위해 음식은 조금씩 입에 넣는다. 식탁 주위 사람들과 자연스러운 대화를 나누고, 멀리 떨어져 앉은 사람과 큰 소리로 말을 주고받지 않는다. 식사 도중 먼저 화제를 꺼낼 때나 상대방으로부터 질문을 받았을 때엔 손에 쥐고 있던 스푼 등을 잠시 내려놓은 뒤 이야기한다. 상대방이 음식을 먹고 있을 때는 말을 걸지 않으며, 입 안에 음식이 있을 때 질문을 받으면 일단 음식부터 삼킨 후 "죄송합니다."라고 양해를 구한 뒤 대답한다.

공식적인 모임일 때는 개인적인 문제, 건강, 종교, 인종, 정치, 금전, 험담, 성적인 지적, 회사 상사에 대한 이야기는 하지 않는 게 좋다. 특히 상대가 이성이면 배우자와 관련된 화제를 삼간다. 언제나 주제로 삼아도 좋은 화제는 한주간의 이슈에 해당하는 시사, 날씨, 여행, 스포츠, 문화, 음악, 예술, 취미 등이다.

제2절 레스토랑 예약 에티켓

레스토랑을 예약할 때의 에티켓은 주문 받는 사람보다 오히려 주문하는 사람을 위한 것이다. 예약을 제대로 해 놓지 못하면 모임 자체가 망가질 수도 있기 때문이다.

1. 예약 순서

① 예약 시에는 예약자의 성명, 일시, 참석자의 수를 정확히 알려 준다.

② 확실히 지킬 수 있는 시간을 예약해 놓는다.

③ 생일, 기념일 등 모임의 목적을 알려 주면 레스토랑 측은 모임에 맞는 서비스를 해준다.

④ 요리에 대한 협의도 잊어서는 안 된다.

⑤ 예약 당일에 사정이 생겨 변경 상항이 발생했을 경우에는 미리 연락을 해 주는 것도 에티켓이다.

⑥ 예약을 취소해야 할 경우 가능하다면 1주일 전에 늦더라도 2, 3일 전에 취소통보를 하는 것이 올바른 에티켓이다.

2. 예약의 이유

① 테이블 매너는 요리를 맛있게 먹기 위한 것이다.

테이블 매너는 요리를 맛있게 먹고 주위의 분위기를 더욱 즐겁게 하는데 그 의미가 있다.

② 매너는 자기보호 및 안전이다.

식사 시에는 예상치 않은 일이 일어날 수도 있다. 상처를 입거나 옷을 더럽히거나 손을 데이거나 테이블에 물이나 와인을 쏟는 등 여러가지 사태가 발생하게 된다. 뿐만 아니라 양요리에서는 기본적으로 각 코스마다 포크와 나이프가 준비되어 있다. 만약에 동석한 사람 중에 나이프를 들고 손을 흔들며 대화를 하는 버릇이 있는 사람이 있다면 주위 사람은 불안하기 짝이 없을 것이다. 따라서 테이블 매너는 부지불식간에 실수하지 않도록 늘 몸에 배게 하는 습관화의 과정이 매우 중요하다.

③ 식당을 이용할 때는 사전예약을 하고 예약시간은 지켜야 한다.

손님과 함께 식당에 갔을 때 식당의 사정으로 인하여 기다리게 되면 큰 실례가 된다. 예약할 때는 먼저 명확히 성명을 알려야 하고 식당을 이용할 인원수와 일시를 정확하게 먼저 알려야 한다. 시간관념은 대단히 중요하므로 시간을 지키는 일은 테이블 매너에 있어서 가장 기본이 된다.

④ 고급식당에서는 정장을 하여야 한다.

정찬에서의 복장은 정해져 있는 것은 아니지만 몇 사람이 동석하여 식사를 할 때 다른 사람에게 불쾌감을 주지 않는 최소한의 복장예절을 지켜야 한다. 그 나라 국민복 같은 것은 지장이 없으나, 고급식당에 운동복 차림이나 등산복 또는 노타이 차림으로 입장하면 거절당하는 수도 있다. 이것은 나 하나만을 위한 장소가 아니라 대중을 위한 장소이기 때문이다.

⑤ 식당에서는 안내원의 안내를 받아야 한다.

고급식당에서는 반드시 입구에 안내원이나 헤드웨이터가 고객을 접대한다. 이때 "몇 분이십니까?" 또는 "예약을 하셨습니까?"라는 질문을 받게 된다. 예약이 되어 있으면 준비된 테이블로 안내되고 그렇지 않으면 적당한 빈자리로 안내된다. 안내원을 무시하고 자기 마음대로 좌석에 앉으면 식당 측에서 아주 난처해한다. 왜냐하면 그 좌석이 예약되어 있거나 그렇지 않으면 손님이 한곳에 집중이 되어 한 웨이터에게 일이 과도해져 서비스에 지장이 생기기 때문이다. 결국은 손님이 피해를 보게 된다. 이런 점을 감안하여 안내원의 안내가 꼭 필요하며 안내받은 테이블이 마음에 들지 않아 "저쪽은 어떨까요?"라고 말하면 안내원이 알아서 처리해 준다. 그러나 정식 접대인 경우에는 미리 정해져 있으므로 가만히 있어도 초대 측에서 좌석을 안내해 준다.

⑥ 좌석을 정할 때는 손님 중에서 누가 제일 중요한 분인가를 생각해

야 한다.

식사할 때 좌석은 어느 곳에 앉느냐에 따라 기분이 달라지기도 한다. 보통 주빈은 가장 나이가 많은 부인이다. 호스트와 초면인 손님이나 사회적인 지위가 높은 사람, 유명한 사람이 주빈이 될 수도 있다. 주빈의 친척, 친구, 가족은 말석에 앉아야 한다. 남자와 여자는 좌석을 섞어서 앉는다. 가장 중요한 여자 주빈은 남자주인의 좌측에 앉고 그 다음 중요한 여자 주빈은 우측에 앉는다. 가장 중요한 남자 주빈은 여자 주빈의 우측에, 다음 남자 주빈은 여자주인의 좌측에 앉게 된다. 세 번째로 중요한 여자는 주빈 남성의 우측, 세 번째 중요한 남자는 주빈 여성의 우측에 앉게 된다. 부부가 초대를 받았을 때는 보통 대각으로 마주 앉게 된다.

⑦ 웨이터가 맨 먼저 빼 주는 의자가 상석이다.

웨이터가 없을 때는 남자가 주빈 또는 여자들의 의자를 뒤로 빼줘야 한다. 사람들의 왕래가 많은 통로 쪽이나 출입문에서 가장 가까운 곳은 말석이다. 상석을 지정 받았을 때 지나칠 정도로 사양하는 것은 오히려 실례가 될 수도 있다.

⑧ 여성이 착석할 때는 남성이 도와준다.

여성을 먼저 앉게끔 남성이 도와주는 이유는 여성을 될 수 있는 한 편히 해 주려는 배려이다. 참석자 가운데 노령의 어른이나 윗사람 또는 여성이 있으면 그들이 앉을 때는 좌측으로 들어서야 한다.

⑨ 옆 사람과는 주먹 두개 정도의 간격을 두고 떨어져 앉는다.

식사가 시작 될 때 의자의 거리를 고치는 행동은 좋지 않다. 테이블에서 한사람이 차지하는 거리는 대략 60cm~70cm가 기준이다. 따라서 식사 중 몸을 움직이는 범위는 72cm를 넘지 않는 것이 좋다.

⑩ 여성의 핸드백은 등과 의자 사이에 놓아둔다.

식당에 들어갈 때는 가방, 모자, 외투 등은 가지고 들어가지 않고 코트룸에 맡겨야 한다. 식당은 어디까지나 식사하는 곳이므로 식사하는데 지장이 되는 것을 가지고 들어갈 수는 없다. 그러나 여성은 핸드백이 있을 경우 의자와 허리사이에 놓아두는 것이 가장 좋은 방법이다.

⑪ 냅킨은 모두가 착석한 뒤 무릎 위에 편다.

식탁에 앉자마자 성급하게 냅킨을 펴는 것은 좋지 않다. 테이블 전체를 보고 모두가 안정된 상태에 들었으면 냅킨을 펴지 않은 상태로 무릎위에 가져와 조용하게 편 후 반으로 접어진 쪽을 자기 앞으로 놓는다.

⑫ 메뉴를 천천히 보는 것도 매너이다.

일반적으로 알아두어야 할 메뉴의 구성은 전채, 스프, 생선요리, 육류요리, 샐러드, 디저트, 음료 순으로 되어 있다. 대개 이러한 순서에 입각하여 각 한 가지씩 선택하면 좋은 식단이라고 할 수 있으나 일품요리인 생선요리와 고기요리가 중복되면 너무 과중한 식단이 되므로 두 가지가 겹치지 않는 것이 좋다.

⑬ 웨이터는 고객의 손과 발이다.

웨이터는 고객을 위하여 존재하며 고객의 식사를 즐겁게 도와주기 위해 근무한다. 그러므로 웨이터가 옆에 있는 것을 거북하게 생각할 필요는 없다. 웨이터를 부를 때 손가락을 튕겨"탁"소리를 내는 것은 좋은 매너가 아니다. 웨이터를 부를 때는 손가락만 들어도 된다.

⑭ 고급식당에서는 중급 가격 선으로 주문한다.

최근에는 가정보다 식당으로 초대하는 경우가 많아졌다. 초대한 사람이 대부호라든가 비싼 요리나 제일 값이 싼 요리를 강권하였을 때는 예외지만 초대받은 쪽은 초대한 사람의 경제적 사정도 다소 고려하는 것이 예의이다. 제일 비싼 요리나 제일 값이 싼 요리를 주문하여 천덕스럽다는 인식을 받지 않도록 중간정도의 가격에서 선택하는 것이 좋다.

⑮ 당신이 알고 있는 서양요리는 메뉴에 없다.

같은 중국요리라 할지라도 미국에서 맛보는 중국요리와 한국, 일본, 홍콩에서 맛보는 중국요리는 이름이 같을 지라도 요리내용과 맛이 현격히 다르다. 우리가 일상 잘 알고 있는 중국요리가 그 지역의 기호에 맞게 만들어졌기 때문이다. 서양요리도 마찬가지이므로 요리가 맛이 있다 없다하는 것은 좋은 매너가 아니다. 우리의 한국요리인 김치도 같은 명칭이고 요리도 비슷하나 지역에 따라 맵고, 짜고, 싱거울 수 있는 것과 마찬가지이다. 바로 이점이 그 지역의 기호인 것이다.

3. 양식 풀코스

1) 테이블 매너의 기본은 즐거운 식사이다.

특별한 날 찾게 되는 고급 레스토랑에서 내가 다른 사람의 빵 접시를 사용하고 있는 것은 아닌지, 내 물잔이 어느 것인지, 샐러드에는 어떤 포크를 집어야 하는지 머뭇거리는 순간이 있었을 것이다. 평소 테이블 매너에 관한 몇 가지 룰만 알아두면 그럴 염려가 없다. 무언의 약속처럼 정해져 있는 룰을 기억하고 예의를 지키면 좀 더 여유있게 식사를 즐길 수 있다. 테이블 매너의 궁극적인 목적은 즐거운 식사를 위해 서로 배려하는 마음이다.

2) 포크 & 나이프 쥐는 법

나이프는 오른손, 포크는 왼손의 각각 엄지와 검지, 중지로 쥐고, 검지는 위에서 눌러서 약지와 새끼 손가락을 거든다. 단, 생선용 나이프는 검지를 위에서 누르지 말고, 엄지와 검지로 나이프를 집듯이 잡는다.

3) 식사 도중과 완료의 사인

식사 중에 대화를 위해서 또는 화장실에 간다든지 해서 자리를 뜨게 되는 경우 포크와 나이프는 접시 위에 한자 팔(八)자로 내려놓는다. 이때 포크는 뒤집어서 놓고 나이프는 날이 안쪽으로 향하게 놓는다. 식사가 끝난 후 포크와 나이프를 내려놓을 경우에는 4시 방향으로 접시 오른쪽으로 가지런히 모아 놓는다. 이것은 테이블을 주시하며 서비스하는 웨이터에게 식사 중인지, 식사가 끝난 것인지 알려주는 무언의 신호이기도 하다.

4) 풀코스 테이블 세팅

1 &1'	전채요리 나이프 &포크(appetizer knife &fork)	7	빵 접시(bread plate)
2	수프 스푼(soup spoon)	8	버터 나이프(butter knife)
3 &3'	생선요리 나이프 &포크(fish knife &fork)	9	샴페인 플루트 잔(champagne flute)
4 &4'	고기요리 나이프 &포크(steak knife& fork)	10	화이트 와인 잔(white wine glass)
5 &5'	디저트요리 나이프 &포크(dessert knife &fork)	11	레드 와인 잔(red wine glass)
6	냅킨(napkin)	12	워터 글라스(water glass)

4. 같이 밥 먹을 때 꼴불견 유형

1) 밥 먹을 때 만큼은 피하고 싶은 스타일 10

함께 식사하면 이야기도 잘 통하고 기분이 좋아지는 사람이 있지만, 신경 쓰이고 불편한 행동을 하는 경우 일명 꼴불견으로 간주되는 함께 밥 먹기 싫은 사람도 있다. 식사할 때는 상대방을 생각해 예절을 지켜야 하지만 이러한 습관이 어릴 적부터 잘 못 든 사람들은 어른이 되어서도 쉽게 고치지 못한다.

함께 밥 먹기 싫은 사람 유형 가운데 많은 사람들이 꼽은 일명 '같이 밥 먹을 때 꼴불견 유형 10'을 선정해봤다. 과연 자신의 주의에는 이러한 사람이 없는지, 혹시 나 자신이 꼴불견 유형에 속하지는 않는지 돌아보고 만약 하나라도 해당한다면 고쳐보자.

(1) 음식을 씹을 때마다 입을 크게 벌리는 사람

입이 큰 것도 아니고 구강구조가 이상한 것도 아닌데 꼭 음식만 먹었다 하면 입을 크게 벌리며 먹는 사람이 있다. 어찌나 크게 벌리고 먹는지 입안에 무슨 음식이 있는지 다 보일 지경이다. 이런 경우 상대방은 입맛이 뚝 떨어지고 비위까지 상할 수 있다는 사실은 인지하지 못하고 혼자만 맛있게 먹으면 그만인 비호감 스타일이다.

(2) 음식 가득 물고 말하는 사람

뭐가 그렇게도 급한지 다 먹고 해도 될 말을 굳이 입안에 음식을 가득 넣고 하는 사람들이 있다. 이 경우는 보기에도 좋지 않지만, 자칫하다가는 상대방에게 입안에 있는 음식물이 튀는 불상사도 발생할 가능성이 아주 크다.

(3) 소리 내며 먹는 사람

주변에 꼭 한 명씩은 있는 스타일이다. 예의를 지켜야 할 식사 자리에서 '냠냠', '쩝쩝', '후루룩' 등 다양한 소리를 내며 꼭 먹는 티를 내는 사람이 있는데, 요란스럽게 소리 내며 먹는 것이 맛있게 먹는 것이라고 착각하는 경우가 대부분이다. 하지만 이는 혼자만의 착각일 뿐 상대방은 불쾌감을 느낄 수 있다.

(4) 빨리 먹는 사람

때와 장소에 상관없이 언제 어디서나 빠르게 먹는 사람들이 있다. 이러한 사람들은 바쁜 일도 없는데 함께 밥 먹는 사람의 속도는 전혀 고려하지 않고 무조건 자신만 다 먹으면 끝인 스타일이다. 심지어 상대방은 아직 반도 먹지 못했는데 이미 다 먹고 쳐다보고 있는 경우도 많다. 이런 스타일의 사람들은 함께 밥을 먹는 상대방의 마음을 급하게 만든다.

(5) 손톱으로 이 사이를 쑤시는 사람

보통은 음식을 다 먹고 난 후 다른 사람에게 보이지 않게 입을 가리고 이쑤시개로 이 사이사이에 낀 음식물을 빼는 것이 예의이자 상식이다. 하지만 음식을 먹는 중간중간마다 이 사이에 음식물이 끼었을 때 바로바로 빼는 사람들이 있다. 이 경우는 그냥 그 사람 자체가 지저분해 보일 뿐만 아니라 비위까지 상하게 만든다.

(6) 젓가락으로 반찬 뒤적이는 사람

이 경우는 대부분 어릴 적부터 습관이 된 사람들이다. 혼자 먹는 자리도 아니고 여럿이 함께 먹는 자리에서 함께 먹는 반찬이나 메인 요리 등을 젓가락으로 뒤적이는 것 자체가 상대에 대한 배려가 없어 보일 뿐만 아니라 자신의 침이 묻은 젓가락을 아무렇지 않게 함께 먹는 음식에 대고 뒤적이는 것 자체가 비위생적인 행동임을 알아야 한다. 의외로 이런 경우가 많다.

(7) 지저분하게 흘리고 먹는 사람

아직 젓가락질이 서툰 미취학 아동이 음식을 흘리고 먹는 것은 이해할 수 있지만 다 큰 어른이 아이처럼 음식을 질질 흘리고 먹는 것은 이해받을 수 없는 행동이다. 도대체 뭐가 문제인지 마치 아이처럼 주변에 음식물을 흘리고 먹는, 그 모습이 지저분해 보여 함께 식사하고 싶지 않은 사람도 생각보다 많다.

(8) 스마트폰만 보며 식사하는 사람

분명 일행이 있음에도 불구하고 자리에 앉는 순간부터 끝까지 오직 스마트폰만 보며 먹는 사람들이 있다. 이 경우는 상대방에 대한 예의가 없다고 볼 수 있다. 이러한 행동 자체가 상대방이 느낄 때에는 자신을 배려하지 않고 심한 경우 무시한다고 생각할 수 있다. 혹시 자신이 이런 경우라면 이 버릇을 고칠 때까지 차라리 혼자 식사를 하는 편이 더 낫다.

(9) 상대방 음식에 먼저 손대는 사람

두 명 이상이 식사를 하러 가면 메뉴도 제각각 시키는 경우가 많은데, 이때 자신의 음식이 있음에도 불구하고 상대방의 음식에 꼭 먼저 손을 대는 사람이 있다. 아직 그 음식의 주인은 손도 대지 않았는데, 먹어봐도 되냐고 묻지도 않고 숟가락 혹은 젓가락을 먼저 들이밀면 앞으로는 그 사람과 함께 밥을 먹고 싶지 않은 마음이 생기게 된다.

(10) 계산할 땐 늘 뒤로 빠지는 사람

함께 식사하러 가서 맛있게 먹다가도 계산할 순간이 다가오면 슬그머니 뒤로 빠지는 사람이 있다. 이런 경우도 한두 번이지 매번 이러면 정말이지 다시는 함께 식사하고 싶지 않다. 경제적으로 어려운 것도 아니고, 그렇다고 더치페이를 하자는 것도 아니고, 정말 아무 생각이 없는 건지 아니면 '나'를 물주로 보는 건지 별생각이 다 들게 만든다.

제7장 각국의 식사 매너

제1절 한국 전통 음식

중국 · 일본 · 우리나라 중에 유독 우리나라에서만 숟가락과 젓가락을 사용하는 전통이 내려오고 있는데, 이는 우리의 음식이 '삶는' 요리가 발달되었기 때문이기도 하고, 숭유주의자들이 공자시대에 숟가락을 사용하였음을 끝까지 고집하여 숟가락을 버리지 않았기 때문이기도 하다.

남방으로부터 고추, 고구마, 호박, 옥수수, 땅콩들이 전래되면서 식생활에 커다란 변화가 생겼다. 우리나라 음식의 특징인 매운맛과 붉은 색은 고추의 도입으로 이루어졌다. 명절이나 때에 따른 시식과 절식도 즐기게 되었으며, 지방에 따라 특색 있는 향토 음식이 등장하였다. 궁중에서는 전국에서 올라오는 각종 진귀한 재료와 고도의 조리기술을 가진 주방상궁과 숙수(熟手)들에 의해서 다양하게 발전했다. 1900년대에 이르러 일본, 중국, 서양과의 교류가 활발하게 이루어졌는데 이때를 개화기라고 한다. 이때 우리나라의 식생활은 한식과 양식이 혼합된 형태를 띠게 되었다.

1. 음식의 분류

1) 주식류

밥 · 죽 · 미음 · 응이 · 면 · 만두 · 떡국 등이며, 밥을 상용(常用)하고, 그 밖의 것은 필요에 따라 적절히 이용한다.

2) 부식류

부식이란 밥에 곁들여서 첫째로 밥맛을 돋우고 둘째로 영양분을 보충하는 반찬으로서 그 종류가 매우 다양하다. 부식에는 국물을 위주로 하는 국(또는 탕 : 신선로는 탕에 포함된다), 국물과 건더기를 비슷한 양으로 하는 찌개(조치) · 지지미, 국물을 조금 붓고 볶는 전골 · 볶음, 불에 직접 굽는 구이 · 적(프라이팬을 이용해도 좋다), 기름을 두르고 지지는 전(저냐 또는 전유어), 찜통에다 중탕으로 익히는 찜 · 선, 바짝 조리는 조림,

알 종류로 만드는 수란 · 숙란(熟卵), 쇠고기 · 생선 등을 날것으로 무치는 회(膾), 나물 종류인 생채 · 숙채, 쇠고기 · 돼지고기 등을 삶아 눌러서 물기를 빼고 얇게 저민 편육, 쇠(돼지)머리 · 족 · 고기 등을 흐무러지게 고아서 뼈를 추려 내고 눌려서 굳힌 족편, 양념 간을 해서 말렸다가 기름에 튀기는 부각 · 튀각 · 자반, 고추장 · 된장 · 간장 등에 짭짤하게 절여서 밑반찬으로 쓰는 장아찌, 밥을 싸서 먹는 쌈, 소금에 짜게 절여 발효시켜서 밑반찬이나 김장양념으로 쓰는 젓갈, 가장 기본적인 반찬으로 채소를 발효시킨 김치 등이 있다.

3) 후식류

밥을 먹고 난 뒤 입가심으로, 또는 간식으로 먹는 기호음식인데, 다음과 같은 것이 있다. 떡 종류로 시루떡 · 인절미 · 흰떡 · 절편 · 송편 · 경단 · 단자 · 약식(밥 종류에 넣는 분류법도 있다.) 등이 있고, 조과류(造果類)에 강정 · 유밀과 · 숙실과 · 다식 · 정과 · 엿 등이 있으며, 화채 · 차(茶) 종류에 오미자화채 · 꿀 화채 · 식혜 · 수정과 · 유자차 · 모과차 · 생강차 · 계피차 · 인삼차 · 결명자차 · 두충차 · 녹차 등이 있고, 술 종류로 청주 · 약주 · 막걸리 · 과실주 등이 있다.

2. 음식의 종류

1) 찌개종류

김치찌개

된장찌개

2) 김치종류

배추김치

총각김치

깍두기

3) 그 외의 반찬 종류

겨자채

도라지생채

표고전

4) 후식류

수정과

떡

3. 지역별 음식 특징

1) 서울

서울은 조선 초기부터 500년 이상의 도읍지사대부가의 음식은 궁중음식을 본떠 만들었기 때문에 양반음식과 궁중음식은 비슷 유교의 영향으로 격식을 중요시 모양새가 예쁘게 만드는 신선로, 구절판, 탕평채 등의 화려한 음식이 많다. 지역적 특색보다는 통합적이며, 음식의 간은 새우젓국으로 많이 하며, 간은 심심한 편이다.

※ 서울대표 음식
장국밥, 꼬리곰탕, 임자수탕, 설렁탕, 탕평채, 너비아니구이, 닭찜, 갈비찜, 도미찜, 신선로, 구절판, 두텁떡, 화전, 약 식, 다식, 식혜, 오이선, 통 배추김치, 나박김치, 장김치 등

2) 경기도

소박하면서 다양하나 개성음식을 제외하고는 수수한 편 개성음식으로는 조랭이떡국, 무찜, 홍해삼, 편수 등과 약과, 경단, 개성주악 등이 유명하다.

※ 경기도 대표 음식
조랭이 떡국, 홍해삼, 무찜, 주악, 편수, 닭젓국, 보쌈김치, 비늘 김치 등

3) 충청도

농업이 주요 산업이 되는 지역이며, 쌀, 보리, 고구마, 무, 배추 등이 많이 생산된다. 서쪽 해안지방은 해산물이 풍부하나 내륙은 신선한 생선을 볼 수 없어서 교통이 편리하지 않은 옛날에는 절인 자반 생선이나 말린 것을 먹을 수밖에 없었다. 충청도 음식은 꾸밈이 없으며, 북부내륙의 산간지방에서는 산채와 버섯들이 많이 있어 그것으로 만든 지방음식이 유명하다. 음식의 맛을 낼 때는 된장을 많이 사용하며, 사치스럽지 않고 자연 그대로의 맛을 살린다. 간월도의 어리굴젓, 겨울에 해먹는 청국장과 올갱이국, 호박꿀단지 등이 유명하다.

※ 충청도 대표 음식
청국장찌개, 제육고추장구이, 호박범벅, 장떡, 녹두편, 청포묵, 올갱이국, 용봉탕, 쇠머리떡, 굴깍두기, 석박지 등

4) 강원도

산악이나 고원지대에는 옥수수, 메밀, 감자 등이 많이 생산되고 논농사보다 밭농사가 많다. 산에서 나는 도토리, 상수리, 산채 등이 많이 있으며, 동해에서는 명태, 오징어, 미역 등 해초도 많이 있다. 산악지방에서는 육류를 거의 쓰지 않는 음식이 많으며, 해안지방에서는 멸치나 조개 등을

넣어 음식 맛을 돋구며 소박한 음식이 특징이다.

※ 강원도 대표 음식
춘천막국수, 춘천 닭갈비, 감자밥, 황태구이, 오징어구이, 오징어순대, 산나물, 더덕생채, 감자송편, 메밀묵, 메밀막국수, 창란젓 깍두기, 오징어무말랭이김치 등

5) 전라도

전라도는 땅과 바다, 산에서 나는 산물들의 종류가 다양하다. 전주, 광주, 해남 등의 고을마다 부유한 양반들이 대를 이어 살아서 가문의 음식들을 대대로 전수하며 발전시켰고, 풍류와 맛이 뛰어나다. 전라도는 기후가 따뜻하여 음식의 간이 대체로 센 편이고, 젓갈류와 고춧가루, 양념을 많이 넣는다. 음식이 맵고 짜며 자극적이다. 갓쌈김치, 고들빼기, 젓갈, 문어조림, 홍어회, 비빔밥이 유명하다.

※ 전라도 대표 음식
전주비빔밥, 콩나물밥, 추어탕, 홍어찜, 낙지호롱(구이), 붕어조림, 꼬마무침, 머위나물, 콩나물잡채, 부각, 미나리강회, 산자, 갓김치, 고들빼기김치 등

6) 경상도

남해와 동해에 좋은 어장을 이루고 있고 해산물이 풍부하며 경상북도를 흐르는 낙동강의 풍부한 수량으로 주변에 기름진 농토들이 풍부하고 농산물도 풍족하다. 음식의 맛은 대체로 맵고 간이 센 편이며 멋보다는 투박하고 칼칼한 감칠맛이 있다. 방아잎이나 산초를 이용하여 지방의 독특한 향기를 즐기기도 한다. 경상도는 된장을 많이 즐기며 막장과 담북장을 즐긴다. 진주의 비빔밥, 안동식혜, 동래파전, 추어탕 등이 유명하다.

※ 경상도 대표 음식
진주비빔밥, 통영비빔밥, 헛제삿밥, 해물파전, 닭칼국수, 조개국수, 대구탕, 홍합초, 상어산적, 재첩국, 장떡, 미더덕찜, 아구찜, 안동식혜, 깻잎김치, 콩잎김치 등

7) 제주도

우리나라 남단에 위치한 섬으로 기후가 따뜻하고, 근해에서 잡히는 어류도 특이한 것이 많다. 쌀의 생산은 적었고, 콩, 보리, 조, 고구마 등이 많이 생산되었다. 감귤과 전복, 옥돔이 잘 알려진 특산물이다. 음식을 많이 장만하지 않으며, 양념도 적게 사용하고, 간은 대체로 짜게 하는 편이다.

제주도는 자리물회, 옥돔, 전복, 해물뚝배기, 빙떡 등이 유명하다.

※ 제주도 대표 음식
전복죽, 미역국, 전복찜, 갈치호박국, 자리물회, 옥돔구이, 해물뚝배기, 초기전(표고버섯전), 고사릿국, 빙떡, 메밀저배기, 해물김치 등

8) 황해도

황해도는 북쪽 지방의 곡창지대이며, 연백평야와 재령평야에서 쌀 생산이 많고 잡곡의 질도 좋다. 질 좋은 곡식을 먹고 자란 가축인 돼지고기, 닭고기의 맛이 특별하다. 황해도는 인심이 좋고 생활이 윤택하며 음식을 한번에 많이 만들어 즐겼으며, 음식에 기교를 부리기보다는 소박하고 구수한 맛이 특징이다.

간은 보통이며, 충청도 음식과 비슷하다. 호박지찌개, 냉콩국수, 돼지족조림 등이 유명하다.

※ 황해도 대표 음식
순두부, 세아리밥(잡곡밥), 되비지탕, 행적(배추김치누름적), 동치미, 호박김치 등

9) 평안도

동쪽 지방은 산이 높아 험하지만, 서쪽 지방은 서해안에 접해 있어 해산물이 풍부하고, 평야도 넓어 곡식도 풍부하다. 옛날부터 중국과의 교류가 많은 지역으로 평안도 사람은 진취적이고 대륙적인 기질이 있다. 음식도 먹음직스럽게 크게 만들고 양도 푸짐하게 많이 만든다. 음식의 간은 대체로 심심하고 맵지도 짜지도 않다. 평안도 음식으로 가장 널리 알려진 것이 냉면과 만두, 녹두빈대떡 등이 있다.

※ 평안도 대표 음식
어복쟁반, 녹두부침, 순대, 만두국, 온반, 온면, 노티(잡곡가루전병), 냉면김장김치, 백김치, 동치미 등

10) 함경도

함경도는 나라의 가장 북쪽에 위치하며, 험한 산골이 많고 동해 바다에 접하고 있어 음식 또한 독특하게 발달되었다. 함흥냉면은 녹말 가루로 국수를 빼고, 특히 생선회를 맵게 비벼 먹는 독특한 음식이다.

고춧가루 양념을 자주 이용한다. 음식의 모양은 대륙적인 기질로 큼직하며, 장식이나 기교가 적은 음식이 발달했다는 것을 알 수 있다. 함경도 음식은 함흥냉면, 순대, 가자미식해, 감자막가리만두, 동태순대, 북어전 등이 있다.

※ 함경도 대표 음식
가자미식혜, 가릿국(고깃국밥), 회냉면, 감자막가리 만두, 콩나물 김치, 대구 깍두기 등

4. 한국식 전통 상차림

한국 일상 음식의 상차림은 전통적으로 독상이 기본이고, 밥을 중심으로 찬을 차리는 반상과 죽 중심의 죽상, 국수나 만두 등을 차리는 면상, 손님을 대접할 때 목적에 따라 주안상, 교자상, 다과상이 있다.

한국음식의 상차리기는 한 상에 차리는 음식 이름의 가짓수를 뜻하기도 하고, 그 음식을 놓는 자리를 정확히는 설찬(設饌)을 뜻하기도 한다. 상의 종류는 먹는 사람의 수를 가리켜 외상[單]차리기 · 겸상[複]차리기, 2사람 이상이 한 상에 둘러앉아 먹을 때는 두리 반상 또는 교자상 차리기라 한다.

또 먹는 시각에 따라 새벽에 차려 내는 상은 초조반상(初朝飯床), 다음은 조반상 또는 아침상, 다음은 점심(點心)상, 다음은 저녁상, 밤이 깊어서 차려내는 상은 밤참 또는 야찬(夜饌)이라 한다. 끼니 때 외에 먹도록 차려 내는 상을 곁두리 · 샛밥 · 새참이라 한다.

상에 차리는 음식의 내용은 대체로 초조반은 궁중에서는 응이(율무가루나 녹말가루로 쑨 묽은 죽) 또는 무리죽(쌀을 아주 갈아서 훌훌하게 쑤는 죽)을 기본으로 하고 국물 있는 김치(동치미 · 나박김치 · 열무김치 등)와 맑은 찌개나 젓국찌개, 마른반찬 · 소금 · 꿀 등을 곁들인다. 조반이나 저녁은 밥을 중심으로 하고 반찬을 곁들이는 격식인데, 찬의 그릇 수에 따라 삼첩 · 오첩 · 칠첩 · 구첩반상이 있으며, 민간에서는 구첩이 최고이고, 궁

중에서는 십이첩으로 수라상을 설찬 하였다.

평상시의 점심은 그 글자가 뜻하는 대로 마음에 점을 찍을 정도로 가볍게 먹는다는 뜻인 것 같다. 대개 찬밥을 먹는데, 여름 같으면 상추쌈이 되고, 겨울이면 끓인 밥, 봄 · 가을이면 비빔밥 등의 형태로서 반찬을 새로 장만하지 않는다. 그러나 명절 · 속절, 내빈을 대접할 때 등은 국수장국(온면)이나 냉면 · 비빔국수, 겨울에는 만두국 · 떡국 등을 중심으로 김치와 3~4가지 반찬을 곁들여 차린다. 잔칫날, 술을 중심으로 술안주를 곁들여 차리면 술상 또는 주안상이라 한다. 참으로 먹을 때는 떡 · 과자 · 차 · 식혜 · 화채류 등을 곁들여 다과상을 차린다.

참으로 먹을 때 떡 · 과자 · 차 · 식혜 · 화채류 등을 곁들여 준비된 다과상이다.

5. 절충식 한식

비즈니스와 사교의 영역이 넓어지고 외국인과의 대면이 자연스러워진 만큼 그들에게 우리의 음식을 접대할 기회가 많아지고 있다. 그러나 외국인들에게 무조건 한국식을 권하기보다는 요리는 우리것으로 접대방식은 서양식으로 하는 이른바 절충식이 어떨까 한다. 한국요리는 요리만을 먹기 보다는 밥을 먹기 위한 반찬의 비중이 크므로 전반적으로 짜고 맵다. 따라서 외국 손님에게 대접할 때는 특별히 조리법에 신경을 써서 접대해야 한다. 무엇보다 마늘을 많이 넣지 않도록 주의해야 한다.

6. 한국식 뷔페

손님을 많이 초대할 때는 한국요리도 뷔페 스타일로 대접하는 것이 좋다. 전채에서부터 고기요리, 음료와 후식까지 골고루 한꺼번에 차리고 밥도 곁들여 놓는다. 외국인 손님이 있는 경우라면 볶음밥이나 김밥을 보기 좋게 말아서 내놓는 것도 좋은데 이때에는 수저와 함께 포크도 준비하는 센스를 발휘하도록 한다. '상다리가 부러지게'라는 우리만의 표현이 있듯이 한번을 먹더라도 거하게 차려먹는 식습관은 접어두고 뷔페로 준비할 때에는 맛있고 자신 있는 요리 4~5가지 정도로 요리의 수를 줄여 장만하는 것이 좋다. 마지막으로 청결하고 말끔한 식탁 분위기를 만들어 손님이 즐겁게 식사할 수 있도록 접대하는 것에 가장 신경을 쓰도록 한다.

7. 우리나라의 식사 예절

1) 식사 예절

한국요리의 식사 예절은 중국이나 서양에 비해 매우 관대하고 단순하여서 상식적이라고 생각해도 무관하다. 서양의 경우 매우 까다로운 격식과 복잡한 순서를 지켜야 한다. 스푼이나 포크, 나이프 등의 기구에서부터 갖가지 음식의 하나하나에 엄격한 사용법과 먹는 법이 정해져 있어서 여간 익숙하지 않고는 실수를 하는 수가 생긴다. 물론 우리 음식문화를 서양사람이 보면 복잡하고 까다로울 수가 있다. 그러므로 동서양을 막론하고 식사 예절이란 식사를 하는 사람의 입장에서 갖춰야할 여러가지의 예절과 준비하는 사람의 입장에서 지켜야할 예절이 있는 것이며 그 예절에 맞는 행동으로 임하면 되는 것이다.

우리 전통 식사의 예절에도 식사를 하기 전 준비과정의 예절과 식사를 하는 도중의 예절과 식사를 끝낸 후 후식의 예절이 있는 것이다. 음식을 장만하여 상을 차리고 올리는 동안 주부는 청한 손님이 즐거운 마음으로 식사를 하도록 배려하고 노력하는 것이 식사 전의 준비 예절이라 할 수 있다. 우리고유의 식사법인 반상의 식사든 서양식과의 절충인 식탁에 앉아서의 식사 건 식사를 위한 예절은 근본적으로 같다고 본다. 다만 식사를 하기 전까지의 준비는 조금 다를 수가 있다.

먹고 마시는 일은 사람이 살아가는데 빼놓을 수 없는 절대적인 요건이기 때문에 예절은 더욱 중요한 것이다. 비록 음식의 형태와 종류는 달라지더라도 음식 예절은 옛날과 현대가 달라질 수 없다. 사람이 태어나서 제일 먼저 배우는 것이 음식 예절이므로 그 사람이 음식을 마시고 먹는 모습을 보면 다른 생활 예절도 금방 알아차릴 수 있다. 우리나라의 식탁 예절이라고 하면 식사의 내용에 따라 여러가지로 세분할 수 있다.

2) 식사하기 전의 예절

식사 전에는 위생상의 필요뿐만 아니라, 마음을 안정시키고 경건한 태도를 가지기 위해서도 손을 씻는 것이 좋다. 식사 전에 건네주는 물수건은 손만 닦아야 한다. 얼굴이나 머리를 닦거나 심할 경우에는 겨드랑이 등 몸을 닦는 사람도 있는데, 보기에도 흉하고 비위생적이며 남에게도 큰 실례가 된다. 가볍게 손을 닦은 물수건은 잘 접어서 식탁 옆에 놓아두는 것이 예의이다.

식사하기 위하여 자리를 잡으면 몸치장을 단정히 하고 자세를 바르게 하여야 한다. 윗사람과 함께 음식을 들거나 여러사람이 회식할 때에는 윗사람이 수저를 든 다음에 들어야 하며, 식사를 마칠 때에도 윗사람과 보조를 맞추는 것이 예의이다.

3) 식사할 때의 예절

젓가락은 혼합된 색을 싫어한다는 옛말도 있듯이 한꺼번에 이것저것 반찬을 집으면 여러가지 맛이 뒤섞여서 참 맛을 모르게 된다. 같은 음식을 먹어도 정결하게 맛을 알고 먹는 습관을 기르도록 한다.

식사할 때 맛있는 반찬만을 골라 먹거나, 뒤적거리며 집었다 놓았다 하는 것은 남에게 불쾌감을 주므로 피해야 한다. 또 한꺼번에 많은 음식을 입안에 넣지 말아야 하며, 생선 가시나 찌꺼기는 한 곳에 가지런히 모아서 여러사람이 함께 쓰는 식탁이 지저분해지지 않도록 해야 한다. 음식을 먹을 때 소리를 내거나 입안이 다른 사람에게 보이지 않도록 하며, 수저가 그릇에 부딪쳐 소리를 내어서도 안 된다. 국이나 물을 마실 때, 후루룩 소리를 내거나 뜨거운 음식을 호호 불어대는 것도 곤란하다. 특히 음식을 먹는 도중이나 다 먹고 나서 물을 입에 머금고 소리를 내는 것은 큰 실례가 된다. 음식을 먹을 때 몸을 앞으로 굽히는 것, 한 손을 떠받치는 것, 몸을 뒤로 젖히고 음식을 입에 넣거나 혀를 내밀어 먹는 것 등은 천한 버릇이다. 몸을 단정히 하고 앉아 음식을 입에까지 가져다 먹는 것이 바른 자세이다.

예부터 우리들은 음식을 먹을 때 말을 하지 않는 것이 예의로 되어 있다. 그러나 생활 풍습의 변화로 이러한 규범도 바뀌고 있다. 부득이 말을 해야 할 때에는 입안에 음식물이 없을 때 하여야 하며, 윗사람이 무엇을 묻거나 말을 건넬 때에는 먹던 것을 삼키고 나서 수저를 놓고 말하여야 한다. 식사 중에는 자리를 뜨지 않는 것이 원칙이며 식사중의 전화도 거절하는 것이 예의이다. 혹, 식사 중에 다른 볼일로 손님이 왔을 경우에도 응접실이나 거실에서 기다리게 하고 식사를 모두 마친 후에 다른 볼일을 처리하는게 예의이다.

4) 식사가 끝났을 때의 예절

수저를 상 위에 내려놓지 말고 국그릇에 걸쳐놓았다가 윗사람이 음식을 다 먹고 난 후에 얌전히 수저를 내려놓는다. 일행의 식사가 다 마쳐졌을 때에는 "잘 먹었습니다. "하고 인사를 하는 것이 좋다. 마칠 때에도 단정한 모습으로 마쳐야 한다. 숟가락이나 젓가락도 나란히 놓아두고 깔고 앉은 방석이나 의자도 가지런하게 정돈하고 일어나는 게 예의이다. 이러한 인사말을 하는 습관이 몸에 배도록 힘써야겠다.

원래의 우리 식사 문화는 반상에만 신경을 쓰고 후식에는 별다른 신경을 쓰지 않은 것이 사실이나 지금은 많이 달라져서 후식이 나오기가 일쑤다. 우리나라의 후식은 여러가지가 있으며 각기 독특한 특징과 조리의 방법 등이 있으나 보통은 반상과 함께 하였으나 지금은 반상을 물리고 따로 후식을 차리는 경우가 많다. 종류로는 각종 과일로 만드는 화채나 수정과, 식혜 그리고 강정류 또한 다식류가 있으며 개중에는 아이스크림 커피 홍차 음료수 등 다양해졌다.

후식은 반상을 치우고 다시 상을 차리는게 예의이며 탁자의 경우 깨끗이 닦아낸 다음 다시 차리는 것이 원칙이다. 이 시간에는 대화와 서로의 인사를 물어보는 정도의 대답이면 족하고 후식은 각기 취향대로 준비하는 것이 좋으므로 미리 물어보고 준비하는 것이 예의이다. 또한 후식 시간이 너무 길면 좋지 않다. 적당한 시기에 일어나는 것이 치우는 사람의 입장에서 예의이다. 이상과 같은 예절을 많이 나열해 보았으나 일상적이고 상식적이라고 할 수 있는 것들이기 때문에 조금만 주의하면 얼마든지 지킬 수 있는 것들이다. 올바른 식사예절로 교양 있고 아름다운 우리의 식사 예절을 이어갔으면 한다.

8. 음식의 재료

음식을 만드는 데 필요한 재료를 분류하면 다음과 같다.

1) 육류(肉類)

쇠고기 · 돼지고기 · 토끼고기 · 닭고기 · 메추리고기 · 오리고기 · 칠면조고기 · 참새고기, 그 밖에 각종 알류[卵類]가 포함된다.

2) 어패류(魚貝類)

생선류 · 게류 · 새우류 · 조개류 · 어란류(魚卵類) · 민물고기 등이 있다.

3) 채소류

배추 · 시금치 · 상치 · 무청 · 쑥갓 · 미나리 · 죽순 같은 엽채류(葉菜類)와 무 · 감자 · 고구마 · 토란 · 연근 · 당근 · 우엉 같은 근채류, 호박 · 가지 · 오이 · 토마토 등의 과채류 및 버섯류가 있다.

4) 곡류(穀類)

주요 곡물인 오곡 이외에도 수십 가지의 곡물 종류가 있는데, 주로 쌀 · 보리 · 밀 · 조 · 수수 · 콩 · 팥 · 녹두 · 땅콩 · 참깨 · 들깨 · 강냉이 · 메밀 등을 들 수 있다.

5) 과실류

장과류(漿果類)와 견과류(堅果類)가 있는데, 장과류는 사과 · 배 · 귤 · 포도 같은 물이 많은 과일이고, 견과류는 호두 · 밤 · 은행과 같이 단단한 과일류이다.

6) 양념

조청 · 엿 · 꿀 · 설탕 · 참기름 · 들기름 · 콩기름 · 고추 · 고추장 · 된장 · 간장 · 깨소금 · 후추 · 계피 · 생강 · 파 · 마늘 · 산초 · 겨자 · 식초 · 청주 · 엿기름 등이 쓰인다.

한국음식은 여러가지 재료들과 알맞은 양념을 잘 배합하고 간을 잘 맞추어 가장 적합한 조리법으로 요리하는 것이 요령이다.

제2절 프랑스 음식

1. 프랑스 요리의 개념

16세기 이전까지 유럽 최고의 식문화를 자랑하던 곳은 프랑스가 아니라 이탈리아였다. 1553년 피렌체 명가(名家) 메디치 가문의 둘째딸 카트린 드 메디치(Catherine de Medicis)가 수많은 요리사들을 이끌고 프랑스 왕 앙리 7세에게 시집 오면서 프랑스 요리의 중흥이 시작되었다. 프랑스에 포크를 처음 소개한 것도 카트린이었다. 이전에는 프랑스 사람들이 나이프로 자른 음식을 손으로 집어먹었다고 한다.

오늘날 프랑스 요리 풀코스는 전채→수프→생선요리→샤벳류→육류(앙트레)→샐러드 또는 치즈→디저트→과일→커피 순으로 되어 있다.

2. 코스에 따른 대표 요리

1) 술

(1) 식전주(Aperitif)

식사 전 식욕을 돋우기 위해 마시는 알코올성 음료를 말한다. 아페리티프는 메뉴가 따로 없어서 소믈리에나 웨이터에게 추천을 부탁하는데 맥주는 적합지 않다.

(2) 와인

식사 중 함께 마시는 와인에는 레드 와인, 화이트 와인, 로제 와인, 스파클링 와인 등이 있다. 일반적으로 육류에는 레드 와인, 생선요리에는 화이트 와인을 선택한다. 샴페인은 모든 요리에 잘 어울린다. 프랑스 요리를 먹을 땐 역시 프랑스 와인이 제격이다. 직접 고르거나 소믈리에 또는 웨이터의 추천을 받는다. 와인이 오면 호스트는 시음을 한다. 호스트가 좋다고 하면 비로소 와인 서브가 시작된다.

2) 전채요리(Hors-d'oeuvres)

(1) 푸아그라 테린(Foiegras Trrine)

푸아그라란 특수한 방법으로 사육한 거위 간을 말한다. 이것을 테린형(뽀)이라 불리는 내열성 용기에 채워 되게 익혔다가 차갑게 한 요리가 바로 푸아그라 테린이다.

테린 한쪽을 포크로 잘라 함께 제공되는 토스트에 얹어 먹거나, 테린과 빵을 교대로 먹는다. 푸아그라가 날 것으로 제공될 때는 빵에 발라 먹기도 한다.

(2) 캐비어(Caviar)

철갑상어 알을 소금에 절인 것으로 알 크기에 따라 벨루가, 세브르가, 오세트라라고 부른다. 함께 제공되는 멜바 토스트에 스푼으로 캐비어를 얹고 레몬을 뿌린 후 손으로 먹는다. 삶은 달걀, 파슬리, 양파 다진 것 등이 가니쉬로 나오면 캐비어 위에 함께 얹어 먹어도 좋다.

(3) 생굴

대개 껍데기에 붙은 채로 나온다. 따라 나오는 레몬이나 에샬로트향 식초를 뿌린 후 전용 포크로 떼 내 먹는다. 껍데기 속 국물은 그대로 마신다.

(4) 에스카르고

달팽이 요리로 뜨거울 때 먹어야 제 맛이 난다. 버터 소스가 나올 때는 빵과 에스카르고에 소스를 듬뿍 묻혀 먹는다.

3) 수프(Soup)

포타주와 콘소메 : 메뉴에 'Creme de~'라고 씌어 있으면 걸쭉한 포타주란 뜻이다. 치킨이나 쇠고기, 뼈 국물을 걸러낸 맑은 수프는 콘소메다.

4) 빵(Bread)

① 와인 주문이 끝나면 빵이 나온다. 바게트나 하드 롤이 일반적이고 손으로 조금씩 잘라 버터를 발라 먹는다.

② 레스토랑에 따라서는 샐러드에 드레싱을 얹어 내오기도 한다. 야채만 먹고 싶은 사람은 주문할 때 미리 "드레싱은 치지 말아달라"고 요청한다.

5) 생선요리

(1) 혀가자미 뫼니에르

철가자미는 프랑스 요리에 자주 등장하는 생선이고 담백한 맛이 특징이다. 뫼니에르(Meuniare) 위에 웨이터가 버터소스를 뿌려주면 레몬즙을 직접 짜 묻혀 먹는다.

(2) 연어 소테(Salmon Saute)

연어를 살짝 구워낸 것, 버터소스, 토마토소스 등을 뿌린다. 살과 껍데기 사이에 나이프를 넣고 껍데기를 포크에 말아가며 벗겨낸 뒤, 생선용 스푼으로 조금씩 잘라 먹는다.

(3) 왕새우 구이

왕새우구이는 대개 발라낸 살을 다시 껍데기 속에 넣은 상태로 서브한다. 나이프로 껍데기를 누르고 포크로 살을 꺼내 끝에서부터 조금씩 잘라 먹는다. 머리 부분에 들어 있는 새우알도 함께 먹는다.

(4) 바닷가재 구이

껍데기째 나올 땐 전용집게와 포크를 이용한다. 지저분해진 손은 핑거볼을 이용해 씻는다.

(5) 부이야베스(Bouillabaisse)

부이야베스란 갖가지 해산물, 생선에 지중해 연안에서 나는 토마토, 올리브, 마늘 등을 첨가한 수프 형식의 생선요리다. 생선용 나이프, 포크,

스푼을 이용해 먹는데 새우는 손으로 먹어도 상관없다. 생선국물, 소스, 마늘 빵이 함께 나온다. 해산물에 소스를 묻혀가며 먹고, 마늘 빵, 수프를 곁들인다.

(6) 그린 샐러드

프렌치 드레싱을 곁들이는 것이 일반적이다.

6) 소르베(Sorbet)

생선요리와 고기요리 사이에 제공되는 단맛이 적고 알코올 성분이 있는 셔벗, 요즘은 생략하는 경우가 많다. 디저트용 스푼으로 떠먹는다.

7) 고기요리

(1) 필레 스테이크(Fillet Steak)

흔히 나오는 쇠고기 스테이크다. 덜 구울수록 고기 특유의 풍미를 즐길 수 있다.

(2) 향초 풍미의 양갈비 로스트

양갈비에 로즈마리, 타임, 마늘 등의 향초를 얹어 오븐에서 구운 것으로 고기용 나이프와 포크로 뼈를 발라가며 조금씩 잘라 먹는다. 손으로 들고 먹는 일은 삼간다.

(3) 양고기 꼬치구이

꼬치구이는 브로셔트(Brochette)라고 부른다. 아랍, 아프리카의 영향을 받은 이국적인 요리, 양고기, 파, 피망을 꼬치에 꽂아 소금, 후추를 뿌려 오븐에서 구워낸다. 꼬치 채 나왔을 때는 내용물이 튀지 않도록 고기를 포크로 눌러 고정시킨 후 꼬치를 돌려 빼낸다.

8) 디저트

(1) 치 즈

메인요리를 다 먹고 난 뒤 여유가 있을 때 먹는다. 대표적인 프랑스 치스로는 카망베르, 브리, 로크포르가 있다. 특유의 향이 싫은 사람은 웨이터에게 냄새 없는 치즈를 달라고 한다. 냄새가 강한 치즈 껍질은 취향에 따라 먹어도 되고 남겨도 된다.

몇 종류의 치즈를 한꺼번에 주문했을 경우에는 풍미가 약한 것부터 강한 것 순으로 먹는다. 부드러운 치즈는 빵에 발라서, 딱딱한 치즈는 빵에 얹어 먹는다.

(2) 과 일

프랑스에서는 디저트용 과일로 배나 산딸기를 많이 먹는다. 콤포트는 과일을 설탕과 와인에 절인 것이다.

9) 커 피

에스프레소가 담겨 나오는 드미타스는 엄지와 검지로 잡는다. 커피를 마실 때 손으로 컵을 받치거나 밑 접시를 대는 것은 좋지 않다.

10) 식후주

프랑스 요리에 어울리는 식후주는 단연 코냑이다. 코냑은 프랑스 중서부 코냑지방에서 생산되는 질 좋은 브랜디다. 도수는 상당히 높은 편이다.

제3절 이탈리아 음식

1. 이탈리아 요리의 개념

이탈리아 요리는 원재료의 풍미를 한껏 살린 단순한 조리가 특징이다. 로마제국 분열 후 왕국마다 특유의 조리법이 발달해 많은 향토요리가 생겨났다.

나폴리와 시칠리아섬이 있는 남부지방은 지중해의 풍부한 햇살을 받고 자란 올리브, 토마토로 유명한 지역이다. 해산물도 풍부해 이것을 재료로 한 요리가 많다. 밀라노, 베네치아를 중심으로 하는 북부지방은 길고 추운

겨울 때문에 진한 맛의 요리가 발달했고 쌀, 손으로 만든 파스타, 치즈나 크림 같은 유제품이 유명하다. 로마, 피렌체를 포함하는 중부지방은 파르메산 치즈와 햄이 유명하다. 토스카나 지방의 카니나 쇠고기는 최고의 품질을 가진 것으로 알려져 있다. 이탈리아 요리는 안티파스티(전채)→프리미 피아티(첫 번째 접시라는 뜻)→세콘디 피아티(두 번째 접시라는 뜻)→포르마지오(치즈)→돌체(디저트)→카페(커피)의 순으로 구성된다.

이탈리아 요리는 상대적으로 코스에 대한 개념이 약하다. 세콘디 피아티를 중심으로 취향에 따라 구성하면 된다. 소스나 재료가 겹치지 않는지 신경 쓴다. 이탈리아 사람들은 프리미 피아티와 세콘디 피아티를 함께 먹어야 식사다운 식사를 한 것으로 인정한다.

※ 이탈리아 요리의 대명사, 파스타

파스타(Pasta)는 밀가루를 물과 계란으로 반죽한 요리다. 수제(手製)파스타와 건조 파스타가 있는데, 그 종류가 100가지를 넘는다.

① 라자냐(Lasagna) : 작은 널빤지 모양의 파스타. 치즈나 소스를 교대로 쌓아 오븐에서 구워낸다.

② 스파게티(Spaghetti) : 국수 모양의 파스타. 면은 1.6~2.2mm까지 굵기가 다양하다.

③ 페투치네(Fettuccine) : 얇게 편 반죽을 폭 7~8mm로 홀쭉하게 잘라 만든 파스타. 크림소스에 버무려 먹는다.

④ 펜네(penne) : 끝을 비스듬히 자른 원통형 파스타. 주로 매콤한 토마토소스에 버무린다.

⑤ 뇨키(Gnocchi) : 수제 파스타의 한 종류. 삶은 감자를 이용한 감자뇨키, 삶은 시금치를 이용한 시금치뇨키 등이 있다. 반죽을 조금씩 떼내 손가락 굵기로 민 후 수제비처럼 조금씩 잘라내 만든다.

2. 코스에 따른 대표 요리

1) 술

(1) 식전주(Aperitivo)

이탈리아에서 가장 잘 알려진 식전주는 캄파리소다이다. 세리주, 약초주, 스파클링 와인도 종종 마신다.

(2) 와 인

이탈리아는 세계 1위의 와인 생산국이다. 남북으로 길게 뻗은 국토 때문에 지역별로 기후가 각양각색이라 와인도 매우 다양한 종류가 생산 된다. 1만5000여 종의 와인 중 5분의 4정도가 레드와인이다. 와인과 요리는 같은 지방 것이 서로 잘 어울린다고 한다. 이탈리아 요리에도 이탈리아산 와인이 제격이다.

2) 안티파스티(Antipasti)

(1) 모듬 전채

계절 감각에 맞는 몇 종류의 전채를 모듬으로 내 여러사람이 나눠 먹을 수 있게 되어 있다. 웨이터가 덜어주기도 하고 직접 덜어먹을 수도 있다.

(2) 생햄과 멜론

잘 익은 멜론에 천연 햄을 살짝 덮은 것으로 생햄은 소금에 절인 특유의 햄으로 파르마지방 것이 유명하다. 계절에 따라 멜론 대신 무화과, 딸기, 포도 등을 이용하기도 한다. 생햄과 멜론을 나이프와 포크를 이용, 적당히 잘라 같이 먹는다.

(3) 카르파치오(Carpaccio)

얇게 자른 육회에 소금, 올리브유, 크코라(향야채), 케이퍼, 파르메산 치즈, 레몬을 뿌려 먹는다. 나이프와 포크를 이용, 치즈와 크코라에 육회를 넣고 돌돌 말아 적당히 잘라 먹는다. 생선 카르파치오도 있다.

3) 프리미 피아티(Primi Piatti)

(1) 수프(Zuppe)

해산물 수프가 유명하다. 새우, 조개, 흰살 생선 등 제철 해산물을 올리브 오일로 볶아 백포도주를 가미한다. 생선을 넣은 수프에는 나이프, 포크가 따라 나온다.

(2) 파스타(Pasta)

파스타에는 갓 손으로 만든 것과 건조 파스타가 있다. 국수의 굵기에 따라서도 구분이 가능하다. 각각의 파스타에 토마토소스, 크림소스 등 잘 어울리는 소스를 얹어 먹는다. 스파게티는 면을 살짝 익힌 쫄깃한 상태일 때 가장 맛있으므로 식기 전에 먹는다.

(3) 리조또

쌀을 버터나 올리브유로 볶아 양파, 닭고기, 치즈 등과 섞어 만든 이탈리아 북부지방 요리다. 뜨거울 때 포크로 떠먹는다. 주식이 아니니 너무 많이 먹지 않도록 조심한다. 이탈리아식 만두인 라비올라는 나이프와 포크를 이용해 먹는다. 파르메산 치즈가 제공된 경우에는 취향에 따라 적당량을 뿌려 먹는다. 그러나 해산물 소스에는 치즈를 뿌리지 않는 것이 정석이다.

4) 콘토르니(Contorni)

프랑스 요리의 가니쉬와 같다. 요리와 같은 접시에 나오지 않고 콘토르니라는 별도의 메뉴로 되 있다. 삶은 감자, 감자튀김, 당근 소떼, 익힌 완두콩 등 따뜻한 것과 샐러드 등 차가운 것이 있다. 취향에 따라 주문해 요리와 교대로 균형을 맞춰가며 먹는다.

5) 세콘디 피아티(Secondi Piatti)

(1) 베르무트 연어

베르무트(Vermouth)는 향쑥 등 몇 가지 약초성분을 와인에 걸러내 만든 리큐어다. 이 베르무트의 일종인 노일리주(똔)와 생선국물 버터소스를 연어에 뿌린 요리가 베르무트 연어다. 생선용 나이프와 포크를 이용해 연어에 소스를 묻혀가며 먹는다. 남은 소스는 빵에 묻혀먹는다.

(2) 살팀보카(Simbocca)

송아지고기를 저며 밀가루를 발라 살짝 구운 뒤 생햄과 소시지를 얹은 로마풍 요리 화이트 와인과 쇠고기 국물을 이용해 만든 소스를 뿌린다. 생후 수개월 미만의 어린 송아지고기로 만든다. 나이프와 포크로 잘라 소스에 찍어 먹는다.

(3) 피렌체풍 스테이크

티본에 소금, 후추를 묻혀 석쇠로 구워 낸 스테이크다. 두껍게 썰어야 맛있어서 대개 2인분을 기본으로 한다. 포크로 고기를 고정시키고 뼈를 따라 나이프를 움직여 살을 발라낸 뒤 먹을 만큼 덜어 온다. 레몬즙을 짜서 뿌린다.

(4) 밀라노풍 오소부코(Ossobocco)

송아지 뒷다리 살과 골수를 둥글게 잘라 다진 당근 · 셀러리 · 양파, 토마토와 함께 푹 삶은 요리. 사프랑 풍미의 밀라노식 리조토(볶음밥)가 곁들여진다. 뒷다리 뼈부분의 살은 나이프와 포크를 이용해 먹는다. 뼛속 골수는 작은 스푼 또는 작고 길쭉한 전용 스푼으로 떠 소스에 넣거나 리조토에 얹어 먹는다.

(5) 송아지 커틀릿

엘본(뼈가 붙어 있는 송아지고기)을 저며 파르메산 치즈, 소금, 올리브와 버터, 기름을 섞은 계란에 담갔다 빵가루를 묻혀구운 뒤 생햄과 치즈를 얹어 내는 요리, 나이프와 포크로 뼈를 발라가며 먹는다. 처음에 뼈를 다 발라놓아도 상관없다.

6) 포르마지오(Formaggio)

포르마지오는 이탈리아산 치즈다. 450여 종이나 되는데 대표적인 것이 딱딱한 파르메산 치즈와 베르파이제, 말랑한 모차렐라, 푸른곰팡이 형태의 고르곤조라, 훈제치즈인 아프미카드 등이다. 포르마지오를 주문하면 여러 종류를 가져다주므로 그 중 좋아하는 것을 선택한다. 향취가 강하므로 처음 먹어보는 것은 웨이터에게 조금 잘라달라고 해 미리 맛을 본다. 산지가 같은 레드와인과 함께 먹으면 더욱 맛있다.

7) 돌체(Dolce)

디저트를 말한다. 젤라토(아이스크림), 소르베(셔벗), 마치도니아(과일 펀치) 등이 있다.

제4절 중국 음식

1. 중국요리의 개념

광대한 땅과 다양한 민족을 포괄하고 있는 중국은 식재료와 요리 종류도 헤아릴 수 없이 만다. 중국의 요리는 베이징요리, 상하이요리, 광둥요리, 쓰촨요리로 나뉜다.

1) 베이징요리(北京料理(북경요리))

북경을 중심으로 하는 전형적인 북방요리로 궁중요리의 색채를 띠고 있다.

상하이[上海, 상해]요리 · 쓰촨[四川, 사천]요리 · 광둥[廣東, 광저우]요리와 함께 중국의 4대 요리라고 부른다. 청조(淸朝) 전성기의 궁정요리를 기반으로 발달한 요리의 일부가 형태를 남기고 있으며, 청나라 초기부터 많은 왕들이 궁정요리사로 산둥성[山東省] 요리사를 고용했고 이 때부터 일반적인 음식점도 대부분 산동 사람들이 주도했기 때문에 북경요리는 궁중요리와 소수민족, 산동 요리의 색채를 골고루 지니고 있다.

베이징 지방은 겨울이 추우므로 자연히 높은 칼로리가 요구되어 일반적으로 지방질이 많은 자차이[炸菜 : 튀김요리]와 차오차이[炒菜 : 볶음요리] · 류차이[溜菜 : 녹말을 끓인 진한 국물을 붓는 요리] · 파차이[蔣菜 : 갈분을 넣고 푹 끓이는 요리] · 장웨이[醬味 : 된장으로 간을 맞추는 요리] 등이 성하다.

특히 루메이[爐煤 : 분탄과 점토를 이겨서 만든 조개탄 비슷한 연료]라는 강력한 화력을 사용하여 단시간에 조리하는 것이 특징이며, 새끼돼지 · 오리 · 잉어 등 대형물의 전형요리(全形料理)가 특히 발달되어 있다. 또한 이 지방은 쌀 생산이 적고 밀 생산이 많으므로 麪류[麵類] · 만터우류[饅頭類] · 빙류[餠類 : 얄팍한 과자류] 등 밀가루 제품을 주식으로 한다.

국빈을 대접하는 요리는 광둥의 가정요리인 탄자차이[譚家菜]가 이용된다. 중국 중부지방을 대표하는 난징요리는 풍부한 해산물을 바탕으로 한다. 담백하고 품위가 있다. 간장과 설탕을 많이 사용하는 편, 상하이게장, 오향우육, 꽃빵, 뒤귀계, 홍소육 등이 유명하다.

2) 상하이요리(上海料理(상해요리))

요약중국 상하이[上海] · 난징[南京 · 쑤저우[蘇州 · 양저우[揚州] 등지에서 만드는 요리의 총칭.

이곳은 양쯔강[揚子江]의 하류에 위치한 평원으로서 풍부한 미곡과 해산물을 이용한 난징요리[南京料理]가 발달한 곳이었으나, 19세기 이래 유럽의 대륙잠식정책의 희생으로 상하이가 조계지(租界地)가 되면서부터 농산물과 해산물의 집산지가 되었다. 요리도 자동적으로 다양하고 독특한 것이 만들어져 중부 중국의 요리를 대표하게 되었다.

상하이요리는 쌀을 재료로 한 요리와 게 · 새우 · 물새 등의 요리로 정평이 나 있으며, 그 지방의 특산인 장유(醬油)와 설탕을 써서 달콤하고 기름지게 만드는 것이 특징이다. 돼지고기를 진간장으로 양념하여 만드는 홍사오러우[紅燒肉]와 바닷게로 만드는 푸룽칭셰[芙蓉青蟹], 꽃 모양의 빵인 화쥐안[花卷] 등이 유명하다.

3) 광둥요리(廣東料理)

중국 광둥[廣東] 지방을 중심으로 만들어 먹는 요리의 총칭.

상하이[上海] · 쓰촨[四川] · 베이징[北京] 요리와 함께 중국 4대 요리 가운데 하나이다. 난차이[南菜]라고도 한다. 광둥지방은 아열대지역에 속하며 16세기 이후부터 외국 선교사와 상인들의 교류가 빈번했던 곳으로 외국문화의 영향을 많이 받아 요리에도 서양요리법이 결합된 독특한 특성을 가지고 있다. 크게 광저우 요리와 차오저우[潮州] 요리, 푸저우[福州] 요리로 나뉘는데, 기본은 차오저우 요리이다. 광저우 요리는 〈식재광저우[食在廣州 : 먹는 것은 광저우에서]〉라는 말을 들을 만큼 요리가 발달해 왔다.

쇠고기, 서양 채소, 토마토 케첩, 우스터소스, 굴소스 등 서양 요리에 들어가는 재료와 조미료를 쓰며 해산물과 생선을 재료로 하는 요리가 많다. 자연의 맛을 살리기 위해 신선한 재료를 센불에서 살짝 익히고 간을 조금만 해서 맛이 싱거우며 기름도 적게 쓴다. 맛이 신선하고 담백하며 쫄깃함을 그대로 살려 천연의 맛을 느낄 수 있다. 대표적인 요리는 상어지느러미찜, 구운 돼지고기, 어린 통돼지구이, 광둥식 탕수육, 딤섬이며, 뱀, 개구리, 살쾡이, 물방개 등도 요리의 재료로 사용하고 있다.

4) 쓰촨요리(四川料理(사천요리))

중국의 양쯔강[揚子江] 상류 지역에서 발달한 요리의 총칭.

촨차이[川菜]라고도 한다. 중국의 서부인 윈난[雲南]·쓰촨[四川] 등 산지 방면의 요리로서 기름지지 않고 매운 것이 특징이다. 이 지역은 바다가 멀고 더위와 추위가 심한 곳이므로 예로부터 이러한 악천후를 이겨내기 위하여 마늘·파·고추 등 향신료를 많이 쓴 매운 요리가 발달하였다. 또한 내륙 깊은 곳에 위치하고 있으므로 식품의 저장법이 잘 연구되어 소금절임·건물(乾物) 등의 보존식품이 발달하였고, 특히 채소요리가 뛰어나 자차이[搾菜 : 芥菜의 뿌리를 고춧가루로 버무려 담근 김치의 일종] 같은 특산물을 낳게 했다. 그 밖에 두부와 다진 고기로 만든 마포더우푸[麻婆豆腐], 양고기 요리인 양러우궈쯔[羊肉鍋子], 새우고추장볶음인 간사오밍샤[干燒明蝦] 등이 유명하다.

2. 이용 에티켓

대형 중식당에는 회전탁자가 놓여 웨이터가 요리가 담긴 큰 접시를 회전판 위에 얹어 놓으면 호스트는 공동젓가락으로 자기 몫을 덜어낸 뒤 다른 사람 앞으로 접시가 가도록 돌려놓는다.

회전탁자는 시계방향으로 돌리는 것이 원칙이다. 자기 앞에 접시가 오면 앞 접시에 적당량을 덜어 놓는다. 한 번씩 덜어낸 다음에도 남아 있는 요리는 몇 번이고 가져와 먹어도 예의에 어긋나지 않는다.

뼈가 붙은 닭고기 요리는 손에 들고 먹어도 상관없다. 뼈는 따로 마련된 그릇에 담는다. 탕 요리는 렝게(손잡이가 짧은, 자기로 된 수저)로 떠서 담고, 흘리지 않도록 그릇을 들고 먹는다. 젓가락을 사용하지 않을 때는 접시 끝에 걸쳐놓고 식사가 끝난 다음에야 젓가락 받침에 놓는다. 뜨거운 요리는 식기 전에 먹는 것이 예의다.

3. 중국요리 주문 요령

중식당은 6~8명이 함께 가는 것이 좋다. 중국요리는 대부분 양이 정해져 있어 여러가지 요리를 맛보려면 여러사람이 나누어 먹는 것이 경제적이기 때문이다. 식당을 택할 때는 어떤 지역 요리를 취급하는 곳인지 미리 알아보고 간다. 대부분의 중식당은 광둥요리를 기본으로 쓰촨, 베이징 요리를 가미해 서비스하고 있다.

중국요리는 1인분이 아니라 양에 따라 대(7~8인분), 중(5~6인분), 소(7~4인분)로 나뉘어 있다. 사람 수에 따라 적절한 양을 선택하되 4명이 넘을 때는 요리 중에 수프류를 넣는다. 재료와 조리법, 소스 등이 겹치지 않도록 주문하되, 세트메뉴를 선택하면 비용을 줄일 수 있다. 술과 차의 종류를 확실히 알고 주문하면 좋다.

4. 중국의 술

1) 백 주

증류주를 말한다. 대표적인 것이 알코올 도수 53도인 마오타이다. 고량을 누룩으로 발효시켜 10개월 동안 9회에 걸쳐 증류시킨 뒤 독에 넣어 밀봉한 채 3년 동안 숙성시켜 만든다. 중국 정부의 공식 만찬에 빠짐없이 등장하는 술이다.

2) 황 주

양조주로 소흥주와 노주가 대표적이다. 소흥주는 쌀을 원료로 만든 술로 데워서 마시는데 독특한 향이 미각을 더욱 자극한다.

3) 약미주

오가피주, 죽엽청주, 장미주, 녹용주 등이 유명하다. 가장 유명한 술은 죽엽청주이다. 1400여 년 전부터 중국인들이 즐겨 마셔온 술이다. 고량을 주원료로 녹두, 대나무잎 등 10여가지 천연약재를 가미해 만든다. 혈액순환에 도움이 된다고 알려져 있다.

4) 중국 술 마실 때의 주의사항

중국에서는 술에 약한 사람이라도 같이 마시는 것이 에티켓이다. 중국식 건배는 단번에 들이마셔 잔의 밑을 상대방에게 보여주는 것이다. 특히 연회석상에서는 알코올 도수 높은 마오타이주로 계속 건배를 한다. 술을 마실 수 없는 상황이라도 입술을 약간 적시는 정도의 성의는 보여야 한다.

5. 중국의 차

중국은 차의 나라라 해도 과언이 아니다. 차는 찻잎의 발효 정도에 따라 몇 가지로 나눌 수 있는데 녹차는 불발효, 우롱차는 반발효, 홍차는 완전 발효 차다. 한 가지 음식이 끝날 때마다 차를 마셔 입 안에 남아 있는 이전 요리의 맛과 향을 제거하는 것이 중국요리를 맛있게 먹는 방법이다.

차를 마실 때는 오른손으로 찻잔을 감싸 쥐고 왼손으로는 차의 밑 부분을 받쳐 든다. 맛과 향을 음미하며 조용히 마신다.

6. 코스에 따른 대표 요리

1) 전채

차가운 것으로 해파리 냉채와 피단(오리알 요리), 뜨거운 것으로는 새우볶음 등이 있다. 대개 몇 종류를 모듬식으로 내는 것이 일반적이다. 전채의 경우 소스가 같을 때는 한 접시에 덜어도 무방하다. 일단 덜어놓은 음식은 남기지 않는 것이 예의다.

2) 주 채

(1) 흰살 생선찜

도미, 조기 등 흰살 생선을 통째로, 혹은 적당히 잘라 소금과 술을 뿌려 찐 요리다. 국물 맛이 진해 생선과 함께 먹으면 더욱 맛있다. 젓가락으로 살에 소스를 묻혀가며 먹는다.

(2) 베이징오리

껍데기에 춘장이나 매실장을 발라 구운 오리고기를 밀로 만든 얇은 피에 싸 먹는다. 앞 접시에 피를 놓고 그 위에 껍데기가 밑으로 가게 오리고기를 얹은 뒤, 소스를 바르고 취향에 따라 오이나 파를 얹는다. 피의 앞쪽을 접고, 좌우 중 한쪽을 안으로 접은 다음 앞에서부터 돌돌 만다. 접지 않은 쪽부터 먹기 시작하면 소스를 흘리지 않을 수 있다.

(3) 상어지느러미 찜

말린 상어지느러미를 형태가 흐트러지지 않도록 장시간 푹 삶아 지느러미가 국수처럼 되어 있는 것이다. 젓가락으로 적당량을 덜어 왼손에 든 렝게에 얹어 수프처럼 먹는다. 천연 발효한 과일식초를 조금 뿌려 먹으면 더욱 맛있다. 건더기를 다 먹은 후에는 접시를 기울여 국물을 떠 먹는다. 중국빵으로 남은 수프를 찍어 먹어도 좋다.

(4) 전복 오이스터소스

푹 삶은 전복을 오이스터소스에 찍어 먹게 되어 있다. 전복이 클 때는 나이프로 얇게 잘라 먹는다.

(5) 큰 새우 칠리소스

튀긴 왕새우를 생강, 파, 고추와 함께 볶아 맛을 낸 뒤 전분 가루를 넣어 걸쭉하게 만든 요리, 껍데기째 튀긴 것과 껍데기를 벗겨내고 튀긴 것이 있다. 껍데기째 만든 새우요리는 일단 입 속에 넣어 소스를 맛본 후 껍데기를 발라 젓가락으로 빼낸다.

왕새우를 통째로 요리한 경우에는 젓가락으로 새우를 누르고 머리를 떼낸 뒤 새우 알을 먹고 이어 몸통 부분의 껍데기를 벗겨 먹는다. 손가락을 써도 상관없다.

(6) 상하이게찜

소흥주의 안주로 유명하다. 찐 게를 간장 소스에 찍어 먹는다. 등 부분에 붙어 있는 게 알부터 떼 내 소스를 뿌려 먹고, 이어 몸통을 반으로 잘라 살을 발라가며 먹는다.

3) 디저트

튀긴 과자, 찐 과자, 구운 과자, 깨 찹쌀떡, 호두튀김, 사과탕, 바나나탕 등이 나온다.

제5절 일본 음식

1. 일본요리의 개념

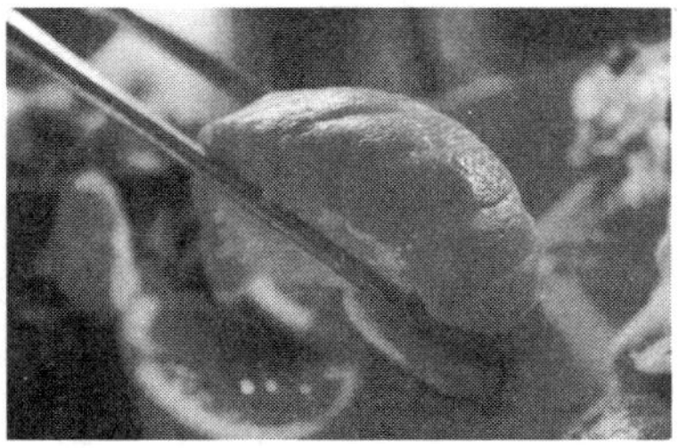

일본요리는 시각적인 면을 매우 중시한다. 요리 자체 뿐 아니라 기물, 담아내는 법에 상당한 정성을 기울인다.

일본요리는 크게 세 가지로 나뉜다. 무사 집안에서 생긴 혼젠(本膳)요리, 다도에서 유래한 가이세키(懷石)요리, 사찰에서 주로 발달한 쇼징(精進)요리 등이다.

혼젠요리는 본격적인 접대요리다. 국물 7가지에 요리 5가지를 내는 2즙(잔)5채(전) 상차림이 일반적이다. 가이세키 요리는 원래 차를 더욱 맛있게 마시기 위한 가벼운 식사였다.

요즘은 국물에 회나 초회, 조림, 구이를 한 상으로 한 1즙 3채에 핫슨(그

날의 메인 요리)을 추가한 상차림으로 확대되었다.

쇼징 요리는 식물성 식품을 재료로 만든 요리다. 오늘날 요정이나 연회석상에 주로 나오는 요리는 가이세키 요리라고 한다. 에도 막부 시대의 요정에서 생긴 것으로 식단에 따라 다양한 요리를 차례대로 내온다.

2. 일식당 이용 에티켓

1) 젓가락 사용

바른 젓가락 사용이 무엇보다 중요하다. 종이에 싸여 있는 젓가락은 오른손으로 빼내어 젓가락 받침 위에 걸쳐 놓는다. 받침이 없을 때는 젓가락을 넣었던 종이를 접어 대용한다. 받침이 있는 경우 종이껍데기는 소반 왼쪽 옆에 놓아둔다. 젓가락을 내려놓을 때는 옆으로 가지런히 젓가락 받침에 걸쳐 놓는다.

2) 삼가야 할 젓가락 사용법

① 국물을 흘리면서 입으로 가져가는 것

② 젓가락을 빠는 것

③ 젓가락을 이쑤시개 대신 사용하는 것

④ 그릇을 입에 대고 젓가락으로 요리를 집어넣는 것

⑤ 그릇 안의 내용물을 휘젓다가 원하는 요리를 가져가는 것

⑥ 젓가락으로 요리를 찔러 먹는 것

⑦ 어떤 요리를 먹을까 젓가락으로 이 그릇 저 그릇을 왔다 갔다 하며 망설이는 것

⑧ 그릇을 젓가락으로 움직이는 것

⑨ 젓가락끼리 요리를 옮기는 것

⑩ 젓가락에 붙은 밥알 등을 입으로 떼어내는 것

⑪ 그릇 위에 젓가락을 올려놓는 것

3) 기물 취급과 식사 요령

① 그릇을 들 때나 받을 때에는 반드시 양손을 사용한다.

② 공기는 엄지를 제외한 나머지 손가락 4개를 나란히 붙여 그 가운데 올려놓은 뒤, 엄지손가락으로 그릇 가장자리를 지탱하는 모양으로 든다.

③ 식기 뚜껑은 왼손으로 식기 밑 부분을 가볍게 누른 상태에서 오른손으로 연다. 김이 사방으로 흩어지지 않도록 앞쪽을 향해 열어야 한다.

④ 음식을 다 먹은 후에는 뚜껑을 다시 닫아 둔다.

⑤ 밥은 공기를 입 가까이 가져가 젓가락으로 먹는다. 국그릇은 입에 대고 마시나, 국 안의 건더기는 그릇을 입 가까이 대고 젓가락으로 집어 먹는다.

⑥ 양손에 그릇을 들고 있는 것은 예의에 어긋난다.

⑦ 그릇을 상 위에서 밀거나 당기면 안 된다. 반드시 들어서 옮겨야 한다.

⑧ 음식을 받으면 일단 상 위에 올려놓았다가 들고 먹는다.

⑨ 그릇은 젓가락을 젓가락 받침에 놓고 난 다음 들어올린다.

3. 코스에 따른 대표 요리

1) 술

연회는 일본주 건배로 시작한다. 잔을 눈높이까지 들어 올려 '건배'라는 구호를 복창한 후 마신다. 술을 마실 수 없는 사람도 건배를 하며 잔에 입을 대는 시늉을 한다.

건배가 끝나기 전에는 음식에 손을 대지 않는다. 술을 따를 때는 상대방의 오른쪽으로 가 오른손으로 병 밑을 가볍게 받치듯이 하고 잔의 80% 정도를 채운다.

2) 전 채

바다, 산, 강에서 나는 제철 식재를 이용한 3가지 요리가 나온다. 보통 해산물부터 먹기 시작한다.

3) 맑은 국

본 요리가 나오기 전 제공되는 국물류이다. 건더기는 젓가락으로 먹고 국물은 양손으로 들어 마신다. 이 때에는 젓가락으로 건더기를 눌러 흘러 나오지 않게 한다.

4) 국

국그릇이 나오면 뚜껑을 열어 소반 바깥쪽에 젖혀 놓은 뒤 두세번 훌훌 마시면서 맛을 본다. 내용물은 젓가락으로 덜어 먹는다. 다 먹은 후에는 뚜껑을 닫아 놓는다.

5) 생선회

생선회 위에 와사비를 얹고 말듯이 해 간장을 찍어 먹는 것이 정석이다.

6) 생선구이

소금을 뿌려 구운 시오야키(삼치 · 연어 · 도미), 간장을 발라 구운 데리야키(은대구), 된장에 절였다가 구운 미소츠케야키(병어 · 삼치) 등이 있다. 용기를 이용해 굽는 간접구이(새우 · 은어)도 있다.

여름에는 은어 소금구이, 겨울에는 병어 된장구이가 일미다. 은어는 미리 뼈를 발라놓고 나서 먹는다. 우선 등과 배의 지느러미를 손으로 떼어내고 젓가락으로 꼬리를 구부린다. 이어 몸통의 중간 정도를 젓가락으로 자른 후 왼손으로 머리 부분을 잡고 생선뼈를 빼낸다. 발라진 살을 먹은 후 나머지 반 토막도 같은 방법으로 처리한다.

7) 튀 김

튀김용 소스에 무즙을 넣어 찍어 먹는다. 여름에는 튀김 대신 찜이 나오기도 한다.

8) 조 림

봄에는 죽순과 머위, 여름에는 토란과 문어새끼, 겨울에는 무청과 말린 새우가 나온다.

9) 초 회

전복초회가 대표적이다. 작은 주발을 두 손으로 들어 올린 후 가슴 높이에서 왼손으로 들고 오른손으로 젓가락을 이용해 먹는다.

10) 밥과 절임류

가이세키 요리에서는 요리가 끝난 후 밥과 미소시루(된장국), 절임류가 함께 나온다. 이때 미소시루에 밥을 말아 먹어서는 안 된다.

4. 일본의 일품요리

1) 냄비요리

스키야키, 모듬 냄비, 두부탕 등이 있다. 야채가 풍부하게 들어 있으며 균형 잡힌 영양 섭취가 가능하다. 내용물을 덜 때는 작은 그릇을 냄비 가까이 가져가 젓가락이나 렝게로 조금씩 가져온다.

2) 스 시

생선초밥, 생선회 부위에만 소스를 묻혀야 제 맛을 잃지 않는다.

3) 소 바

국수를 뜻한다. 다소 소리를 내며 먹어도 괜찮다. 식당에서 국수 삶은 물을 내오면 여기에 국수를 찍어먹던 소스를 넣어 차 대신 마신다.

4) 차완무시

공기 그릇에 계란을 풀고 율수, 새우, 표고버섯, 고기 등을 섞어 찐 요리다. 왼손으로 그릇을 들고 스푼으로 떠먹는다. 그릇이 뜨거우면 손에 종이냅킨을 깐다.

5) 도빙무시

질주전자에 송이버섯 등 여러 재료를 넣어 찐 요리다. 요리가 나오면 우선 뚜껑을 열어 향을 맡고 취향에 따라 초귤을 짜 넣거나, 작은 술잔에 국물을 따라 마신다. 국물을 따를 때는 질주전자의 뚜껑을 왼손으로 가볍게 눌러 내용물이 밖으로 나오지 않게 한다. 이어 건더기를 젓가락으로 떠서 작은 술잔에 놓고 국물과 번갈아 가며 먹는다.

제8장 와인 및 음주문화

제1절 와인 종류

1. 와인(Wine)

와인은 포도를 발효, 숙성시켜 만든 양조주다. 영어로 와인(Wine), 독어로는 바인(Wein), 불어로는 뱅(Vin), 이탈리아어로는 비노(Vino)라고 한다. 유럽인들은 '와인 없는 식탁은 태양 없는 세상과 같다'는 말을 자주 한다.

그 만큼 와인을 소중히 여긴다는 뜻이다. 육식을 주로 하는 서양인들에게 알칼리성 음료인 와인은 없어서는 안 될 '건강보조식품'이기도 하다.

와인은 같은 양조주인 맥주와 함께 역사가 가장 오랜 술 중 하나다. 기원전 7700년경의 바빌로니아 함무라비 법전에 이미 와인 제조와 음주에 관한 규정이 나와 있다. 와인은 로마신화와 성경에도 등장한다. 특히 그리스도가 최후의 만찬에서 "이 포도주는 나의 피요, 이 빵은 나의 살"이라고 말한 이후로 포도주는 기독교와 매우 밀접한 관계를 갖는 술이 되었다. 유럽의 역사를 지배해온 종교가 기독교임을 생각할 때 와인의 번성은 당연한 귀결이라 하겠다.

2. 와인의 분류

와인은 제법에 따라, 혹은 색깔과 당분 함량에 따라 몇 가지로 나눌 수 있다.

1) 제조법에 따른 분류

(1) 비발포성 와인(Still Wine)

와인 양조 때 발생하는 탄산가스를 제거한 와인으로 보통 식탁에 올려지는 와인을 말하며 그래서 테이블 와인이라고도 부른다.

(2) 발포성 와인(Sparkling Wine)

1차 발효가 끝난 다음 2차 발효에서 생긴 탄산가스를 그대로 함유한 와인으로 흔히 샴페인이라고 부른다. 그러나 샴페인은 원래 프랑스 북부 상파뉴 지방에서 생산되는 스파클링 와인을 뜻하는 말로, 다른 지역에서 생산된 발포성 와인이라면 그저 '스파클링 와인'이라고 칭하는 것이 정확하다. 예를 들어 샴페인의 한 종류로 통하는 그랑주아도 '스파클링 와인 그랑주아'라 하는 것이 정확한 표현이다.

(3) 주정강화 와인(Fortified Wine)

와인 제조 과정에 알코올도수가 높은 그 지역의 브랜디 혹은 향신료, 약초 등을 첨가한 것이다. 스페인의 세리, 시실리섬의 마르살라, 포르투갈의 포르토, 프랑스의 드라이 베르무트와 이탈리아의 스위트 베르무트 등이 이에 속한다. 세리와 베르무트는 식전주로, 마르살라와 포르토는 디저트 코스 음료로 자주 쓰인다.

2) 색상에 따른 분류

적색의 레드 와인, 백색의 화이트 와인, 분홍색의 로제 와인, 백포도주 중 노란빛을 띈 실로 와인 등이 있다.

3) 기타 분류법

단맛 정도에 따라 드라이와 스위트, 숙성 기간에 따라 영 와인과 올드 와인으로 구분한다. 농도가 진한 것을 헤비, 연한 것을 라이트 와인이라 부르기도 한다.

3. 와인의 선택

와인 맛을 결정하는 것은 포도다. 같은 밭에서 난 포도라도 기후 조건, 토양 상태에 따라 품질에 많은 차이가 있다. 따라서 와인을 고를 때에는 상표, 산지뿐 아니라 양조시기(Vintage)를 잘 따져보아야 한다. 물론 요리와의 조화도 중요하다.

1) 산지별 특성

(1) 보르도 와인

프랑스 남서부 보르도 지방에서 생산되는 와인 특히 레드 와인이 유명하다. 아름다운 선홍색에 떫은 맛과 신맛의 조화가 절묘하다. 화이트 와인은 투명도가 높고 감칠맛이 있다. 당분 함량에 따라 종류가 다양하다.

표 8-1 와인의 종류

구분	생산지	특징	상표명
적포도주	보르도 (Bordeaux)	붉은 빛이 진하고 불투명하며 단맛이 적고 맛이 텁텁하나 부드럽다. '여성형 포도주'라고 한다.	메독(Médoc) 생테밀리옹(Saint-Émillion) 그라브(Graves) 코트 드 보르도(Côtes de Bordeaux)
	부르고뉴 (Bourgogne) & 론느 (Rhône)	매우 선명한 붉은 색을 띄고 있으며 상큼한 과일향이 풍부하다. 산도와 알코올 도수가 보르도 보다 조금 높아 '남성적이 포도주'라고 한다.	샤블라(Chablis) 코트 도르(Côte d'Or) 마코네(Maconnais) 보졸레(Beaujolais) 코트드론(Côtes de Rhône)
분홍포도주	프로방스 (Provence)	연한 붉은 빛을 띠며 투명하고 맛이 순하며 차게 해서 마시기도 한다.	코트 드 프로방스(Côtes de Provence)
백포도주	루아르 강변 (Val de Loire)	과일향이 풍부하고 약간의 단맛이 있다.	뮈스카데(Muscadet) 쉬넹블랑(Chenin Blanc) 소비뇽 블랑(Sauvignon Blanc) 소뮈르(Saumur)
	알자스 (Alsace)	담백하고 깨끗한 맛과 과일향이 느껴지나 단맛은 적다.	리슬링(Riesling) 피노 그리(Pinot gris) 실바너(Sylvaner) 피노 누아(Pinot Noir) 크레망달자스(Crement d'Alsace) 거품백포도주(Vin mousseux)
스파클링와인	샹파뉴 (Champagne)	약간의 단맛이 돌며 병을 딸때 탄산가스로 인한 거품이 생성되어 상쾌한 맛을 낸다.	브뤼 레제르브(Brut Réserve) 샹파뉴 브뤼Champagne brut

※ 보졸레 누보(Beaujolais Nouveau)

보졸레 누보는 그해에 신속히 추수하여 순간적인 발표(4~5일)와 빠른 숙성을 하여 만든 첫번째 포도주인다. 원래는 이 포도주의 생산을 자축하며 보졸레 지방이나 기타 대도시에서 일반인들이 주점 등에서 마시던 막포도주였으나, 1951년 보졸레 지방의 한 포도주 생산업자가 포도주의 출하시기를 일정하게 잡으면서 마케팅의 힘을 빌려 전 세계적으로 유명해지 이름이다. 1985년부터 보졸레 누보의 출하시기를 11월 셋째 목요일로 결정하고, 그 이전에는 생산하지 않도록 하여 이 시기가 되면 많은 상인들이 보졸레누보를 시음하는 축제 분위기가 조성된다.

※ 소믈리에(Somelier)

프랑스인들의 포도주 맛에 대한 감별력은 대단하다. 소믈리에는 식당에서 포도주 서비스에 관한 모든 것을 책임지는 사람으로 포도주에 대한 해박한 지식을 가지고 있다. 꽤나 까다로운 시험과 경력을 갖추어야만 얻을 수 있는 직종이다.

※ 호스트 테스트(host test)

호스트 테스트란 식사를 초대한 사람(호스트)이 음식에 알맞은 와인을 주문하고 미리 시음하여 이상이 없는지를 살피는 식사예절이다. 웨이터가 포도주를 내오면 주문한 포도주의 라벨을 호스트에게 보여주고 맞는지 확인하게 한다. 웨이터는 병을 따서 코르크 마개가 젖어 있는지를 확인하게 하고 이상이 없다고 하면 호스트의 잔에 1/6정도 따라준다. 포도주를 받은 사람은 먼저 시음을 한다. 시음은 입안이 깨끗한 상태에서 포도주 잔의 아래를 살짝 쥐고 빛깔을 본 후에 냄새를 맡고 한 모금 머문 뒤 입안에 두고 음미한다. 자기가 시킨 포도주의 품질이 적정하면 계속 서비스를 하도록 지시하고 만일 품질에 이상이 있다고 생각하면 바로 다른 병으로 바꿔오도록 지시한다. 식당에서 음식과 함께 포도주를 시킬 때 본인이 포도주에 대해 잘 알고 있으면 특정상표와 연도 등을 지정하여 시키지만, 그렇지 않을 경우는 소믈레에에게 물어보면 시킨 음식에 적절한 포도주를 권해준다.

☞ 레스토랑에서 와인을 고를 때는 먼저 예산을 생각한다. 종류에 따라 가격이 천차만별이기 때문이다. 와인에 대해 잘 모를 때는 하우스 와인(House wine)을 주문한다. 하우스 와인이란 레스토랑에서 음식과 가장 잘 어울리는 와인으로 추천하는 것이다.

(2) 부르고뉴 와인

프랑스 동부 론강 상류와 센강 지류 유역에서 생산되는 와인이다. 보르도 산에 비해 남성적이며 담백한 풍미가 있다. 젊은 층에 인기가 높다. 화이트 와인은 연한 황록색에 향이 좋으며 당분 함량이 적다.

(3) 스위스 와인

화이트 와인이 대부분이다. 담홍색을 띠며 당분이 많다.

(4) 독일 와인

라인강 상류에서 생산되는 라인 와인, 일명 '호크'와 '모젤 와인'이 있다. 라인은 감칠맛에 당분이 많으며, 모젤은 향기가 남다르다. 라인 와인은 갈색 병, 모젤은 녹색 병에 담겨 있다.

(5) 이탈리아 와인

이탈리아는 세계에서 와인을 가장 많이 생산 · 수출하는 나라다. 투박한 듯 남성적인 감칠맛이 매력이다.

2) 프랑스의 와인 등급

프랑스는 몇 가지 관련법을 통해 포도 재배 및 와인 제조를 강력히 통제하고 있다. 와인의 등급은 라벨에 표시된다.

(1) 아펠라시옹 도리진 콩트롤레(Appellation d'Origine Controlee : AOC)

'원산지 통제 호칭법'에 의해 생산된 최상급 와인을 AOC 와인이라고 한다. 포도 품종, 재배법, 알코올 최저도수, 생산량, 양조법 등을 엄격하게 제한, 품질이 뛰어나고 지역별 개성이 뚜렷하게 살아 있다. 라벨에는 'APPELLATiON 지역명 CONTROLEE'의 형태로 표시돼 있다.

(2) 뱅 델리미테 드 칼리테 쉬페리에(Vin Delimite de Qualite Superieur : VDQS)

'우수한 품질의 와인'이라는 뜻, AOC 와인만은 못하지만 비교적 훌륭한 수준이다. VDQS 지정을 받기 위해서 와인 생산업자들은 AOC에 버금가는 엄격한 규칙을 지켜야 한다.

(3) 뱅 드 페이(Vin de Pays)

프랑스 컨트리 와인이라고도 부른다. 좀 덜 유명한 지역에서 생산되는 지방 와인으로 그 지역의 특색이 잘 나타나 있다. 싼 값에 AOC처럼 개성 있는 맛을 즐길 수 있다.

(4) 뱅 드 타블(Yin de Table)

비싸지도 않고 오래 저장하지도 않은 일상주 스타일의 와인 원산지가 다른 몇 가지 와인을 섞어 만든다. 개성은 덜하지만 다양한 사람의 입맛에 두루 잘 맞는다.

3) 와인 라벨 읽는 법

※ 포도주 라벨 읽기

프랑스에서 알코올 도수가 12% 이상되는 것을 포도주다운 포도주로 간주한다. 품질을 인정받은 포도주는 병의 라벨 위에 'appelation controlée'란 문구가 있으며 포도주 산지의 저장창고(cave)의 이름이 기록되어 있다. 그 외에도 포도주는 포도의 품질에 따라 맛에 차이가 많으므로 포도주를 잘 고르려면 생산된 해의 기후조건을 고려한 품질 등급에 대해 알고 있어야 한다. 프랑스인들은 아래와 같은 포도주 품질표시표를 가지고 있어 가격과 품질, 생산지 등을 고려하여 본인에게 적절한 최상의 포도주를 고르려고 노력한다. 포도주의 라벨에는 많은 정보가 실려있으므로 포도주를 잘 고르려면 라벨의 내용을 이해할 수 있어야 한다.

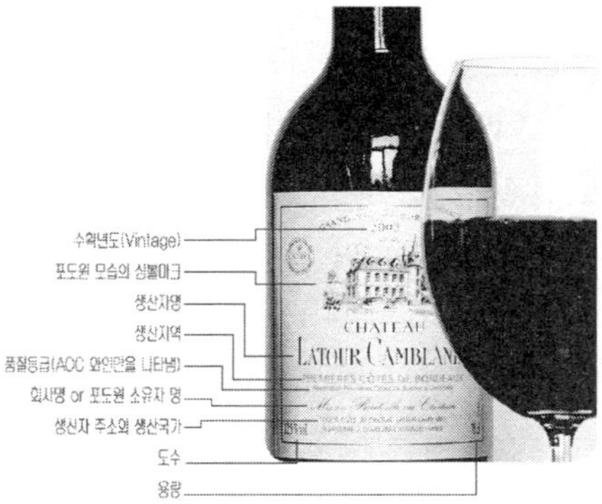

4. 음식에 어울리는 와인

요리마다 어울리는 와인이 따로 있다. 보통 육류에는 레드 와인, 생선에는 화이트 와인을 곁들이는 것으로 되어 있지만 꼭 그렇지만은 않다. 종류가 다양한 만큼 색상만으로 와인을 고를 수는 없는 일이다. 일반적으로 전채나 카나페, 수프에는 식욕을 촉진시키는 드라이 화이트 와인이나 세리주가 좋다. 생선, 조개류, 닭고기 등에는 세련된 풍미의 허브 드라이 화이트 와인이 어울린다. 소고기 · 돼지고기에는 부드러운 보르도 산 레드 와인이, 산양 · 오리 · 꿩 고기에는 부르고뉴 산 레드 와인이 제격이다. 화이트 와인을 가미한 요리나 소스에는 화이트 와인, 레드 와인을 가미한 요리에는 레드 와인을 선택하는 것이 무난하다. 이탈리아 요리에는 이탈리아 와인, 스위스 요리에는 스위스 와인을 곁들인다.

※ 나폴레옹 코냑의 유래

1811년 나폴레옹은 고대하던 아들을 얻었다. 그 해에는 혜성이 유난히 많이 나타났다. 이전부터 혜성이 나타난 해의 와인은 특별히 맛이 좋다 해서 'Comet(혜성) wine'이라 불리고 있었다. 이런 연유로 1811년에 증류해 만든 코냑을 나폴레옹 코냑이라 부른다.

5. 와인, 제대로 다루는 법

1) 보관 방법

와인은 서늘한 곳에 뉘어서 보관해야 한다. 하룻밤이라도 세워두면 코르크 마개가 말라버려 알코올과 방향 성분이 휘발되고 공기를 흡수해 맛이 변질될 우려가 있다. 테이블 위에 놓을 때도 받침대에 라벨이 위로 가도록 눕혀 놓는다.

2) 마시기 좋은 온도

레드 와인은 16~18℃의 화이트 와인은 12~14℃로 차게 해 마시는 것이 상식이다. 샴페인 등 스파클링 와인은 4~7℃가 적당하다. 차게 마신다 해서 글라스에 얼음을 넣는 것은 금물.

좋은 와인일수록 앙금이 있게 마련이다. 와인을 따를 때는 이 앙금이 일어나지 않도록 병을 조심스레 다루어야 한다.

3) 종류에 따른 글라스

와인은 튤립 모양에 다리가 긴 전용 글라스를 사용한다. 위로 갈수록 통이 좁아지는 것은 와인 향기를 오래 유지하기 위해서다. 다리 부분이 긴 것은 손의 온도 때문에 와인이 따뜻해지는 것을 방지하기 위해서라고 한다. 와인글라스는 투명한 것이 대부분이지만 라인 와인이나 화이트 와인은 색조를 강조하기 위해 색깔 있는 글라스에 따라 마시기도 한다.

4) 바른 시음 법

손님을 초대한 사람이 와인을 시음하는 것은 테이블 매너의 상식이다. 이전에는 와인에 독이 들었는지 여부를 판별하기 위한 것이었지만 요즘은 일종의 의식이 되었다. 와인 시음은 남성이 하는 것으로 되어 있다. 주최자가 여성인 경우에는 동석한 남성 손님에게 시음을 의뢰한다.

먼저 글라스에 와인을 4분의 1정도 따른다. 잔의 다리 부분을 잡고 불빛이 있는 쪽으로 약간 기울여 색깔을 확인한다. 화이트 와인의 경우 침전물은 없는지, 엷은 초록이나 담황빛이 잘 살아있는지 점검한다. 레드 와인에 침전물이 많거나 색이 검붉으면 보관이 잘못된 것이다.

다음에는 향기를 맡아본다. 부패된 와인에서는 썩은 코르크 마개 냄새나 식초 냄새가 난다. 끝으로 와인을 조금 입에 머금고 혀끝으로 굴리 듯하며 천천히 맛을 본다. 단맛, 쓴맛, 신맛, 떫은 맛 중 하나가 유난히 강하다면 질이 떨어지는 와인이다.

시음이 끝나 사인이 나면 웨이터는 상석의 여자 손님부터 시계방향으로 여성에게만 먼저 와인을 따라준다. 이어 상석의 남자 손님에게서 시작해 같은 순서로 남성들의 잔을 채운다.

5) 와인, 이렇게 마신다.

와인은 요리와 함께 즐기는 술이다. 자칫하면 글라스에 요리 찌꺼기가 남을 수 있으므로 와인을 마시기 전에는 냅킨으로 입을 닦는다. 입 안에 음식이 들어 있을 때도 와인을 마셔서는 안 된다.

와인을 따라줄 때는 잔을 테이블 위에 놓은 채 받는다. 글라스를 기울이는 것도 예의에 어긋난다. 호스트나 웨이터가 와인을 권할 때 더 이상 마시고 싶지 않으면 글라스 가장자리에 손을 가볍게 얹는다. 그러나 건배를 위한 샴페인은 마시지 않더라도 조금 따라놓는 것이 예의다.

> ☞ 애플 브랜디 중에는 프랑스 노르망디 지방에서 생산되는 칼바도스가 가장 유명하다. 5~10년간 숙성한 것을 최고품으로 친다.

6) 와인 매너

· 와인은 격식으로 마시는 술이 아니고 지식으로 마시는 술이다.

· 와인 마시는 법은 없다.

와인은 식사 함께 하면서 식사를 돕는 술이다. 적절한 테이블 매너를 갖고 마신다면 별 문제될 것이 없다. 와인도 식사 중에 나오는 요리 중 일부라고 생각하고 적절한 매너를 갖추면 된다. 즐거운 식사시간이 와인 마시는 법 때문에 부담스러운 시간이 되어서는 안 된다. 그리고 레스토랑에서 일하는 사람도 손님이 즐겁게 식사할 수 있도록 도와주기 위해서 있다고 생각하고, 모를 때는 이 들의 도움을 받으면 즐거운 분위기를 유지할 수 있다. 커피 마시는 법이 따로 없듯이 와인 마시는데도 까다로운 규칙 이 없다. 마음대로 마셔도 된다.

· 와인 마시는 것과 감정하는 것을 혼동해서는 안된다.

사람들이 와인 마시는 것과 와인을 감정, 즉 평가하는 일을 혼동하기 때문이다. 와인을 마실 때는 자신의 즐거움을 위해서 이고, 와인을 감정한다는 것은 와인을 객관적인 입장에서 엄밀하게 평가하는 것이다. 그래서 와인을 감정할 때는 규격에 맞는 잔을 선택하고 체온이 전달되지 않도록 잔의 아랫부분을 잡고색깔, 향, 맛 등을 조심스럽게 살펴야 한다. 그렇지만 식사 때나 모임에서 와인을 마실 때는 즐겁고 편하게 마시면 된다.

오히려 따라 준 와인을 밝은 곳에 대고 색깔을 살펴보고 코를 깊숙이 집어넣어 냄새를 맡는다면, 좋은 것인지 아닌지 따지는 셈이 되어 상대에게 실례가 될 것이다.

· 와인 매너

잔을 잡을 때도 위쪽이나 아래쪽 어느 쪽을 잡아도 문제되지 않는다. 다음으로 생선 요리에는 화이트와인, 육류에는 레드와인이라는 공식이 있지만, 이와 같은 공식은 어디까지나 오랜 세월 동안 많은 사람의 입맛에 의해서 결정된 것이므로 특수한 사람에게 해당이 안 될 수도 있다. 와인을 즐겨 마시다 보면 와인과 요리를 자신의 입맛에 맞게 자신이 선택 하게 되며, 남이 어떻게 이야기하든 자신이 좋다고 생각하는 것이 최고가 될 수밖에 없다. 하지만 이 정도 수준에 이르려면 와인을 많이 마셔보고 또 그것을 좋아하지 않으면 안 된다.

· 와인은 클래식 음악과 같다

① wine glass는 다리를 잡고 마신다.

② red wine은 상온에서, dry white wine은 10℃정도, sweet white wine은 5℃ 정도 차게해서 마신다.

③ 와인을 따를 때는 잔을 들어 올리지 않는다.

④ 와인을 마시지 않겠다고 테이블의 와인 잔을 엎어버리는 것은 지나친다.

⑤ 더 이상 와인을 마시고 싶지 않을 때엔 종업원이 따르려 할 때 가볍

게 글라스를 손으로 가리는 것이 거절의 사인이 된다.

⑥ 예외의 경우도 있지만 붉은 색이나는 고기요리에는 red wine, 크림 소스를 사용하는 생선요리에는 white wine이 어울린다.

※ 사례1. 와인, 기본만 알면 얼마든지 즐길 수 있다

☞ 와인 선택

1. 와인은 식사 메뉴를 주문한 후에 선택한다.
2. 취향과 금액 등을 소믈리에나 웨이터에게 전하고 추천을 받으면 좋다.
3. 와인의 가격은 요리 1인분의 가격이 기준이다.
4. 와인은 모두가 마시기 전에 먼저 호스트가 테이스팅을 한다.
5. 테이스팅은 와인이 상하지 않았는지 확인을 하기 위한 것이다.
6. 분명하게 품질이 변질된 경우를 제외하고 맛이 본인의 취향에 맞지 않는다고 해서 바꿀 수는 없다.

☞ 테이스팅 방법

주문한 것이 맞는지 라벨을 확인한다.소량의 와인을 따라주므로 빛에 비춰 보고 색을 체크한다.2~3회 잔을 돌려서 향을 맡아본다.소량을 입에 머금고 맛을 체크한다.문제가 없으면 '좋습니다. 모두에게 주세요.' 등의 말로 OK 사인을 보낸다.

☞ 글라스 잡는 방법

· 와인 글라스는 손가락을 가지런히 하여 스템(다리) 부분을 잡는다. 새끼 손가락으로 글라스의 바닥을 누르면서 잡아도 안정되게 잡을 수 있다.

· 브랜디 잔처럼 잡거나 컵 부분을 잡으면 와인이 따뜻해져 맛이 변하므로 올바른 방법이 아니다.

☞ 와인을 마실 때의 매너

· 와인은 요리와 함께 마시기 시작해서 요리와 함께 끝내는 식중주로, 디저트가 나오기 전까지만 마시도록 한다.

· 보통 육류 요리에는 red wine, 생선 요리에는 white wine을 선택한다.

· 입 안에 음식물이 들어 있는데 와인을 마신다든지, 요리를 계속 먹다가 와인 역시 몇 잔씩 연속해서 마셔도 와인의 참맛을 느낄 수 없다.

· 와인을 마실 때는 스템(다리) 부분을 쥐고, 건배할 때도 잔과 잔을 부딪치지 않는다. 잔을 얼굴 높이로 들고, 주위 사람과 눈으로 건배를 한다.

· 와인을 마실 때는 한 번에 많이 들이키지 말고 조금씩 음미하는데, 이때 스테이크 두 번에 와인 한 번 정도가 적당하다.

· 여러 종류의 와인을 함께 마실 때는 반드시 가벼운 와인부터 시작해 맛이 강한 와인 순으로 마신다.

☞ 거절법

· 와인 글라스 위에 가볍게 손을 얹으면 술을 따르지 않는다. 글라스 위를 손으로 뚜껑 덮듯이 하는 행동은 아름답지 않으므로 삼가하며 추가를 사양할 때도 마찬가지이다.

※ 샴페인(Champagne)

샴페인은 화이트 와인의 일종으로 샴페인의 컬러는 대부분 노란색이나 황금빛을 띤다. 샴페인을 고를 때는 먼저 거품을 보는 것이 중요하다. 거품의 크기가 작고 끊임없이 올라오는 것이 가장 좋은 샴페인이다. 샴페인을 서빙할 때는 플루트 모양이나 튤립 모양의 글라스가 이상적인데, 샴페인 거품을 잘 유지하게 도와주기 때문에 독특한 샴페인 맛이 나게 한다. 실내 온도의 샴페인을 오픈하면 금세 거품이 빠져나가 맛이 없어지므로 가장 이상적인 온도는 5~7℃가 적당하다.

6. 브랜디와 코냑

브랜디란 포도를 증류해 만든 술을 총칭한다. 체리, 복숭아, 사과 등 다른 과일을 증류해 만들 경우에는 체리브랜디, 피치 브랜디, 애플 브랜디 등 과일 이름을 붙여 부른다. 대표적인 식후주로 알코올 도수가 40~42도에 이르는 독주다.

브랜디란 네덜란드어로 '불에 태운 와인'이란 뜻이다. 보통 8병 정도의 와인을 증류하면 1병의 브랜디를 얻을 수 있다고 한다. 증류된 하얀색 브랜디는 오크통 속에서 숙성되는 동안 짙은 갈색으로 변한다. 오크통의 향과 색이 브랜디에 스며들기 때문이다. 포도를 증류한 것인 만큼 와인 생산지라면 어디서나 생산이 가능하다. 그중에서도 프랑스의 코냑 지방, 알마냑 지방 브랜디가 유명하다. 이 둘은 각각 코냑, 알마냑이라는 독립된 이름으로 불린다.

코냑으로 유명한 회사는 레미 마르탱, 헤네시, 쿠르부아지에, 카뮈, 마르텔 등이 있다. 이중에서도 쿠르부아지에와 레미 마르탱의 '나폴레옹' 코냑을 최고로 친다.

코냑은 숙성 기간에 따라 등급이 정해져 있다. 따라서 코냑을 주문할 때는 상표뿐 아니라 등급도 함께 말해야 한다. 등급에 따른 숙성 연도는 회사마다 다소 차이가 있다.

1) 코냑의 등급

★	3~4년
★★	5~6년
★★★	7~10년
V.S.O.(Very Superior Old)	15년
V.S.O.P.(Very Superior Old Pale)	25년
Napoleon	30년
X.O.(Extra Old)	45년
X(Extre)	70년 이상

2) 코냑 마시는 법

코냑 글라스는 향을 오래 보존하고 극대화하기 위해 입구가 좁은 항아리 모양을 하고 있다. 크기는 9온스, 32온스, 자이언트 글래스 등 다양한 편이다.

코냑은 일반적으로 따뜻하게 해서 마신다. 글라스째 살짝 알코올 램프(브랜드 워머)에 데우기도 한다. 향을 더욱 진하게 느끼기 위해서다. 마실 때는 글라스를 흔들어 코냑이 안에서 파도치게 한 후, 둘째와 셋째 손가락 사이에 글라스 다리를 끼우듯 들어 천천히 아주 조금씩 마신다. 손바닥으로 글라스 뜻 부분을 감싸는 것은 코냑을 데우기 위해서다.

오렌지 리큐어로는 쿠앵트로가 유명하다. 1849년 프랑스의 루아르에서 처음 만들어졌다고 한다. 디저트 요리에 자주 쓰이며 주정은 40도이다.

7. 리큐어

리큐어는 여성들이 식후주로 즐겨 찾는 술이다. 당도가 있고 색깔이 아름다우며, 27~80도의 폭넓은 주정에 종류도 다양하다.

리큐어는 증류주에 과즙, 약초, 꽃, 천연향료, 식물의 일이나 뿌리 등을 가미한 것이다. 이탈리아의 약용주였으나 16세기 피렌체 메디치가의 딸 카트린드 메디치가 앙리 7세와 결혼하면서 프랑스에 전해졌다고 한다.

8. 베네딕틴

프랑스의 북부 노르망디 인근의 베네딕트파 수도원에서 개발한 술이다. 27가지 재료를 넣는다고 하는데 비법은 아직 공개되지 않고 있다. 식후 칵테일의 하나인 B&B는 이 베네딕틴과 브랜디를 혼합한 것이다.

9. 샤르트뢰즈

라 그랑드 샤르트뢰즈라는 수도원에서 만든 것이다. 리큐어의 여왕으로 불린다. 130여종의 약초를 넣어 만든다고 하며 주정 43도의 노란색, 55도의 그린색 샤르트뢰즈가 있다.

10. 위스키(Whisky)

위스키는 보리, 옥수수, 호밀, 귀리 등 곡물을 주원료로 만드는 증류주의 일종이다. 17세기 말 영국의 헨리 3세가 아일랜드를 정복했을 당시, 현지 주민들이 마시던 증류주를 영국으로 들여왔다는 기록이 있다. 뚜스키는 산지에 따라 스카치(스코틀랜드), 버번 · 테네시(미국), 아이리시(아일랜드), 캐나디언(캐나다) 등으로 나뉜다.

제조법에 따라서도 분류가 다양한데 맥아만을 원료로 한 것을 몰트 위스키, 옥수수만 사용한 것을 그레인 위스키, 몰트와 그레이를 혼합한 것을 블렌디드 위스키라고 부른다. 이 중 블렌디드 위스키를 만들어 내는 블렌딩 기술은 위스키의 맛과 향을 결정하는 생명이다.

위스키는 스트레이트로 마시는 것이 일반적이다. 얼음에 희석해 마시는 것은 향기를 오래 즐기기 위해서다. 이때에는 잔을 미리 차갑게 해 놓은 뒤 위스키를 붓는다. 도수가 높고 품질 좋은 위스키를 마실 때는 되도록 안주를 먹지 말아야 술의 참맛을 느낄 수 있다.

11. 진(Gin)

진은 17세기 중엽 네덜란드 의학박사 실비우스가 개발한 술이다. 처음에는 호밀로 만든 증류주에 이뇨 효과가 있는 주니퍼 베리를 넣어 주니에브르라 불렀는데, 해열제 · 건위제의 용도로 주로 약국에서 팔았다고 한다. 그 독특한 맛 때문에 병이 나은 사람들도 계속 주니에브르를 찾게 되었고, 19세기 말 영국으로 전해지면서 '런던 드라이 진'이라는 새로운 이름을 얻게 되었다.

진은 로열 포버티(Royal Poverty), 즉 '왕이 부럽지 않은 가난'이라는 별명을 갖고 있다. 무색투명하고 개성적인 향미를 지닌 품위 있는 술이면서도 누구나 저렴한 가격에 즐길 수 있는 서민의 명주이기 때문이다. 진은 미국에 보급되면서 칵테일의 대표적인 기본주(基本酒)로 새로운 명성을 얻게 되었다. 그래서 "네덜란드인이 진을 만들고, 영국에서 세련됐으며, 미국인이 영광을 부여했다"는 말도 있다.

12. 보드카(Vodka)

보드카는 무색, 무미, 무취의 백색 주정이다. 12세기 키예프 공작이 만든 것이 14세기경 러시아 전역으로 퍼져나갔다. 보드카라는 이름을 얻게 된 것은 16세기 무렵이다. 척박한 러시아 땅에서 불처럼 뜨거운 보드카는 서민들의 몸과 마음을 녹이는 '생명의 술'이 되었다.

보드카의 주원료는 감자, 호밀, 옥수수다 핀란드, 폴란드, 스웨덴, 미국산 보드카도 있다. 그래도 가장 유명한 것은 러시아산인 모스코브스카야, 스톨리치나야, 스톨로바야 등 3가지 브랜드다.

13. 테킬라(Tequila)

테킬라의 원산지는 멕시코다. 선인장의 일종인 용설란을 발효시켜 만든 술이다. 16세기 멕시코를 정복한 스페인인들이 용설란을 증류해 메즈칼이라는 술을 만들었는데, 그 중 특히 테킬라 지방에서 생산된 것을 '테킬라'라고 부르게 되었다.

1968년 멕시코 올림픽 이후 세계적인 술로 인정받았다. 테킬라는 마시는 방법이 특이하다. 레몬을 반으로 잘라 왼손으로 잡고 엄지와 검지의 손등 중간에 소금을 올려놓는다. 혀에 레몬즙과 소금을 묻힌 다음 오른손으로 잔을 들어 테킬라를 마신다.

14. 럼(Rum)

럼의 고향은 카리브 서인도 제도다. '럼'은 '시끄럽다', '흥분하다'라는 뜻이다. 사탕수수의 당밀을 발효, 증류해 만든다. 카리브해 서인도 제도의 자메이카, 푸에르토, 킵코 등지에서 주로 생산된다. '해적의 술'이란 별명을 갖고 있다.

진한 갈색의 헤비 럼은 맛과 향이 중후하다. 흰색의 라이트 럼은 칵테일에 기본주로 자주 쓰인다.

15. 맥 주

맥주는 장구한 역사를 지닌 술이다. 기원전 40,000년경, 이집트인과 바빌로니아인들이 제사용 술로 맥주를 사용했다는 기록이 남아 있을 정도다. 736년, 게르만인과 싸우다 포로가 된 프랑스 병사가 독일 남부지방에 호프(뽕나무과 덩굴성 식물의 꽃, 맥주의 원료) 재배법을 전하면서 지금과 같은 형태로 발전하게 됐다고 한다. 제조법에 따라 드라이 비어, 라이트 비어, 라거 비어(병맥주), 드레프트 비어(생맥주)로 나뉜다.

맥주의 온도는 여름철에는 4~8도, 겨울에는 8~12도가 적당하다. 거품과 함께 단숨에 마시는 것이 맥주의 참맛을 만끽할 수 있는 방법이다.

16. 칵테일(Cocktail)

술은 한 가지를 그대로 마시는 '스트레이트 드링크(Straight Drink)'와 섞어 마시는 '믹스드 드링크(Mixed Drink)'로 구별된다. 칵테일은 믹스드 드링크의 대표격 술에 술을 섞거나, 술에 청량음료 과즙음료, 기타 재료를 혼합해서 만든다.

혼합된 음료의 기원은 아주 오래 전으로 거슬러 올라간다. 기원 전 이집트에서는 맥주에 꿀을 섞어서 마셨고, 로마에서는 인을 생수에 섞어 마셨다. 1650년대 인도에 주재하던 영국인은 펀치(Punch)를 고안했는데, 펀치는 인도어로 '다섯' 을 의미하는 말. 술과 설탕, 라임(과일), 스파이스(주스), 물 등을 섞어 만든 것이 펀치다.

1) 칵테일의 분류

(1) 용량에 따른 분류

① 롱 드링크(Long Drink) : 8Oz이상인 칵테일

② 쇼트 드링크(Short Drink) : 6Oz미만인 칵테일

(2) 맛에 따른 분류

① 스위트(Sweet) 칵테일 : 단맛이 강하다.

② 사우어(Sour) 칵테일 : 신맛이 강하다.

③ 드라이(Dry) 칵테일 : 담백한 맛

(3) 용도에 따른 분류

① 아페리티프 식욕 증진을 위한 식전 칵테일

② 비포 디너 칵테일(Before Dinner Cocktail) : 정찬 전에 약간의 시간이 있을 때 마시는 드라이한 맛의 칵테일

③ 애프터 디너 칵테일(After Dinner Cocktail) : 단맛을 지닌 후주

(4) 형태에 따른 분류

① 하이볼(High Ball) : 증류주를 기본으로 하이볼 글라스에 음을 넣고 청량음료를 섞은 것(스카치 소다, 버번콕)

② 피즈(Fizz) : 진, 리큐르를 기본으로 설탕, 라임(또는 레몬)스, 소다수를 섞고 과일로 장식한 것(진피즈, 슬로진피즈, 카카오피즈)

③ 사우어(Sour) : 증류주에 레몬주스를 많이 넣어 시큼한 맛나게 한 칵테일(위스키사우어, 진사우어)

④ 프라뻬(Frappe) : 프랑스어로 '잘 냉각된'이란 뜻으로 칵테일 글라스에 가루얼음을 가득 채우고 술을 붓고 스트로를 꽂는다.

⑤ 에그녹(Egg Nog) : 미국 남부지방의 전설에서 비롯된 크리스마스용 칵테일로 계란과 우유를 사용한다.

⑥ 플로트(Float) : 혼합하는 재료의 비중 차이를 이용해 글라스 안에서 서로 섞이지 않게 만든 것이다.

⑦ 타디(Taddy) : 뜨거운(혹은 차가운) 물에 설탕과 술을 넣은 것아더.

⑧ 생거리(Sangaree) : 와인 또는 증류주에 설탕, 레몬주스를 넣고 물로 채운다.

⑨ 트로피칼 칵테일(Tropical Cocktail) : 과일주스, 시럽 등을 이용해서 달고 시원하고 과일로 장식한, 양이 많은 칵테일이다.

2) 칵테일 매너

① 칵테일 잔은 반드시 다리 아랫부분을 잡고 천천히 조금씩 마신다.

② 칵테일 잔은 항상 자신의 오른편에 놓는다.

③ 칵테일은 마실 때 소리내지 않는다.

④ 칵테일에 들어 있는 올리브나 체리 등은 칵테일을 반쯤 마신 후 먹는다. 올리브의 씨는 칵테일 잔 안에 넣지 않고 따로 종이에 싼다.

⑤ 여성일지라도 분위기에 따라 가벼운 칵테일을 같이 즐긴다.

⑥ 칵테일을 재청 할 경우엔 먼저의 것과 같은 것을 청한다.

⑦ 칵테일 밑을 깔고 있는 종이 냅킨으로 입술을 닦지 않는다.

제2절 우리나라의 음주문화

우리나라의 반만년 역사와 함께 술은 사람들에게 큰 영향을 미치며 함께 발전 해왔다. 일제 시대와 같이 암울한 시대에는 우리 국민들에게 위로가 되어주었고 해방과 같은 좋은 일에는 서민들에게 꿈과 희망을 가져다주었다. 그 만큼 우리나라의 음주문화는 많은 과정을 거쳐 지금의 음주문화로 발전해왔다. 그럼 지금부터는 먼 옛날 고대부터 현재까지 음주문화의 변천사에 대하여 논하여 보기로 하자. 우리나라의 경우 고대 즉,

부여, 고구려, 동예, 삼한 등의 음주문화는 각국의 제천의식 영고, 동맹, 무천, 농경의례 등을 수행하기 위해 마을 단위로 술을 빚어 음주와 가무를 즐겼다는 기록이 남아있다. 추후에 일종의 종교행사로 전체 백성이 함께 음주와 가무를 즐기게 되었던 것 같다. 이후 삼국시대에는 귀족 중심으로 술을 각자 제조하고 소비되는 형태를 유지하다가 후기에는 귀족을 대상으로 술을 판매하는 업소가 생겼다. 김유신 장군이 드나들던 기생 천관녀의 집에 대한 이야기가 이를 뒷받침한다. 삼국시대의 음주문화는 귀족들의 전유물이라 해도 과언이 아닐 만큼 귀족중심으로 이루어졌다. 통일신라시대에는 삼국시대의 귀족 중심적 음주문화를 탈피해 특수계층이 아닌 서민계층을 대상으로 하는 술집이 생겼는데 원효대사가 중생을 구제하기 위해 스스로 저자거리 시민과 어울렸다는 이야기가 이를 입증하고 있다.

음주는 예로부터 종교나 외교 등의 상징이나 의례로서 영위되어 왔고 여러가지 사회에 다양한 음주문화가 있다. 전통적으로 관혼상제 등의 행사에 음주행동을 볼 수 있고 사교적인 역할을 수행해 왔다. 이와같은 사교주의 전통은 오늘날 상사나 동료 또는 친구 등, 주변 사람들과 술을 마시는 대인관계를 통해서 대인관계를 만들려고 하는 행동양식도 되고 있다. 이와같은 음주문화는 인간관계의 조정이나 스트레스 경감을 위한 동료카운슬링이 되고 있는데 한편 최근에 늘고 있는 고독, 불안, 욕구불만. 억압으로부터의 도피로서의 음주는 폭력행동이나 알코올의존증, 간장병 등을 초래하는 폐해를 낳고 있다.

1. 우리나라 음주문화

한국의 회식에 술을 빼놓을 수 없다. 소량의 술은 건강에 유익하고, 적당한 취기가 오른 상태에서의 대화는 속마음을 털어놓는데 도움이 된다. 그러나 한국은 그 적당히의 정도가 지나쳐 문제가 되는 경우가 많다. 주폭(酒暴)이 대표적 예이고, 음주운전도 문제이다. 술에 취한 상태에서의 절도와 성폭력 등 각종 범죄도 문제이다.

한국의 1인당 알코올 소비 순위는 세계 13위~15위를 왔다 갔다 한다. 그러나 '폭음' 순위는 1위이다. 한국인이 1인당 1년에 소비하는 알코올은 소

주 88병, 맥주 147병인데, 이것은 전국에서 출하되는 소주와 맥주병 수를 성인 남성 명수로 나눈 숫자이다. 따라서 성인 남자 중에서 술을 마시지 않는 사람을 제외하면, 일부 술 마시는 사람의 소비량은 통계치보다 더 높다. 또 위에서 기술한 1인당 알코올 소비를 떠나서, '독한 술 소비' 부분만 따지면 한국이 1위를 했다.

1) 강압의 문화

술을 마시지 않겠다는 사람에게도 술을 강요하는 문화다. 대표적인 예가 신입생의 오리엔테이션의 사발식이 있겠다. 분식집 라면 그릇 같은 사발에다가 맥주나 탁주, 소주를 가득 부어 마시게 하는 방식이다. 종종 인명 사고로 이어지기도 한다.

직장인의 회식자리에서도 직접적인 강압, 혹은 분위기에 따른 강압이 있다. 술 마시기를 사양하면 분위기를 깨는 주범으로 낙인찍히고 눈총을 받거나, 직장 상사의 뜻을 거스르는 '모난 돌'로 찍히기 십상이라 억지로 술을 마신다.

특히 기독교 등 종교의 규제, 간기능이 선천적으로 약한 사람, 한약을 먹고 있는 중이거나, 자동차를 가지고 온 경우 등 술을 마시기 어려운 사람도 있지만, 대개 분위기를 깨지 않기 위해 참고 마시는 분위기로 흘러간다.

2) 폭음(暴飮)의 문화

폭음은 '술을 한꺼번에 너무 마시는 것'과, '어떤 것도 가리지 않고 마시는 것'이라는 국어 사전의 뜻이 있다. 같은 뜻으로 폭주(暴酒)라는 말도 있다. 음주를 분위기를 화기애애하는 매개체로 활용하는 것이 아니라 취하는 것 자체를 목표로 삼고 정신을 잃을 때까지 마시는 문화를 말한다. 언제까지 마시느냐면, '취해서 정신을 잃을 때까지'이다. 필름이 끊기는 정도 즉 깨어났을 때 "여기가 어디지?", "어제 어떻게 된 거지"라고 물을 정도로 마신다.

그런데 구토를 하고, 어제 먹은 음식을 토사물로 확인할 정도로 마시는 미개한 짓을 하면서 '술을 제대로 마신 것'이라고 흡족해한다니, 이것은 문제가 있는 문화다. 상대의 주량을 확인하고는 그 주량이 허용하는 한도

까지, 혹은 그보다 조금 더 높은 수준까지 마시는 것이므로 절제의 미덕이 없고 건강에도 해롭다.

폭음 문화의 다른 예가 '원샷' 강요이다. 한번 잔을 들면 모두가 잔의 바닥까지 의무적으로 비워야 하고 따라서 컨디션에 맞추어 적당히 양을 조절해가며 마시지 못한다. 또 옛날에는 와인잔의 목 부분을 라이터로 달구어 녹여서 떨어뜨리고 잔의 머리 부분만 남기고는, 술잔이 탁자 위에 놓이지 않도록 쉼 없이 옆으로 전달, 전달해가며 마시는 문화도 있었다.

3) 주도(酒道)란 이름의 까다로운 규제 문화

술에 취하면 예에서 벗어나는 행동을 하는 경우가 많으므로, '술은 어른에게 배우라'라고 했다. 그러나 한국의 음주는 유교문화, 상명하복의 전통과 맞물려 지나친 규제로 발전했다. 이 주도를 지키는 부담 때문에 회식과 술자리가 부담스럽다는 직장인이 많다.

일반적인 주도로서, 먼저 어른(직장 상사 등 윗사람)에게 술을 따라 드리고 그 다음에 내가 받아야 한다. 어른이 내게 술잔을 주고 술을 따라주면 공손히 두 손으로 받아야 하고 맥주잔 등의 큰 잔은 비스듬히 상대쪽으로 기울인다. 어른이 먼저 마신 후에 비로소 나도 잔을 비우며, 어른 앞에서 술을 마실 때에는 돌아앉거나 상체를 옆으로 돌려서 마셔야 한다. 또한, 카아, 이야 등의 지나친 감탄사를 자제해야 한다.

어른에게 술을 따를 때에는 술병을 가지런히 두 손으로 들거나 한손으로 다른 팔을 받혀야 한다. 근래에는 어른께 술을 따를 때는 술병의 상표를 가리는 것이 제대로 된 주도라고 사람들이 주장을 하여서 누리꾼들에게 한바탕 논란을 몰고 오기도 했다. 그렇게까지 해야 하냐는 반론이었다.

상대의 잔이 비면, 내가 그것을 캐치해 따라주어야 하는 것도 필수적인 주도이다. 이걸 웃어른에게 하지 않으면 예의가 없다고 비난받는다. 또 특이한 주도로서, '후래자 삼배(後來者 三盃)'가 있다. 이것은 술자리에 늦게 온 사람은, 벌칙과 미리 온 사람이 먼저 마신 술을 뒤따라 벌충한다는 의미로 3잔을 연거푸 마시게 하는 방식이다.

4) 회차 방식

1차, 2차, 3차로 이어지는 문화를 말한다. 보통 1차에서는 전 직원이 모여 식사와 겸해 술을 마시지만, 2차, 3차에서는 더 할 말이 있는 사람과 술 마시기를 좋아하는 사람, 술에 자신이 있는 사람이 모여 새로운 술자리를 가진다. 2차, 3차가 노래방, 룸살롱으로 이어지는 경우가 있다.

1차는 대개 의무로 참석하지만, 2차, 3차는 개인의 선택이다. 그러나 가끔 2차, 3차의 자리가 강요되고, 이때의 폭음과 지나친 여가 시간이 뺏기는 것이 문제가 되기도 한다.

5) 주량을 자랑하는 문화

'삼국지연의'를 읽으면 여포와 장비, 마초와 허저 등 1급 장수들이 술이 강한 걸로 나오며, 술독을 들고 말술을 마시는 것으로 묘사된다. 그리고 취기가 얼큰히 오른 상태에서 창을 들고 전쟁에 나서는 걸로 나오는데 무협지 같은 이야기이다. 그러나 한국에서는 오래 전부터 술을 잘 마시는 것이 영웅호걸과 사나이란 뜻으로 받아들여졌다. 이건 다른 나라에서도 종종 보이는 문화이기도 하다.

특히 술 좋아하는 한국은 일찍부터 술을 많이 마시는 것이 그 사람의 남성다움과 강함을 상징하는 것으로 인식되어, 사나이가 서로의 주량을 자랑하는 음주 문화로 발달했다. 게다가 이 주량을 밝히는 과정에 기가 죽기 싫어서 대부분 자신의 키를 몇 센티 높이듯 주량을 높여서 이야기하고 술자리에서 그것을 증명하려 한다.

주량을 자랑하는 문화는 잦은 술자리와 과음과 폭음으로 이어지게 마련이다. TV 토크쇼에서 무용담과 일화를 소개할 때 술이 센 연예인이 누구누구라고 하여 언급하고 미화하여, 이 방송을 본 시청자가 주량 자랑이 문제다고 질타하기도 한다. 주량 자랑은 담배를 몇갑 피우는지 이야기하는 것과 비슷하다.

6) 술잔 돌리기

술잔을 타인에게 돌려서 마시는 것은 '회배(回盃)'라고도 하여, 오래전부터 전해져 온 전통이다. 한국이 왜 타인에게 술잔을 돌리게 되었는지 근원을 따지면, 북방 기마 민족에서 유래된 전통이라는 설이 있고, 다른 한편으로 신라시대의 포석정 등의 문화와 신라 화랑의 친목회 등에서 기원을 찾는 설도 있다. 술잔 돌리기는 서로 침을 교환하게 되어 감기, 헬리코박터균, 간염 등 각종 병균이 전파될 수도 있는 위험이 있다.

우리나라의 과거의 모습처럼 자기 술잔을 타인과 주거니 받거니 마시는 음주 문화를 '수작 문화(酬酌文化)'라고 하며, 미국 등 서구의 모습처럼 자기 잔에 제 손으로 따라 마시는 문화를 '자작 문화(自酌文化)'라고 한다. 중국이나 러시아처럼 각자의 잔을 들고 마시는 것을 '대작 문화(對酌文化)'라고 한다. 대작은 다른 말로 대음(對飮)이라고도 한다.

과거에 우리나라는 술잔을 돌려마시는 수작과 대작이 주를 이루었지만, 오늘날에는 위생 등의 문제로 점차 자작 문화, 대작 문화로 바뀌고 있다.

7) 폭탄주 문화

일반적인 의미의 폭탄주는 맥주 잔에 위스키를 채운 쇼트 글라스(30㎖ 정도의 작은 잔)를 넣고 그 위에 맥주를 부어 한 번에 마시는 방식이다.

폭탄주는 1980년대 중반에 위스키가 회사의 접대자리에서의 술로 자리잡으면서 유행했다. 한국이 원조로 알려져 있지만 서구의 칵테일도 일종의 폭탄주이고, 한국과 유사한 의미의 폭탄주 또한 미국의 동부 부두 노동자들이 맥주에 위스키를 섞어서 마시는 방식에서 유사성을 발견할 수 있다. 즉 전세계적으로 유행하는 문화가 폭탄주인데, 폭탄주를 회식자리에서 전 국민이 일상적으로 마시는 일상화와 세계화는 한국이 원조라 봐도 무방하다. 문제되는 문화라는 이야기고 해외토픽에 보도되기도 했다.

소맥은 소주에 맥주를 섞은 폭탄주이다. 폭탄주 중에서도 서민과 학생들이 주로 마시는 방식이다.

이렇게 한국의 음주 문화 몇 가지를 알아보았다. 과거에는 전 세계인이 주목하고 염려할 정도로 한국의 술자리 문화는 문제가 많았으나, 오늘날에는 언론의 보도와 세계 음주 문화와의 비교, 자성의 목소리 등으로 조금은 나아지는 분위기이다. 그러나 오늘날에도 한국 사회에서 술로 인해 파생되는 문제와 그 심각성은 여전하다고 하겠다.

※ 1차에서 끝" 기업 회식 문화 변화
술 잘 마시는 여성 급격히 늘어

직장에서의 회식은 좀 많았어? 술을 빼놓고는 우리네 회식 문화를 말할 수 없어. 보통 1, 2차는 소주나 맥주였지만 3차로 가면 반드시 양주를 마셨지. 시절이 있었으나 현대에 오면서 1차에서 한 가지 술로 밤 9시 이전에 회식을 끝내자는 캠페인이래. 다 좋은데 뭐랄까, 서로 부대끼는 그런 맛이 사라지는 것 같아 아쉬운 구석도 있어. 이 또한 시대에 따라 점점 변해가지 않을까 싶다.

※ 밤새도록 부어라, 마셔라… 그 많던 주당은 집에 잘 들어 가셨소

요즘 '순하리 처음처럼'이라는 14도짜리 술이 인기야. 소주가 달달한 맛이라니 좀 그렇지. 독하게 취하는 맛에 술을 먹는 건데 좀 이해하기 어려워. 구보 씨가 대학생 땐 28도짜리 소주를 마셨는데 도수가 절반으로 줄었네. 술은 악마가 인간에게 남긴 최고의 선물이래. 신라시대엔 포석정에서 곡수유상(曲水流觴 : 굽어서 흐르는 물에 술잔 띄워 주고받기)하며 놀았는데, 시대 흐름에 따라 술 마시는 기호도 달라졌다.

광복이 되고 나서 아버지 술심부름을 자주 다녔어. 꼬마 녀석이 막걸리 받으러 주전자 들고 양조장에 가면 아저씨들이 "갖고 가다 먹으면 안 돼. 지켜볼 거야." 이랬어. 골목길로 꺾어지기가 무섭게 한 모금씩 홀짝거렸는데, 10대 소년이 술맛을 알았을까만 막걸리를 홀짝홀짝 제법 맛있게 먹었어. 술 양이 줄어든 걸 아셨겠지만 아버지가 뭐라 하신 기억은 없네.

※ 1차에서 끝" 기업 회식 문화 변화

현대사회 직장에서의 회식은 늘어났고 술을 빼놓고는 우리네 회식 문화를 말할 수 없을 정도로, 보통 1, 2차는 소주나 맥주 폭탄주를 필두로 양주에 다른 술을 섞어 묘기를 부리는 온갖 제조 기술이 난무하고 있다.

술의 신 박카스나 일본에 누룩을 전파해 지금도 일본에서 주신으로 모시는 백제인 수수허리(須須許理)가 환생해도 놀라워했을 묘기 대행진이었어. 다행인지 불행인지 모르겠지만, 최근엔 기업의 회식 문화도 바뀌고 가고 있다. 팀원끼리 공연을 보고 간단히 저녁 먹는 문화형 회식이나 스포츠를 함께 즐기는 레저형 회식문화로 바뀐 것도 2010년 전, 후 부터이다.

맛있는 식당을 찾아다니며 맥주 정도를 간단히 곁들이는 맛집 회식도 유행이고. 거 뭐냐, '119 운동'이라고 1차에서 한 가지 술로 밤 9시 이전에 회식을 끝내자는 캠페인이래. 다 좋은데 뭐랄까, 서로 부대끼는 그런 맛 한국의 정 문화가 사라지는 것 같아 아쉽기도 하다.

2. 우리나라 각 도의 술과 안주

1) 서 울

청진동 빈대떡(고사리, 숙주나물, 파, 돼지고기를 넣은 빈대떡은 소 족발과 함께 옛 서울의 모주꾼에게 잊혀 지지 않는 안주이다)

2) 경기도

수원 화춘옥의 수원 갈비와 복분자 술이다. 지금은 없어졌지만 소 갈비뼈와 말린 무청시래기를 고아낸 해장국으로도 유명했다. 복분자술은 뱀딸기술로, 딸기에 소주를 부어 10일쯤 울어내어 홍옥 색깔의 딸기술을 만든 것으로 당도가 높아 보양의 효과가 있다고 한다.

3) 강원도

잣술, 칡술에 튀김안주이다. 이는 이미 술이 아니라 약이다. 참동백 나뭇잎에 찹쌀 풀을 발라 말린 뒤 기름에 튀겨낸 아삭아삭한 안주와 산더덕을 고추장에 발라 구운 것과, 곰취나물과 더불어 소주 한잔이면 더위와 추위를 몰랐다고 한다.

4) 충청북도

청명주 머루주에 올갱이국이다. 청명주는 청명절에 먹을 수 있도록 석달 열흘 전에 담가서 익힌 술이란 뜻이다. 이 술은 중원군 가금면 창동리 갈마을의 김해 김씨 문중의 가양주로, "창동에서 마신 술은 문경새재를 넘어야 깬다."라는 말을 낳게 했다. 머루주는 속리산의 명주로, 속리산의 갖가지 산채를 안주로 마셔 취하면 올갱이국(다슬기의 충청도 사투리)으로 몸을 풀어 준다.

5) 충청남도

상징주는 소국주와 두견주로 한산의 소국주와 당진의 두견주이다. 소국주는 일명 앉은뱅이 술이라고 하며 찹쌀로 술을 담글 때 엿기름을 넣는 것이 특징이다. 두견주는 소국주를 담근 지 백일만에 용수로 뜨는 청주이다. 안주로는 숭어알을 말린 어란을 꼽을 수 있다.

6) 경상북도

과하주의 풍류이다. 경주 법주나 안동 소주를 들 수 있겠으나, 다 옛날 말이고 지금은 과하주만이 이 지방 특산으로 되어 있다. 일종의 혼성주이나, 소주맛도 아니고 약주맛도 아닌 독특한 맛이 난다. 찹쌀을 씻어 불렸다가 푹 쪄서, 끓인 물로 버무려 여기에 누룩과 밀가루를 섞어 발효시킨 다음 10여일을 지내면 과하주 본래의 맛이 난다.

7) 전라북도

대표적인 전통주로는 완주에 송화 백일주로 송화가루를 발효 시킨것과 울금이 왕실에 진상품으로 올리던 전주 지방에서 재배된 이강주주가 명주로 뽑힌다. 또한 음식으로는 만경강의 민물장어가 있다. 만경강 강변의 목천포에서 파는 민물 장어구이는 매콤한 전라도식으로 독특한 별미를 느낄 수 있다.

8) 황해도

암치와 두부요리이다. 연백평야가 앞에 있어서 술은 쌀로 빚은 청주가 으뜸이다. 황주 사과 때문에 사과주도 일품이다. 안주로는 석쇠에 굽는 두부로 이를 제일로 친다. 또 큰 민어를 배를 갈라 소름을 쳐서 말린 암치를 마른안주로 삼는다. 술국으로는 콩나물을 넣고 끓인 조개국이 일품이다.

3. 술과 어울리는 안주

막걸리와 잘 어울리는 안주는 돼지고기, 김치찌개가 좋다. 조금 매워도 막걸리 성분 때문에 큰 부담을 주지 않는다. 소주 안주로는 마른 오징어보다 생 오징어, 다른 생선찌개와 돼지고기 요리, 어포 등이 좋고, 맵고 짠 것은 궤양을 촉진할 우려가 있어 피하는 것이 좋다.

맥주 안주로는 단맛이 나는 것은 피하고 짭짤하고 기름기가 있는 식품 즉 땅콩, 소시지, 햄, 치즈, 팝콘, 크래커, 신선한 채소 등이 좋다. 두부 요리나 부침류, 튀김 요리가 우리나라 사람의 안주로는 좋다.

술을 마실 때는 일단 비타민 B군과 C, 무기질, 칼슘을 섭취하고 첨가물이 많은 가공식품과 자극성 식품을 피해야 한다. 막걸리에는 돼지고기, 김치찌개가 좋고, 소주에는 생선찌개나 돼지고기 요리, 어포가 좋다. 또 마른 오징어보다는 생 오징어가 좋고 맵고 짠 것은 피해야 한다. 위스키에는 치즈와 육포, 잣, 호두 등이 좋다. 찬술에 속하는 맥주를 마실 때는 소시지 안주가 좋다. 맥주탄산의 시원한 느낌과 호프의 쌉쌉한 맛이 소시지의 느끼한 맛을 가시게 한다.

표 8-2 잘 어울리는 술과 안주

막걸리	돼지고기, 김치찌개
소주	생오징어, 생선찌개, 돼지고기요리, 어포
맥주	땅콩
적포도주	육류
백포도주	생선류
위스키	치즈, 육포, 잣, 호두

4. 각국의 음주 문화

1) 한국의 음주 문화

※ 술에 너그러운 문화, 범죄 키우는 한국

숙취 해소제 챙겨 들고 죽기 살기로 마셔… 과음 자랑하는 나라, 한국뿐

한국 사람들은 '전투적 음주'를 합니다. 죽기 살기로 마시는 거예요. '얼마나 마셨다는 게 자랑인 나라, 주머니 속에 숙취 해소제를 두고 술을 마시는 나라. 이런 나라는 전 세계에 우리나라밖에 없습니다.

우리는 술에 의미를 두기보다 술 취해 같이 망가지는 것에 의미를 두고 있다"며폭탄주 문화 한국에만 있는 말 중에 하나가 '술이 원수지, 사람이 원수냐'는 말이에요. 술이 깬 상태로만 사람을 평가하고 술 취한 상태에서 한 행동은 쉽게 용서하는 분위기 북한에도 '폭탄주 문화가' 널리 퍼져 있는 것으로 전해졌다.

2) 미국의 음주 문화

미국의 음주문화는 함께 어울려 서로 잔을 권하거나 2차 거의 없으며 취해서 비틀 거릴 정도로 마시는 사람들도 찾아보기 힘들다.

2) 독일의 음주 문화

상대방을 술의 권하거나 따라주지 않으며 술잔을 주고받지 않는다 즐기기 위해서 마신다.

3) 영국의 음주 문화

음주에 대해 관대하고 반면 애매 모호한 태도를 보이고 있다 각 지역별

로 음주면허의 통제, 영업시간, 판매요일, 음주량, 좋아하는 술 등에 상당한 차이가 있다.

4) 프랑스의 음주 문화

식사와 함께 반주로 포도주를 마시며 주인은 손님에게, 남성은 여성에게 제때 알아서 잔에 채워주는 것이 관례이다.

5) 러시아의 음주 문화

러시아는 추운지방이라 항상 가까이 하며 술을 한국처럼 잔을 채운 다음 건배 한꺼번에 많이 마시는 폭주 문화가지고 있다.

6) 캐나다의 음주 문화

추운 지방이기 때문에 캐나다인들 사교에서 술을 빼놓고 사교를 논하는 것은 상상 할 수가 없다.

7) 중국의 음주 문화

일상생활에서 술은 식사 할 때 반주 손님 접대 시 빠지지 않는 하나의 접대수단이라 볼 수 있다(대표적인 술 : 백주, 죽엽청주).

8) 일본의 음주 문화

일본도 술을 즐기고 연회 즐김 분수를 지킬 줄 아는 음주 문화을 가지고 있다.

9) 몽골의 음주 문화

술을 마시면 상대방에게 계속 술을 권유 3잔 기본이다.

10) 세계 각국의 음주운전 처벌법

다른 나라에서는 음주운전을 어떻게 처벌하고 있을까요? 음주운전은 도로 위 살인이라 불릴 만큼 치명적입니다. 올해 개정된 국내 음주운전 단속 기준은 기존의 혈중알코올농도 0.05%에서 0.03%로 강화됐습니다. 술 한 잔으로도 처벌을 받을 수 있는 수준입니다. 하지만 해외에는 이보다 더 엄격하고 독특한 처벌이 있다고 합니다. 세계 여러나라의 음주운전 처벌법을 알아보겠습니다.

(1) 영안실 사회봉사로 경각심 주는 태국

음주운전은 누군가의 생명을 해칠 수 있다는 걸 새삼스럽게 아로새깁니다. 세계 교통사고 사망률 2위라는 불명예를 안고 있는 태국은 오싹한 처벌 규정을 가지고 있습니다. 음주운전자들에게 영안실 청소와 시신 닦기, 시신 운구 등의 사회봉사를 수행케 하는 것인데요. 이들은 생명이 어떻게 훼손되는지 관찰하며 죽음과 대면합니다. 경각심을 높이기 위한 태국 정부의 의지가 담겨있는 것이죠. 물론 혈중알코올농도나 사고유무에 따라 다르게 책정되는 벌금과 징역도 뒤따릅니다.

(2) 벌금, 수임료 폭탄 맞는 미국

미국에서 음주운전을 하면 벌금과 함께 변호사 수임료까지 내야 합니다. 미국은 '음주 또는 약불 복용 운전'이라는 의미의 'Driving Under the Influence'를 줄여 D.U.I라고 부릅니다. 적발 시 재판을 받기 때문에 벌금과 변호사 수임료로 막대한 비용을 지출하게 됩니다. 더욱 눈길을 끄는 규정은 '시동잠금장치' 부착입니다. 혈중알코올농도 측정기를 불어 단속 기준에 걸리지 않을 때만 시동이 걸리게 하는 장치인데요. 생계와 직결된 이유가 인정되면 조건부 면허를 발급하고 부착합니다.

(3) 음주운전이 끔찍한 사회악인 일본

일본에서는 술을 마시고 바퀴가 달린 것은 절대 타면 안 됩니다. 일본은 사회 전체가 음주운전을 방조하지 않는 분위기입니다. 자전거를 타고 가는 사람까지도 음주 여부를 측정해 적발될 경우 벌금을 부과합니다. 술을 마셨다면 바퀴 달린 것은 일절 몰지 말라는 사회 분위기가 인상적입니다. 게다가 음주운전이 적발되면 운전자에게 술을 제공한 사람에게도 벌금을 부과하고, 음주운전자가 모는 차를 탄 사람에게도 위험 운전 방조죄로 최대 10년의 징역을 선고합니다.

(4) 0%라도 적발될 수 있는 브라질

브라질에서 술을 먹고 운전대를 잡으면 살인범으로 분류됩니다. 브라질의 음주운전 단속 기준은 혈중알코올농도만으로 측정되지 않아 아주 엄격하고 복잡합니다. 경찰이 운전자의 정신 운동 능력이 감소된 것으로 판단하면 목격자의 증언이나 의사의 소견을 포함해 다양한 증거를 수집한 후 처벌합니다. 또한 혈중 알코올농도가 0.06%를 넘으면 징역에 처하고, 만약 음주로 교통사고를 일으켰다면 사고로 인한 피해의 크고 작음을 떠나 살인범으로 분류합니다.

(5) 상습범 신상 공개하는 싱가포르의 엄벌주의

운전할 때 코도 파면 안 되는 나라, 싱가포르의 음주운전 처벌은 어떨까요? 공공질서 유지에 투철한 나라 싱가포르는 음주운전 적발 시 최대 벌금 약 410만 원에서 징역 6개월을 선고합니다. 재범의 경우 벌금과 징역 모두 두 배 이상 증가하는데, 상습범은 언론 1면에 신상을 공개해 망신을 주는 규정이 있습니다. 한편 코를 파면서 운전을 할 경우 최대 82만 원의 벌금형에 처하기도 합니다. 운전자들이 두 손 모두 핸들을 잡고 운전에 집중하라는 정부의 의도가 돋보입니다.

(6) 호주

호주는 우리나라와 비슷한 수준의 벌금을 부과하지만 다른점은 음주운전자 명단을 신문에공개해 신상정보를 개제한답니다. 운전자 이름과 사진, 차종, 차번호까지 공개해 망신을 준다고 합니다.

(7) 핀란드

핀란드는 한달치 급여를 몰수한다고 합니다급여를 몰수해 경제적인 타격을 입혀 각성하도록 한다고 합니다또 운전을 하지 않더라도 술수정을 1년에 3회 하게되면 강제적 입원치료를 받게 된다고 합니다.

(8) 노르웨이

노르웨이는 0.02%의 음주운전 단속 기준을 가지고 있으며 음주운전으로 단속되면1년간의 면허 정지와 3주 동안 구금 및 노역에 처해집니다. 스트라이크 아웃 제도로 음주운전 적발 후 다시 음주운전을 할 경우 평생 운전면허를 취득할수 없다고 합니다

제9장 호텔 이용매너

제1절 호텔(Hotel)의 이해

숙박업은 인류가 이동하기 시작하면서 발생되었다고 할 수 있다. 인류의 이동은 생존을 위한 필수적인 행위로 인간이 정착지를 정하기까지의 이동행위는 원시적인 형태로서 주로 생활필수 물자획득이라고 하는 생명의 보존 및 종족유지를 위한 이동이었다. 그러나 농경사회와 더불어 정착(定着)이라는 새로운 사회현상이 시작되었고, 부족한 생활필수품을 확보하기 위하여 물물교환이라는 상거래형태가 개발되었다. 이러한 과정에서 여행이라고 하는 생활양태가 자연스럽게 나타나게 되었다. 여행과정에서 숙박시설이 등장하는 것은 극히 당연한 일이었다. 이러한 사실은 동 · 서양의 고대문헌에서도 엿볼 수 있는 데 동양에서는 중국고전인 『주역』에서 관광(觀光)이라는 용어가 나타나고, 서양에서는 『성서』와 호머의 『일리아드』나 『오디세이』에서도 기록이 남아있다. 숙박시설의 역사는 인간의 이동 및 사회활동과 같이하여 발전하게 되었다. 기원전의 숙박시설로는 고개의 이집트나 그리이스 시대에 이미 상인들을 위한 캐러번(caravan)이 있었고, 여행객들을 대상으로 하는 캐러번서리(caravanserrai)가 발생하여 숙박행위가 이루어지게 되었다. 바꾸어 말하면, 여행 및 관광의 왕래현상은 교통의 발달과 소득의 증가, 그리고 여가형태의 변화로 인하여 추진되었고, 그 결과로서 숙박시설의 등장이 요구되었던 것이다. 현대관광은 일찍이 역사 속에서 그 특징이 형성되어서 오늘의 인류는 여행하면서(travelling) 자고(lodging), 먹고(eating), 즐긴다(entertaining)는 총체적인 관광의 개념 속에서 존재하게 되었다. 특히, 여행 중에 쉬고 머문다는 것은 여행기간을 연장시키는 계기가 되었고, 관광현상을 확대시키는 결과로 발정하게 되었다.

1. 호텔(Hotel)의 어원

호텔(hotel)의 어원은 여행자 나그네. 타향인. 손님들을 접대하는 주인을 의미하는 라틴어의 Hospital(병원)의 개념에서 시작되어 Hostel(기숙사같은 숙박형태), Inn(규모가 작은 숙박시설) 등의 변화를 거쳐 오늘날의 호텔(Hotel)에 이르게 되었다. 중세의 숙박시설은 수도원을 중심으로 발달하였는데, 당시에는 병의 치료를 겸해 숙식을 제공해 주는 시설을 갖추고 있었으므로 병원과 호텔은 같은 개념으로 인식되고 있었다. 우리가 흔히 호텔과 같은 서비스산업을 영어로 'Hospitality Industry'라고 표현하는데 Hospitality란 일반적인 서비스의 차원을 초월해 손님에게 정성이 담긴 최고의 예우로 '가정을 떠난 가정(Home Away From Home)'과 같은 서비스를 제공한다는 의미를 내포하고 있다.

2. 호텔의 정의

호텔이란 "일정한 지급 능력이 있는 사람에게 객실과 식 음료를 제공할 수 있는 시설 및 기타 부대시설을 갖추고 잘 훈련되고 예절 바른 종사원이 조직적으로 봉사하여 그 대가를 받는 기업" 이라고 말할 수 있다.

1) 우리나라 관광 진흥법에서의 정의

관광객의 숙박에 적합한 시설을 갖추고 관광객에게 숙박에 부수되는 음식운동 오락 휴양 공연 또는 연수에 적합한 시설 등을 갖추고 관광객들에게 이를 이용하게 하는 업이라 정의 할 수 있다

2) 웹스타 사전의 정의

호텔은 일반 대중을 위하여 숙식과 식사를 제공하고 여러가지 개인적 서비스를 제공하기 위하여 만들어진 시설물 이라고 정의하고 있다.

3. 호텔의 개념

호텔의 개념에 대해서는 나라마다 약간씩 다르나, 보통 일정한 지불 능

력이 있는 사람에게 숙소와 식음료를 제공할 수 있는 시설을 갖추고, 고객이 원하는 서비스를 제공하는 장소 또는 그러한 서비스 업체를 가리킨다. 한국에서는 관광진흥법에서 '관광객의 숙박에 적합한 구조 및 설비를 갖춘 시설에서 사람을 숙박시키고 음식을 제공하는 업'이라고 규정하고 있는데, 일반적인 정의와 크게 다르지 않다. 기능은 크게 3가지로 나누는데,

첫째 서비스 안내 및 판매와 객실 정비 및 접객 등 인적 서비스 기능

둘째 고객을 위해 호텔 시설을 제공하는 물적 서비스 기능

셋째 인터넷이나 팩시밀리와 같이 고객에게 편의를 제공하는 기타 서비스 기능을 들 수 있다.

또한 호텔은 장소에 따라 도시 · 교외 · 해변 · 항구 · 공항 · 터미널 · 컨트리 호텔 등 여러 형태로 분류되며, 기타 목적이나 요금 지불 형식에 따라서도 여러 형태로 분류된다. 호텔의 크기는 보통 객실 수 300개 이상을 대규모 호텔, 객실 수 100~300개를 중규모 호텔이라 하고, 객실 수 100개 이하를 소규모 호텔이라 한다.

등급은 유럽에서는 별(star)로 표시하며, 우리나라에서도 무궁화 표시에서 별(star)모양 표시로 2016년에 전환 되었다. 5성급 호텔은 별모양 5개, 4성급 호텔은 4개, 3성급 호텔은 3개, 2성급 호텔은 2개, 1성급 호텔은 1개로 표시한다. 등급 결정은 현관 및 로비, 객실 부문, 식당 및 주방, 부대시설 관리 및 운영, 종사원 복지 및 관광사업에 대한 기여, 주차시설, 건축 및 설비, 전기 및 통신, 소방 및 안전 등 9개 부문의 평가를 통해 이루어진다.

4. 호텔의 기능

1) 전통적 개념의 호텔 기능

첫째 : 숙박기능 이다.

둘째 : 식 음료 제공기능 이다.

셋째 : 안전기능 이다.

2) 현대적 개념의 호텔 기능

① 오락 · 여가 기능 : 여가 활용공간, 나이트 클럽, 전자 오락실, 게임룸, 바

② 사교 집합 문화 장소의 기능 : 사교공간 활용 및 연회 문화 행사 회의 컨벤션 행사

③ 레저 스포츠의 기능 : 수영, 볼링, 실내 골프연습장, 당구, 스쿼시

④ 건강 헬스관리 기능 : 사우나, 에어로빅, 헬스, 미용실 마사지실

⑤ 쇼핑센타 기능 : 면세점, 기념품점, 베이커리

⑥ 비즈니스 센터기능 : 전화수신, 비서대행(복사, 팩스, 프린터) 소회의실 사용

⑦ 정보 제공 : 관광안내, 시내안내, 행사안내

과거에는 외국 관광객들을 대상으로 외화 획득을 하는 하나의 보조수단인 숙식 정도로 인식 되었으나 현재에는 호텔산업은 한 국가의 생활과 문화수준을 가늠해 볼 수 있는 하나의 척도로 사용되기도 한다. 또한 미래에는 호텔경영은 내국인들의 경제적 문화적 풍요가 커질수록 호텔 서비스 욕구가 증가에 맞추어 내수 시장에 맞는 객실 · 식 음료 상품을 개발하여 내 · 외국인을 함께 수용할 수 있는 호텔로 변화를 모색하여야 할 것이다. 호텔은 문화를 접하고 자기의 고유문화를 알릴 수 있는 세계화 첨병이라 고 할 수 있다.

5. 호텔 객실예약(Reservation)

투숙하기 전에 객실을 예약하였다 하더라도 투숙 2~3일 전에 반드시 재확인(reconfirm)하는 것이 좋다. 외국의 경우에는 특히나 휴가 문화가 발달되어 있어서 1년 후에 사용할 객실을 예약하는 경우도 있다. 또한 객실을 예약을 했으면 해당 날짜

에 차질 없이 투숙하도록 해야 할 것이며, 부득이 취소할 경우가 발생했을 때에는 해당일 전에 호텔 측에 예약취소(cancel)통보하여 호텔 측의 손해를 줄이고 착오를 방지하는 것이 예의이다.

1) 호텔 시설이용 방법

(1) 객실의 이용

① 예약 및 체크 인

ⓐ 성명 및 성별, 도착일시 및 비행기 편, 출발예정 일시 및 비행기 편, 연락처, 지불방법 등에 대해 정확히 알려준다.

ⓑ 체크인은 보통 2시부터 시작
만약 체크인 시간에 늦을 경우 예약이 취소 될 수 있기 때문에 사전에 연락한다.
호텔의 체크인은 보통 오후 2시, 체크아웃은 대부분 오전 11시부터 정오까지다. 시간을 초과하였을 경우에 초과 요금을 내야한다.

ⓒ 호텔에 도착하면 먼저 프런트에 가서 등록카드(Registration)를 작성한다. 등록카드는 가족동반의 경우를 제외하고 한 사람씩 작성하게 되어 있는데 특히 주소를 자세히 적는 것이 중요하다. 호텔 체크아웃 이후에 배달된 서류나 우편물을 회송하는데 유효하기 때문이다. 그런데, 등록카드에 성명을 기입할 때는 Mr.나 Mrs. Miss 등을 붙이도록 한다. 또 가족 동반인 경우에는 한 장에 함께 기입한다.

ⓓ 프런트에서 객실을 배정받으면 벨맨이 고객의 짐을 들고 객실로 안내해준다.

객실에 도착하면 일단 벨맨이 객실내의 시설 이용에 대한 간단한 안내를 해주므로 명심해 들었다가 이용하면 되지만, 좀 더 구체적인 사항에 대해서는 객실 내에 비치되어 있는 '서비스 디렉토리(호텔이용 안내 책자)'를 이용한다.

② 체크 아웃

체크아웃은 대개 정오를 기준으로 하는데 시간이 경과되었을 경우 할증

료가 계산되므로 잘 지키도록 한다. 객실 키를 반납하고 룸서비스나 미니바, 전화 통화료, 유료 TV 시청료 등 숙박 기간 동안 사용한 요금을 치르면 모든 절차가 끝난다. 요금 리스트를 꼼꼼히 체크하여 사용하지 않은 요금이 청구되었다면 재확인을 요청한다.

체크아웃 후 비행기나 기차 출발 시간까지 기다려야 한다면 짐은 로커룸에 보관해 둘 수 있다. 프런트에 부탁하면 무료로 보관해 준다.

③ 객실 내 비품의 사용

객실 내에 고객의 편의도모를 위해 호텔에서 무료로 비치해 둔 각종 소모품이 있다. 이것을 Amenity라고 하는데 주로 욕실의 용품이 대부분이다. 샴푸와 린스, 빗, 면도기, 화장 솜과 면봉, 반짇고리 등으로 이것은 모두 소진이 가능하다, 간홍 일회용 슬리퍼를 비치해 두는 호텔도 있다. 이러한 Amenity 이외의 호텔 비품은 절대 가지고 나가서는 안 되며 파손이나 분실 시에는 정해진 요금을 지불해야 한다.이러한 Amenity와 비품이 특히 잘 갖추어져 있는 곳은 일본으로 치약과 칫솔까지 특별한 개인 용품을 따로 준비하지 않아도 될 정도이다.

하지만 가끔 호텔 밖으로 들고나갈 물건과 그렇지 않은 물건을 구분 못해서 망신당하는 고객들도 간혹 있다. 공항까지 쫓아가서 청구하는 경우도 있으니 이런 일은 당하지 않도록 하자.

④ 냉장고 미니바의 사용

호텔에 들어서면 자그마한 탁자 위에 바나나 같은 열대과일 또는 포도주, 초콜릿 등이 놓여있을 때가 있다. 공짜일까 유료일까, 냉장고 위의 음식이나 과자는 대부분 돈을 낸다. 침대 옆 탁자 위 음식, 욕실 안에 있는 대게 선물이다. '웰컴 welcome' 또는 '컴플리맨터리 complimentary 또는 with compliment'라고 쓰여 있으면 공짜란 뜻이다. 냉장고에 있는 음료수를 마시고자 할 때는 자동시스템인지를 확인해야 한다. 일본과 유럽 등의 고급호텔을 이용하다보면 미니바가 자동식으로 되어 있어 홀더에서 꺼내는 순간 무조건 객실 사용료에 포함이 되는 경우가 있다. 이용하지 않을 경우 증명을 해야 하는 번거로움이 생길 수 있다.

⑤ 욕실 사용

유럽이나 미주로 여행하는 사람들이 실수를 하는 곳 중의 하나가 욕실이다.

ⓐ 샤워는 샤워 booth나 욕탕 내에서 한다.

우리나라와 크게 다른 점은 욕실에 물이 빠지는 하수 구멍이 없다. 즉 욕탕 밖에서 샤워를 하게 되면 물이 넘쳐 방안이 온통 물바다가 된다. 이럴 경우 세탁비용을 내야한다. 이는 욕탕은 때를 벗기는 곳이 아닌 휴식공간으로 이용하기 때문이다. 그래서 고급호텔에는 카펫이 깔려져 있는 중앙에 욕탕이 있을 정도이다.

ⓑ 개인 전기용품 사용시 전원이 110V인지 22V인지 어댑터가 맞는지 확인한다. 드라이기나 면도기 등 개인이 준비해 간 전기용품을 사용할 때에는 반드시 전원을 확인해야 한다. 미주의 경우 거의 110V 전원을 사용하며 유럽은 220V이지만 구멍이 세 개인 경우가 대부분이므로 흔히 말하는 우리나라식 돼지 코처럼 생긴 플러그가 맞지 않을 수 있다. 이 때에는 프론트에 어댑터를 부탁하면 연결해서 사용할 수 있다. 또한 미주나 유럽의 일부 호텔에서는 전공 드라이어기가 욕실에 설치되어 있기도 하는데 이것을 보통 사용하는 헤어드라이어로 사용하는 경우도 있다. 이럴 경우 시간은 배로 들고 결코 원하는 헤어스타일도 만들어지지 않는다는 점을 유의 해야 한다. 말리는 정도로만 만족해야 한다.

ⓒ 해외여행가서 나의 드신 분들이 호텔에서 샤워하다 미끄러져 뇌진탕이나 골절 등의 부상을 당하기도 한다. 욕실에 들어가면 고무매트와 좀 두껍고 큰 타올에 욕실에 걸쳐져 있다. 고무매트는 미끄럼을 방지하기 위한 것으로 샤워를 할 때 바닥에 깔고 하고 좀 두꺼운 타올은 발의 물기를 닦는 용도로 사용한다. 이를 목욕(bath) 타올로 사용한다면 곤란하다.

ⓓ 용도에 맞는 타올을 사용하자

두 장씩 정리되어 있는 타올 중 제일 큰 타올은 bath 타올로 목욕 후 전신을 감쌀 때 사용하는 타올이고 중간 타올을 세면시 사용한다. 손 수건만한 크기의 가장 작은 수건(wash rag)은 세면시 물이 밖으로 튀지 않게 세면대 끝에 놓기도 하고 샤워시 비누거품을 내는 용도로 쓰인다.

ⓔ 수도꼭지의 코르크를 확인하자

영어권의 경우 더운물은 H(hot), 찬물은 C(cold)로 표시하지만 프랑스나 이태리 같은 경우 C(chaud)가 더운물, F(froid)가 찬물이므로 주의하자.

⑥ 전화, 인터넷 사용

전화기에 호텔내선 번호, 시내 전화, 국제전화 사용방법에 대해 표시가 되어있다. 이를 확인하자. 그리고 대부분의 호텔에서는 객실 내 인터넷 사용이 가능하다. 하지만 유료인 경우도 있다.

⑦ TV보기

Pay TV(유료 TV)보통 6~8불정도 하며, 최근 상영된 영화나 Adult movie를 상영한다. room에 자동으로 charge되기 때문에 Cheeck-out시 지불하면 된다.

⑧ 무료버스 이용하기

호텔에서 손님을 위한 배려 주 하나가 바로 무료 셔틀 버스다. 대부분 공항이나 시내 번화가, 면세점 등을 왕복 운행한다. 혹시 비용을 지불하더라도 택시보다 훨씬 유리하므로 셔틀버스를 이용하도록 하자.

⑨ 기타

ⓐ DDcard(Don't Disturb card) : 호텔에서 쉴 경우 방해 받고 싶지 않을 때는 Don't Disturb card를 문밖에 걸어준다. 만약 깜빡하고 걸어 두지 않는다면 룸메이드가 수시로 문을 열고 들어온다.

ⓑ Safe deposit box : 귀중품을 보관하기 위한 것으로 프런트에 신청하면 무료 또는 유료로 이용할 수 있다. 만약 Safe deposit box에 보관했는데도 분실 당했다면 호텔에서 책임을 져야 한다.

ⓒ 정보수집 : 호텔 내에서 필요한 정보수집한다. 간단한 책자나 팜플렛 이용 고급 호텔에서는 'guest guide travel host'라는 책자

가 있어 근처에 구경할 만한 곳 쇼핑할 정보 등이 포함되어져 있는지 알아본다.

yellow page는 미국 생활에 필요한 정보(극장, 병원 등)가 수록, 유명 관광지, 대중교통 쇼핑정보 등이 수록되어 있다.

(2) 수영장이나 spa이용

수영장 옆에는 spa(whirl pool)가 있는 경우가 있다. 뜨거운 물에 몸을 담고 있으면 여행 피로가 확 풀린다.

실내 수영장이면 사우나도 있는데 주로 남녀공용으로 수영복을 입고 간다. 하지만 유럽의 일부 나라는 옷을 벗고 입장하기도 한다는 점을 유의하자.

(3) 레스토랑 이용하기

호텔마다 차이가 있지만 대개 호텔은 여러개의 식당을 운영한다. 가이드북을 참고하자 식사를 한 후에는 방 번호를 적고 체크 아웃시 계산한다.

어떤 투숙객은 레스토랑에서 식사 한 뒤 다른 방 번호를 적거나 체크아웃 한 뒤 식사를 하고 방 번호를 적기도 한단다. 이런 양심 불량이 없도록 하자.

(4) 기타

· 자동판매기와 얼음 제조기 : 미국 같은 경우 수돗물을 그냥 마실 수도 있기 때문에 생수가 따로 서비스 되지 않는다. 이럴 경우 복도 끝에 작은 공간에 자동판매기 또는 ice cude를 받을 수 있는 얼음 제조기가 설치되어 있는 호텔도 있다.

· 회의실 이용 : 일부 호텔들은 비즈니스맨들을 위해 호텔 안에서 자유롭게 회의할 수 있도록 회의실을 빌려주기도 한다. 회의실에서는 노트북과 빔프로젝트 그리고 핸드폰을 대여 받을 수 있으며 복사와 스캐닝 번역과 통역 서비스도 이용할 수 있다.

2) 호텔 서비스

· 룸서비스 : 전화로 부탁하여 식사를 가지고 오게 한다. 약간의 서비

스료가 필요하다.

· 세탁 서비스 : 호텔 내에서는 작은 것이라도 빨래가 금지되어 있다. 작은 빨래를 등위에 널어두었다가 화재로 이어 질 뻔한 사례도 있다. 호텔 내에서 세탁을 해야 한다면 양복장 안에 있는 빨래주머니를 이용 세탁물을 넣고 전표에 방 번호와 품명을 적어 당번에게 주어 세탁을 맡긴다. 유료이며 이때 반드시 완성시간을 체크한다.

· 모닝콜 : 교환대에 일어날 시간을 미리 알려놓으면 이튿날 아침에 깨워준다.

· 객실 메이크업 서비스와 DDcard : 외출 시 청소 서비스를 부탁한다.

· 콘시어지 서비스(문지기 서비스) : 각종 정보의 제공과 컴플레인을 처리한다. 호텔에 따라 GRO(guest relation office)운영 되기도 한다.

3) 기타 기본 에티켓

· 객실 내 취사는 절대 금물!

· 복도에서 큰소리로 떠들거나 파자마 차림으로 다니는 일이 없도록 하자.

※ 알아두면 편리한 호텔 용어

· american coffee : 커피의 종류로서 연한 정도에 따라 나뉘어지는 가장 연한 종류의 커피
· american plan : 호텔숙박 요금에 매일 3식이 포함 된 유형의 계산 방법
· baggage rack : 객실 내 짐을 놓는 곳
· baggage tag : 물건 보관증 꼬리표
· bell man : 벨데스크 직원
· bell trolly : 벨데스크의 많은 짐을 옮기는 조금 큰 카
· bill instruction : 지불조건
· blocked : 사전에 객실을 지정해 놓은 경우를 말함
· booking : 예약기록
· business center : 비즈니스센타, 팩스, 인터넷 및 기타 고객을 위한 사무용 목적
· captain : 지배인과 웨이터 중간 직위, 실무의 중추
· check in : 프론터에서 폼을 작성하고 객실에 투숙하는 행위
· check out : 프론터에서 계산을 마치고 객실에서 나온상태. AM12를 기본으로 함
· cloakroom : 호텔에서 코트나 짐 등을 맡기는 임시 보관소
· confirmation sheet : 예약 확인서
· connecting room : 서로 문으로 연결되어진 방
· door man : 도어맨, 현관에서 발생하는 일을 전담하는 직원
· door stop : door holder, stopper. 문을 고정시키는 삼각형 모양의 작은 막대
· double room : 싱글침대 1.5배크기의 침대 1개인 방
· early out : 조기 퇴숙, 퇴근

· front cashier : 프론트 캐쉬
· guest laundry pick-up : 고객세탁물 수거, 룸 메이드의 업무 · incoming message : 수신 메시지
· long term guest : 장기 투숙자
· maid room : 층마다 있는 메이드 작업방, 많은 객실내비품과 린넨류
· message delivery log book : 고객의 메시지 연락상황
· minibar : 객실내 준비되어지는 유료의 음료와 스낵 종류
· morning call : 교환실
· operator : 교환원
· outgoing message : 발신 메시지
· overbooking : 판매 가능객실수를 넘겨 예약을 받는 것. 주말 등 no show등을 감안해 하는 경우가 있음.
· PABX : private automatic branch exchange. 교환실
· parking tag : 주차 후 확인꼬리표
· pick-up service : 차량지원업무, 벨데스크나 기사대기실업무
· pillow : 베게
· registration card : 투숙객의 등록카드. 이름. 주소 등을 기록
· reservation manager : 객실예약 담당 지배인
· room assing : 객실 배정
· roo, change slip : 객실변경사항
· roo, check : 룸 상태 점검
· room maid : 룸 메이드, 주로 여성, 객실정비 업무
· room to room changeL 고객의 요구에 의해 방을 옮겨주는 서비스
· service station : 서비스를 위한 공간(=backside)
· shower courtain : 샤워커튼, 욕조의 이용시 물이 욕실 바닥에 튀지 않도록 욕조 안으로 치는 커튼
· skipper : 계산을 하지 않고 가는 고객
· single room : 1인용 침대 방
· suite room : 특실, 호텔 별로 많은 고유이름을 가지고 있음
· telephone boothL 공중전화
· triple room : 1인용침대 2개인 방
· upgrading : 객실을 한 단계 좋은 것으로 배정하는 것, 자주 사용함
· vallet parking : 주차 서비스
· vice general manager : 부 총지배인
· walk in guest : 예약 없이 오시는 손님
· welcome drink : 고객의 환영에 제공되는 무료 음료서비스, 로비에 셋업

제2절 호텔 및 레스토랑 이용 에티켓

1. 호텔 식당 이용 방법

식당은 호텔에서 부설되어 있는 식당 또는 독립적으로 운영하는 전문

식당을 말하는 것으로 식사를 위해 방문하는 사람은 주위의 사람들을 위해 식사 중에 지켜야 할 에티켓이 복잡하다고 할 수 있다. 식당에서 지켜야 할 테이블 매너에 대해서는 앞의 제4장 제2절에서 설명하였기 때문에 여기서는 여행 중 식당에서 지켜야 할 기본적인 에티켓을 중심으로 살펴보기로 한다.

식당은 인간이 살아가는 데 있어서 기본적인 욕구를 충족시킬 수 있는 장소이기 때문에 인간의 본심을 가장 정확하게 읽을 수 있는 장소이기도 하다. 따라서 여러사람이 공동으로 이용하는 공동장소이므로 스스로 욕구를 자제해야 할 경우도 있다는 것을 명심해야 한다.

식당에서 지켜야 할 몇 가지 내용을 살펴보면 다음과 같다.

1) 단체

단체여행인 경우에는 사전에 식당과 메뉴를 정해서 예약을 하기 때문에 특별히 식당에 요구하지 않아도 무방하지만 상대를 존중한다는 차원에서 질서를 지켜야 하겠다. 보통 질서의 통제는 여행의 인솔자가 담당하므로 인솔자의 통제에 적극적으로 협조해야 원만한 여행이 될 수 있다.

· 식당에 도착하면 먼저 화장실에서 손을 깨끗이 씻는다.

· 단체식사는 어린이, 어른, 여성의 순서로 하는 것이 좋다.

· 개인적으로 필요한 것이 있으면 지체없이 식당 종업원에게 요청한다.

· 단체식사는 개인이 선호하는 식사의 메뉴가 아니라 대부분 동일한 메뉴의 식사가 제공되기 때문에 자신의 욕구를 양보하는 자세가 필요하다.

· 개인적으로 특별한 메뉴가 필요한 경우에는 단체의 인솔자에게 요청한다.

· 식사중에는 불필요한 잡담이나 큰 소리를 내지 않도록 한다.

· 식사가 종료되면 서비스 정도에 따라 약간의 봉사료를 지불한다.

2) 개인

개인적으로 여행을 하는 경우에는 주로 선호하는 음식을 선택하여 먹을 수 있기 때문에 편리하다는 장점이 있으나 가격이 약간 비싸다는 것을 염두에 두어야 한다.

식사에 대한 매너는 단체나 개인이나 동일하다. 식당에서 메뉴를 선택할 경우에는 평소에 선호했던 음식보다는 경험하지 못했던 음식을 주문하는 것도 좋은 방법이다. 특히 우리나라 사람들은 외국을 여행할 때 평상시에 즐겨 먹던 고추장이나 김치 또는 라면 등을 소지하고 여행중에 먹는 것을 자주 보았는데, 필자의 경험에 의하면 여행하는 나라의 토속음식을 맛보는 것도 타국의 음식문화를 이해하는 데 도움이 될 수 있다.

3) 옷차림(Dress)

호텔을 이용할 때에는 기본적으로 정장차림이 원칙이다. 부득이 정장을 준비하지 못했을 경우에는 단정한 옷차림을 하는 것이 바람직하다. 또한 투숙 후, 잠옷차림으로 호텔복도를 거니는 것 또한 기본상식에서 벗어난 일이다. 호텔종사원들도 기본예절을 갖춘 고객에게 더욱 좋은 서비스를 제공하려 노력한다는 것을 잊지 말아야 할 것이다.

4) 팁(Tip)

호텔에 투숙하게 되면 벨맨의 서비스를 받게 된다. 객실 투숙 시 프론트 데스크(Front Desk)에서 부터 짐을 들고 객실까지 안내해 주는 벨맨(Bell Man)에게는 가방 1개당 1$정도의 Tip을 잊지 않도록 한다.

5) 욕실사용(Bathroom)

시설이 좋은 관광호텔에 투숙하게 되었다면 샤워 시에 욕조의 비닐커튼을 욕조 안으로 넣어서 샤워 시 물이 욕조 밖으로 튀거나, 넘치는 일이 없도록 주의하도록 한다.

특히 외국의 경우에는 우리나라와는 달라서 욕조 밖의 바닥에는 하수시설이 되어있지 않는 곳이 대부분이다.

6) 룸서비스와 미니바(Room service)

객실 내에서 차나 식사를 하고자 할 때에는 룸서비스를 이용하게 된다. 룸서비스의 경우 레스토랑의 가격보다 10~12%정도 비싸다.

특히 아침 일찍 식사를 하고 싶으면 객실내에 비치되어 있는 Hanger

Menu를 이용하면 된다.

또한 객실에는 냉장고와 미니바가 있는데, 이용 후 비치되어 있는 계산서에 표시를 하면, 체크아웃 시 계산된다.

7) 객실메이크업 서비스와 DND 카드(Makeup)

객실메이크업이란 청소서비스를 뜻 하는데 하루에 한 번식 룸메이드가 객실을 청소, 정리하여 준다.

만일 룸메이드로 부터 방해를 받고 싶지 않다면 객실문 안쪽에 걸려져 있는 DD(Do not disturb)카드를 객실 문 밖에 걸어두면 된다.

8) 세탁물 처리(Laundry)

객실에 있는 세탁 주문서에 필요 사항을 기입하고 호텔에서 지정한 비닐봉지에 세탁물을 넣어 두면 호텔 측에서 세탁하여 준다. 체크 아웃시 주문서에 표시된 요금을 지불 하여야 한다.

2. 식당이용방법(Restaurant)

호텔 내 식당을 이용할 때에도 예약을 하는 것이 좋으며 만일 예약 없이 이용 할 때에는 식당 입구에서 서버의 안내가 있을 때까지 기다려야 한다.

또한 가능한 깔끔한 옷차림을 하는 것이 좋으며, 아무리 투숙 기간 중이라고 하여도 슬리퍼를 신거나 노출이 심한 옷차림을 한 채로 식당을 이용하는 것은 호텔이용 매너에 어긋나는 일이니 주의한다. 그리고 식사할 때는 다른 손님들의 식사를 방해하는 일이 없도록 큰 소리로 대화하거나 웃는 것을 자제하고, 웨이터는 항상 고객의 식사모습을 주시하고 있다가 고객이 손을 들어 종업원의 부를 때는 신속히 대응하므로 크게 소리 내어 웨이터를 부르는 것은 상식에 맞지 않는 행동이라고 할 수 있다.

식사도중에 전화가 왔거나 부득이 자리를 잠시 비워야 할 경우에는 사용하던 냅킨을 앉았던 의자 위에 얹어놓고 일어나면 된다. 이것은 곧 손님이 식사중임을 나타낸다.

물론 이때 포크와 나이프는 대각선으로 교차시켜 접시 위에 놓아야 웨이터가 식사중임을 인식하고 그릇을 치우지 않음을 명심하도록 한다.

식사가 모두 끝난 뒤에는 서비스해준 웨이터나 웨이트리스에게 식사요금의 10~15%의 팁을 제공하도록 한다.

※ 사례1 호텔 매너를 알면 품위 있게 즐길 수 있다

☞ 그 자리에 어울리는 분위기를 만들어 낸다.

어떤 호텔이든 그만의 콘셉트가 있고, 그 콘셉트에 근거해서 룸과 로비와 인테리어 소품 등이 어울리게 장식되어 있다. 따라서 방문하는 손님은 그 분위기에 맞는 차림새로 그 공간에 머무는 것이 호텔 매너의 기본이다. 아무도 보지 않는 객실에서는 마음대로 행동하더라도, 문을 열고 한 걸음 나오면 거기부터는 공공 장소라고 생각하고 말투에도 신경을 써야 한다. 그런 손님의 태도는 호텔의 품위도 올려주기 때문에, 호텔 스텝들도 깍듯하게 대해준다.

☞ 호텔 선택법

목적에 맞춘다 관광이 목적이라면 교통이 편리하고, 밤늦게까지 주위의 상점이나 음식점이 열려 있는 호텔이 편리하다. 호텔에 머무는 체류형이라면 오락 시설이나 식사 등 호텔 자체 서비스를 비교해 보고 결정하면 된다. 식사를 체크한다. 식사는 한식인지 양식인지, 코스인지, 단품인지, 뷔페인지 등의 내용을 예약할 때에 확인해 두자.

☞ 특급 호텔에서의 매너

특급 호텔에는 전문 스태프가 많이 상주하고 있다. 그들은 모두 각각의 일에 긍지를 가진 프로 중의 프로이다. "짐을 들어드리겠습니다."할 때 "무거우니까 됐어요."라고 거절하는 것은 그들의 일을 뺏는 것이 될 수도 있다. 사양하지 말고 맡기고, 서비스에 감사하다고 느꼈다면 솔직하게 그 마음을 말로 전달하는 것이 여행에 익숙한 사람의 매너이다.

① 룸서비스 : 주문한 음료나 요리를 방까지 배달해 주는 서비스. 메뉴에 없는 요리의 주문에도 응해 준다.

② 컨시어지 : 레스토랑이나 티켓, 병원 수배 등 숙박객의 모든 상담에 응해 준다. 종합 안내 서비스를 담당하고 있다.

③ 도어맨 : 호텔이나 각 시설의 문을 열어주는 서비스 담당. 손님과 접하는 시간은 짧지만 제일 먼저 맞이해 주는 중요한 역할을 담당하고 있다.

④ 벨스텝 : 짐을 운반하거나 숙박객을 방까지 안내하는 것이 일이다. 입구를 들어선 지점에서 대기하고 있다.

※ 기분 좋게 이용하기 위한 호텔 매너

· 설비와 비품을 확인한다.

나중에 트러블의 원인이 되지 않기 위해서, 방에 도착하면 우선 뜨거운 물은 잘 나오는지, 타월은 갖추어져 있는지 등 설비나 비품을 확인해 두자.

· 잠옷을 입은 채로 걸어 다니지 않는다.

비록 호텔이라고 해도, 자신이 묵고 있는 방을 나오면 거기는 공공장소이다. 로비나 복도를 잠옷이나 슬리퍼 상태로 걸어 다녀서는 안 된다.

· 방을 어지른 채로 두지 않는다

방의 비품을 사용한 그대로 마구 어질러 놓았다면 숙박객으로서 실격이다. 청소까지 할 필요는 없지만 어느 정도는 정리해 주는 것이 품위 있다.

※ oo 호텔 TV 인포메이션 서비스 시작

· 침대에 누워 TV 리모컨만 눌러주세요!

· 내가 쓴 비용 확인, 영화보고, 관광 계획 짜고, 비행기 예약에 체크아웃까지!

· e-주문, e-컨시어지, e-메시지 서비스에 리모컨 하나로 체크아웃까지

· 프런트에 갈 필요 없이 체크인-체크아웃 완료

· TV 채널 8개국, 언어 채널 50개 국내 호텔 중 최대

제10장 여행 계획 및 항공기 이용매너

제1절 여행 계획

1. 여행 계획

1) 여행 목적을 설정한다.

요즘 학생들은 학업에 스펙에 시달리고 경쟁에 살아남기 위해 스트레스에 시달린다. 학생들은 스펙과 경험을 쌓기 해외로 배낭여행, 어학연수, 유학, 워킹 홀리데이 등 견문확대를 넓혀가고 있것이 현 추세이다.

일단 여행 목적이 서면 어떻게 가야할지 준비를 철저히 하여야 한다.

구체적으로 여행목적을 세운다. = 교육, 탐험, 휴식, 견문확대 등 여러 가지를 고려 해볼 수 있다.

2) 어디로 갈 것인가 목적지를 정한다.

여행의 목적이 확실해 졌다면 목적을 충족시킬 수 있는 행선지도 분명 여러 나라가 있을 것이다. 개인의 취향, 주어진 예산과 여행기간, 출발시기 등 여러가지 상황을 고려하여 계획을 세워야 한다.

단 무리한 욕심은 금물이다. 10일동안 10개국 이동 이라든지 반나절 관광 1 ~ 2시간 휴식 또는 이동은 스스로 여행을 망치는 결과를 초래하기도 한다. 해외여행의 성패는 "주어진 기간 동안 얼마나 많은 나라와 도시를 다녀 오는가"에 의해 판단되는 것이 아니라 "스스로의 여행목적에 얼마나 충실 했으며 얼마나 만족 하는가"에 달려있다.

3) 언제 갈 것인가

특별한 경우가 아니면 우리나라의 겨울은 피하는 것이 좋고 북반구, 남반구(여름의 겨울, 겨울의 크리스마스) 등을 고려한 시기를 선택하는 것이 중요하다.

성수기에는 비행기 티켓부터, 호텔 요금까지 모두 올라간다. 이러한 시즌 구분은 보통 비수기 / 성수기 / 최성수기 / 성수기전 네 가지로 나뉜다.

4) 어떻게 갈 것인가 ?

여행사를 통하여 패키지여행을 할 것이냐!, 아니면 삼사오오 자유여행 여행할 것이냐 결정한다. 각각의 나름대로 장단점을 모두 가지고 있다.

근래에는 여행사가 기획한 자유여행 배낭여행 상품뿐만 아니라 패키지 상품들이 여러 여행사들을 통하여 시중에 다량으로 판매되고 있다. 적절한 시기와 계획만 잘 세우며 값싼 여행을 누구든 할 수 있다.

요즈음 대학생들뿐만 아니라 여행마니아들을 항공사 + 호텔, 항공사 패키지(헝공사 + 호텔) 자유여행 상품을 많이 이용하는 추세이다. 또한 여행마니아들을 위한 자유여행 상품들은 계속 생겨나고 추세이다.

5) 시기 선택을 잘하거나 미리 예약하면 할인 혜택을 많이 받을 수 있다.

성수기에는 비행기 티켓부터, 호텔 요금까지 모두 올라간다. 국내외 숙박료는 최성수기의 경우 비수기일 때보다 2배 이상 차이가 날 수도 있다. 숙소를 정할 때 중요한 것은 위치이다. 공항이나 역 주변과 같이 교통시설과 인접한 경우와 시내 중심으로 크게 나누어지는데 공항 가까운 곳은 숙박료가 싸지만 시내 관광이 어렵고 시내 중심가는 이동이 편리하나 숙박료가 비싸다. 해외여행일 경우 가장 값싼 숙소를 생각하면 우선 유스호스텔, 홈스테이, 게스트하우스 등이 있다.

전 세계에서 유스호스텔이 없는 나라는 거의 없을 정도이며, 여행객들이 몰리는 6월~8월에는 미리 예약을 해야 한다. 독일, 영국, 프랑스, 스위스 등 유럽 지역의 유스호스텔은 특히 시설이 좋은 편이라 웬만한 호텔 수준이다. 요금은 나라별로 다르지만 북유럽은 1식 1박에 15~20달러 선이고 동유럽이나 남유럽은 10달러 선이다. 전화, 팩스, 편지 등으로 예약이 가능하다.

6) 일정을 잘 짜면 항공권을 저렴하게 구입할 수 있다.

해외여행 예산 중 가장 큰 비용을 차지하는 것은 항공권이다. 7월말부터 8월 중순까지는 휴가가 몰리는 성수기여서 항공권이 가장 비싸다. 한가지 중요한 것은 항공권이 많은 여행사를 찾아야 항공권이 많은 여행사일수록 다양한 일정을 갖고 있고 그룹 발권을 한때 함께 이용할 수 있어서 선택의 폭이 넓어진다.

비행기 티켓을 살 때는 반드시 다음을 체크해야 사고를 방지할 수 있다.

① 직항인가 다른 도시를 경유 하는가 ?

② 경유지를 거쳐 가면 1박을 하고 가는가 ?

③ stop-over가 가능한가 ? 가능하면 경유 도시를 관광할 수 있는 장점이 있다.

7) 여행비용 요소를 철저히 분석하라.

여행의 비용을 발생시키는 기본 요소에는 여러가지가 포함된다.

① 교통비(항공권+버스와 같은 목적지 이동 수단인 → 항공료)

② 숙박료(호텔, 유스호스텔, 게스트하우스)

③ 식사비(식사, 음료)

④ 관광지 입장료 이다.

여행지에서는 모든 것이 예상보다 비싸다. 그래서 추가 요소도 반드시 고려해야 한다. 환전은 우리나라에서 미리 환전해 가는 것이 이익이다. 사용이 편한 신용카드를 사용하면 필요 이상의 충동구매를 할 소지가 많다. 아예 계산기를 가지고 다니면서 가계부를 쓰면서 여행을 하라.

8) 정보의 수집

오늘날 지금의 기술 수준은 인터넷을 이용해 여행 계획을 짜고 방문지을 설정할 수 있으며 그곳에 대한 정보도 얻을 수 있다. 호텔정보, 관광지 정보, 렌터카 정보 등 그 곳에서 바로 가격 정보까지도 얻을 수 있다.

먼저 여행을 다녀 온 사람들로부터 조언 및 메일을 통해 정보를 얻을 수도 있다.

9) 일정은 여유를 가지고 짠다.

야간열차로 무리하게 이동을 하거나 하루에 한 국가씩 이동하는 일정을 짜면 여행이라기보다는 노동에 가깝다. 여행의 즐거움은 사라지고 빡빡한 일정을 따라 움직이다 보면 남는 건 힘들고 짜증났던 기억뿐 정작 즐겨야 할 관광과 유희, 휴식은 멀리 사라져 버린다. 넉넉하게 시간을 잡고 계획하고 여행하라 그래야 몸과 마음이 행복해 진다.

2. 유럽 기차여행

유럽은 미국과 달리 철도여행을 하기가 매우 편리하다. 잘 발달된 시내 교통수단과 연계되어 한 장의 유레일패스만 있다면 17개국을 넘나들며 신나는 여행을 할 수 있다. 알면 알수록 재미있는 유레일패스는 경비절감을 물론이고 다양한 부대 서비스도 이용할 수 있어 보람 있는 여행이 가능할 것이다.

철도패스의 대명사격인 유레일패스란 유럽 17개국의 국철 구간을 일정기간 동안 거리나 승차의 횟수에 관계없이 마음대로 이용할 수 있는 일종의 열차 할인패스 유럽을 여행 하고자 할 때에는 국내에서 출국 전에 구입해야 한다. 유레일패스가 이용되는 국가는 오스트리아, 룩셈부르크, 벨기에, 네덜란드, 덴마크, 노르웨이, 핀란드, 포르투갈, 프랑스, 독일, 스페인, 스웨덴, 그리스, 스위스, 이태리, 헝가리, 아일랜드까지 총 17개국이다.

1) 유레일패스의 종류

(1) 유레일 패스(Eurail Pass)

일등칸을 일정 기간 동안 이용할 수 있는 승차권

(2) 유레일 유스 패스 (Eurail Youth Pass)

이등칸을 이용하는 조건으로 할인하여 주는 일종의 청소년 할인 열차 정기 승차권이다.

장점 : 주로 현지 사람들과 젊은 여행자들이 이등칸을 이용하므로 그들과 문화 교류 기회가 많아 유익하다.

단점 : 성수기인 7개월에는 여행자들이 워낙 많아 2등칸은 매우 복잡하며 특히 야간열차의 경우 좌석 예약을 하지 않았을 경우에는 좌석 확보의 어려움이 있다.

(3) 유레일 세이버 패스(Eurail Saver Pass)

계절별로 2~5인 이 동행하는 조건으로 30% 할인된 정기 승차권이다

(4) 유레일 플랙시 패스(Eurail Flexi Pass)

일정기간 동안 본인이 사용한 날만 기록해가며 이용할 수 있는 패스이다.

3. 워킹 홀리데이의 이해

일하면서 여행할 수 있는 비자라는 뜻으로 여행을 목적으로 아르바이트를 하면서 영어공부도 할 수 있는 비자조건을 말한다. 워킹 홀리데이 비자는 흔히 '취업관광비자'라고도 하는데 이는 우리나라와 호주 사이에 1995년 7월 1일부터 맺어진 협정에 의해 시행되어 왔고 캐나다('95), 일본('99), 뉴질랜드('99)와도 본 비자가 체결되어 있다. 해외여행을 계획하는 젊은이들 가운데 능력 있고 자립심 강하며 미래에 대한 비전 있는 젊은이들에게 여행에 필요한 제반 경비를 여행자 스스로 현지에서 돈을 벌어 경비를 충

당할 수 있게 해 줌으로서 정신적, 경제적, 자립심을 길러줌과 동시에 미지의 세계를 탐구할 수 있는 기회를 제공한다. 나아가서는 비자가 체결된 양국 간의 상호 이해를 증진하는데 일조를 하고자 하는데 있다.

18~30세의 청년들이 협정 체결국을 방문하여, 관광을 주된 목적으로 하여 체류하면서 그 나라의 문화와 생활양식을 배울 수 있도록 하는 제도이다.

워킹 홀리데이의 특징은

첫째, 입국 목적은 여행이며, 여행경비 마련을 위한 노동권을 보장받을 수 있다.

둘째, 입국한 날로부터 12개월 동안 체류할 수 있고 비자 취득 후 1년 이내에 출국할 수 있다.

셋째, 출국 후 비자만료일 전까지 입 출국이 자유롭고 재 입국시 비자를 재발급 받을 필요가 없다. 단, 일본은 재입국 허가서를 받아야 한다.

넷째, 개인에게 평생 1번밖에 발급이 안 되지만 비자가 체결된 다른 국가에 대해서는 복수 지원하여 비자를 받을 수 있다(예, 호주 워킹 홀리데이 비자를 받은 사람은 호주에 또다시 워킹 홀리데이비자를 받을 수 없지만 캐나다, 일본, 뉴질랜드는 지원 가능하다.).

4. 해외여행에 필요만 제반 서류

유럽뿐만 아니라 전 세계 대부분의 나라로 여행을 하기 전에 자기 신분에 맞게 신분증이나 증명서를 만들어 가지고 출발한다면 각종 할인혜택을 받을 수 있다.

물론 커다란 비용을 절감할 수는 없지만 적은 비용부터 줄일 수 있는 방법을 배우면 '가랑비에 옷이 젖는다'는 이치와 마찬가지로 많은 도움을 줄 것이다.

많은 신분증 가운데에서 다음에 몇 가지 소개하는 것은 꼭 필요한 것이니 반드시 신분증을 발급 받자

· 국제학생증(ISIC : International Student Identification Card)

· 유스호스텔증(Youth Hostels Membership Card)

· 국제운전면허증(International driving Permit)

· YMCA 회원증

1) 해외여행자의 자세

귀한 자식일수록 여행을 많이 보내라는 말이 있다. 여행은 최고의 스승이다. 다른 풍토와 문화에서 다른 사람들을 접하면서 자신의 선입견이나 편견을 극복하고, 더 넓은 시야를 가질 수 있기 때문이다. 한국관광공사는 우리나라 해외여행객 수가 지난해 2649만 명에서 올 해 3000만 명을 넘어설 것으로 예상했다. 한국의 국제적 위상도 과거와 달리 높아지고, 해외여행자 수는 크게 늘어났지만 여전히 외국에 나와서 거들먹거리고 문란하며 매너 없는 태도로 인해 추한 한국인(Ugly Korean)이라는 오명을 벗어던지지 못하고 있는 형편이다.

한 사람의 잘못된 행동이 국가 전체에 불이익을 미칠 수 있음을 알고 겸손하면서 예의바른 한국인의 참모습을 보여주어야 할 것이다.

올바른 해외여행을 통한 해외여행자의 자세를 살펴보면 다음과 같다.

① 나는 한국인을 대표하고 있다.

해외여행자는 개인이기 이전에 '한국인'이라는 대표성을 갖게 된다. 따라서 여행 중의 모든 언행에는 나라와 국민에 대한 책임이 따른다는 점을 명심한다. 해외에 나가면 모두가 민간 외교관이다.

② 문화민족으로서 긍지를 지킨다.

우리는 반만년의 유구한 역사와 '동방예의지국'이라는 아름다운 전통을 이어받은 문화민족이다. 세계 어디를 가나 문화민족으로서의 자존과 긍지를 잃지 않도록 노력해야 한다.

③ 세계화 시대에 국제 시민으로서의 의식을 갖는다.

내 나라와 문화를 소중히 여기듯 세계 각국의 문화를 아끼고 배우려는 것이 바로 국제시민의 바른 마음가짐이다. 우리와 다른 문화를 가진 모든 세계인과의 친목과 이해를 증진하며 타국의 문화와 전통을 존중한다.

④ 해외여행을 건전하고 보람 있는 여행으로 이끈다.

해외여행은 타국의 생활과 문화를 습득함으로써 자신을 발전시키고 국제적인 안목을 기를 수 있는 좋은 기회이다. 철저한 사전 준비와 겸허한 배움의 자세로 건전하고 보람 있는 여행을 하도록 한다.

제2절 해외여행 준비

해외여행을 떠나기 전에 여행 보험에 가입하여 여행 중 발생하기 쉬운 상해나 질병 및 도난 등 불의의 사고에 미리 대비 하도록 하자. 여행자 보험에는 본인은 물론 타인에게 입히는 피해까지 보상해주는 다양한 상품들이 있으므로 자신에게 맞는 걸로 가입하고 떠나면 된다.

보람 있는 여행을 하기 위해서는 무엇보다도 사전에 방문할 나라에 대해서 충분히 이해할 필요가 있다. 방문국의 기후, 풍토나 생활 관습 등에 대한 사전지식을 알고 가면 한층 더 유익하고 가슴에 와 닿는 여행이 될 것이다. 여행에 관한 정보는 서점에 가면 관광안내서에 자세히 나와 있으므로 해외여행을 하려는 사람들은 관광안내서를 한권정도 읽어보고 가는 것이 좋다. 현지에서 판매하는 안내책자도 있으므로 참고하도록 하고 각 여행지에서 느낀 소감을 그때그때 메모해 둔다면 자신만의 훌륭한 여행기록서가 되며 훗날 오랫동안 그 감동을 느낄 수 있을 것이다.

항공편이나 현지 호텔 등의 예약상태는 떠나기 2~3일 전에 반드시 재확인 한다. 예약문화가 정착된 외국에서의 예약 없는 방문 및 일방적인 취소는 부정적인 이미지를 주므로 여행일정에 따라 예약을 완료하고 여행을 시작하는 것이 좋다. 부득이 하게 예약을 취소할 경우 미리 통보하여 다른 사람이 피해를 입지 않도록 배려하는 것도 잊지 않도록 한다.

여권, 항공권, 여행자 수표, 신용카드 등의 주요 내용은 따로 수첩에 적어두어 마약의 사태에 대비하도록 하고, 항공권과 여권, 신용카드의 영문

성명이 정확히 표기 되도록 한다.

외국에서 의사의 처방 없이 약을 사기가 어려우므로 자신에게 맞는 상비약(두통, 소화제, 설사약, 소독약, 반창고)을 국내에서 준비해 가는 것이 좋다.

전염병 감염지역으로 여행할 때에는 반드시 해당질병에 대한 예방 접종을 받아야 하며, 예방주사는 가급적 여행 2주전에 맞는 것이 효과적이고 접종에 따른 신체적 무리도 없다.

여행 가방을 싸는 요령으로 화장품 등 깨지기 쉬운 것은 의류 등으로 감싼 후에 넣고 슈트케이스의 아래쪽에 무거운 것을 넣는다. 속옷, 티셔츠 등 구김이 가지 않는 것은 돌돌 말아서 넣고 여행목적, 체류일수, 방문국의 기후 및 풍습 등을 고려하여, 적절한 의복을 준비하는 것이 좋다. 의복, 신발, 가방 등의 여행용품은 가급적 국내에서 사용하던 것으로 준비해야 편안한 여행을 즐길 수 있다.

해외여행시 쓸 가방은 다른 가방과 구별이 잘 되는 것으로 선택하고 평범한 색상이나 디자인일 경우는 스티커나 벨트 등을 이용해 다른 사람의 것과 구별이 잘 되도록 표시해 둔다. 여행 중 선물구입 등 소지품이 많아질 것에 대비하여 가방크기를 결정하거나 접을 수 있는 가방을 별도로 준비하고 가방에는 영문으로 쓴 이름표를 반드시 붙이도록 한다. 가방은 보통 비행기 탑승시 화물을 맡기는 것과 기내에 갖고 들어갈 수 있는 작은 가방 두 가지를 준비한다. 기내에 갖고 들어가는 가방에는 중요한 물건과 현지에 도착해서 당장 사용할 물건(여권, 지갑, 돈, 자격증, 필기구, 세면도구, 상비약, 서류, 얇은 웃옷 등)을 넣어둔다.

1. 해외여행의 필수조건

1) 여 권

여권은 외교통상부 장관이 외국을 여행하는 국민에게 발급하는 국제적인 신분증명서로 대한민국의 국민임을 증명하고 해외여행을 하는 동안 외국정부에 대해 여행자에 대한 보호를 부탁하는 문서이다. 여권 없이 외국을 여행하는 자는 밀항 단속법에 의해 처벌을 받는다. 여권과 같은 문서기능을 하는 것으로 여행증명서, 선원수첩 등이 있다.

여권은 크게 일반인이 해외여행에 필요한 일반여권과 외교관 및 관용여권으로 나누어진다. 일반 여권의 경우 모두 유효기간 5년의 복수 일반여권으로 발급되며 구비서류도 간소화되었다. 여권 발급 신청과 수령은 본인이 직접 하거나 여행사를 통해서 할 수 있다.

2) 일반 여권 발급 신청 절차

여권에 필요한 여권용 컬러사진(3.5㎝×4.5㎝) 2매, 주민등록증(타 지역 거주자는 주민등록등본 1부)등을 지참하여 여권과에 여권발급 신청서를 제출하면 자격심사를 거쳐 여권을 받을 수 있다.

3) 비자(Visa)

비자는 방문하고자 하는 나라로부터 입국허가를 받는 공문서이다.

여권이 있는 여행자는 입국하고자 하는 정부가 발급하는 비자를 출국 전에 받아야 한다. 세계 각국에 따라 자기나라 국내법으로 바자사무를 규정하고 있으며 비자 신청서와 절차도 나라마다 다르다. 우리나라와 비자 면제 협정이 체결된 국가로 여행할 때에는 비자 없이 입국할 수 있다. 비자면제 협정이 체결되지 않은 나라의 경우에도 관광목적의 단기간 여행자에게는 무사증(No Visa)을 적용하고 있다.

① 30일간 면제 : 사이판, 서사모아, 튀니지, 남아프리카공화국, 피지(연장 시 90일)

② 60일간 면제 : 레소토, 인도네시아, 이탈리아, 포르투갈

③ 90일간 면제 : 영국, 캐나다

④ 무사증 입국이 가능한 국가 : 홍콩(14일), 싱가포르(14일→연장 시 90일), 필리핀(21일)

4) 항공권

항공권 예약은 여행사와 항공사 데스크 또는 인터넷을 통해 할 수 있다. 예약 시에는 출발일자, 목적지, 귀국일자, 여행자 영문이름을 알려줘야 한다. 좌석 예약은 출발 72시간 전에 재확인 절차를 밟아야 한다. 만약 확인 절차를 밟지 않았을 경우 항공사 측에서 일방적으로 취소를 할 수가 있다. 항공요금은 성수기와 비수기 또는 개인과 단체 요금 간에도 큰 차이가 있다. 항공요금 체계는 매우 복잡하기 때문에 여행사와 일정을 상의할 때 유의하여 직항편인지 중간 기착지가 있는지도 확인해야 한다. 항공권은 출발지 공항에서 해당 항공사 담당 카운터에 가서 탑승권(Boarding Pass)으로 교환해야만 출국 심사 및 항공기에 탑승할 수 있다. 항공권은 구입한 후 미사용 항공권은 환불 받을 수 있으나 적어도 항공권 유효기간 만료 30일 전까지는 환불 신청을 해야만 한다.

※ 사례 1 더 이상 해외에서 당황하지 말자

☞ 팁은 감사의 마음을 표현하는 것이다.

미국이나 유럽 등에서는 '서비스 요금을 포함한다.' 등의 문구가 따로 없는 경우라면 팁을 지불해야 한다. 보통 팁은 총액의 10~15%이지만, 좋은 서비스를 받았다고 느끼면 더 줄 수도 있고, 반대로 더 적게 지불해서 불만을 표현할 수도 있다. 관광 도시에서는 팁으로 생활하고 있는 사람도 적지 않기 때문에, 방문한 나라에서는 팁이 필요한지 어떤지 그 나라의 문화와 경제 사정을 가이드북 이나 인터넷 등으로 확인해 두자.

☞ 기본 매너동전을 모아 주지 않는다.

무조건 팁의 금액만 맞추면 된다고 동전을 모아서 지불하는 것은 실례가 된다. 1달러 지폐 등 작은 액수의 지폐를 준비해 둘 것.

☞ 아무렇지 않게 건넨다.

지폐는 접어서 눈에 띄지 않게 슬쩍 건네는 것이 매너. "Thank you"라고 한 마디 건네면 좋은 인상을 줄 수 있다. 언제라도 바로 꺼낼 수 있도록 주머니 등에 1달러 지폐를 3~5장, 5달러 지폐는 2~3장 준비해 두면 든든하다. 여성과 동반하는 것이라면, 남성이 건네는 것이 기본 매너이다.

☞ 신용카드로 팁 지불하는 방법.

계산서를 잘 보고 금액이 틀리지 않은지, 요금에 팁이 포함되어 있는지를 확인한다. 계산서를 확인하는 것은 즐거운 식사를 떠올리는 의미도 있기 때문에 매너 위반은 아니다.신용 카드를 계산서와 함께, 테이블 담당 웨이터에게 건넨다. 가지고 온 전표에다가 팁과 합계 금액을 기입해서 사인한다.

☞ **팁의 시세**

- 포터짐 : 하나당 2~3달러 정도가 기준 여행 가방이 많이 무겁다면 3~4달러.
- 벨스텝 : 호텔에서 택시를 부르거나 잡아 주었을 경우 1~2달러.
- 도어맨 : 방까지 운반해준 짐 하나당 1~2달러.
- 룸 서비스비즈니스 : 호텔에서는 팁이 없는 곳이 늘고 있다. 지불하는 경우에는 식사 등을 운반해 왔을 때 2~3달러. 푸짐한 식사라면 3~5달러. 내용에 따라서 판단한다.
- 베드 메이킹 : 3성 호텔이라면 1~2달러, 4성이라면 2~3달러, 5성이라면 3~5달러. 매일 아침 베개 근처에 놓아둔다.
- 컨시어지 : 기본적으로 필요 없지만, 구하기 어려운 티켓이나 긴급한 수배를 부탁했을 때는 10달러 전후를 기준으로 전달한다. 해외 극장가의 호텔 등에서는 사전에 컨시어지 수수료가 가산되어 있는 곳도 있다.
- 레스토랑, 바 : 지불하는 합계금에서 세금을 제외한 금액의 15%가 기준. 뷔페 형식이라면 1~3달러로 OK. 쟁반을 스스로 갖다 놓거나 셀프 서비스인 패스트 푸드 등은 필요없다.
- 택시요금의 10%가 기준. 짐을 실어 주거나 내리는 등의 도움을 받으면 15% 정도 건넨다.

2. 유럽 여행기획예시

1) 유럽 5개국 10일 일정

날 짜	지 역	교통편	세 부 일 정
제1일	인 천 런 던	항 공	인천 출발 런던 도착
제2일	런 던 파 리	전용버스 유로스타	런던 시내관광 유로스타를 이용하여 파리로 이동
제3일	파 리	전용버스	파리 시내관광
제4일	파 리 로 잔 인터라켄	TGV	베르사유 궁전 관광 TGV를 이용하여 로잔역으로 이동 후 인터라켄으로 이동
제5일	인터라켄 밀 라 노	전용버스	융프라우 관광 밀라노로 이동 후 시내관광
제6일	밀 라 노 피 사 로 마	전용버스	피사로 이동 피사 시내관광 로마로 이동
제7일	로 마	전용버스	로마 시내관광
제8일	로 마 피 렌 체 베 니 스	전용버스	피렌체로 이동 피렌체 시내관광 베니스 시내관광
제9일	베 니 스 하이델베르크 프랑크푸르트	전용버스 항 공	하이델베르크로 이동 하이델베르크 시내관광 프랑크푸르트로 이동 후 시내관광 프랑크푸르트 출발
제10일	인 천		인천 도착

2) 나의여행 계획

날 짜	지 역	교통편	세 부 일 정

※ "여권만큼 중요한 에티켓 챙겨가세요"

- 한국관광공사, 해외여행 문화개선 캠페인 전개 -

국민들의 안전하고 건전한 해외여행을 위해 한국관광공사(사장 안영배)가 팔을 걷었다. 공사는 8월4일(토)부터 김포국제공항에서 여행 에티켓에 대한 국민적 관심을 유도하고, 건전한 해외여행의 사회적 공감대 형성을 위해 '해외여행 문화 개선 캠페인'을 한창 전개중이다. 7일 김포공항 캠페인이 끝난 후 8일에서 11일까지는 공항철도 홍대역에서 캠페인이 이어질 예정이다.

캠페인의 슬로건은 '여권만큼 중요한 에티켓 챙겨가세요'이며, 공사는 해외여행을 떠나는 국민들을 대상으로 '우리 모두를 위해 지켜야 할 10가지, 실천하면 모두가 행복한 10가지'라는 리플렛과 기념품을 제공한다. 리플렛에는 지난 6~7월 공사가 한국관광학회와 함께 실시한 '해외여행객 문화인식 개선 방안 연구'에서 도출된 '지켜야 할 에티켓 및 실천해야 할 에티켓' 각 10가지와 함께, 해외 안전여행 정보도우미인 '저스트 터치 잇(Just Touch It)'* 정보가 수록돼 있다.

***첨부참조**

"2017년 아웃바운드 현황 및 트렌드 조사에서 나타난 국민들의 글로벌 에티켓 수준은 5점 만점에 2.75점으로 여전히 낮은 수준"이라며, "2600만 명의 해외여행객 규모에 걸맞는 선진적이고 건전하며 안전한 해외여행 문화 확산을 위한 사업을 지속 전개해 나갈 방침"이라 밝혔다.

제3절 항공기 탑승 예절

항공기 탑승시간이 되면 30분전부터 출발시간 및 항공편명을 순서대로 방송하며, 좌석 표를 항공사 직원에게 제시하고 기내에 오른다. 탑승순서는 일등 석, 우등 석(business class), 노약자, 어린이 등 맨 뒤부

터 탑승한다. 기내에서는 승무원에게 좌석 표를 제시하고 안내를 받는다.

기내여행은 여행의 시작이라는 점에서 긴장이 된다. 특히 혼자만의 시간을 보내야 하는 점에서 당황하는 경우가 있으므로 항상 기내에 들어오면 지정좌석과 화장실, 비상구를 필히 확인하고 이용방법은 승무원의 지시에 따라야 한다.

1. 출국 절차

우리나라의 해외여행 출국절차는 다음과 같은 순서로 이루어진다.

공항도착(2시간 전) → 탑승수속 및 수화물 탁송 → 공항이용권구입 → 출국장입장(3층) → 공항이용권, 관광 진흥 개발기금영수증 제출(출국 시 세관신고) → 출국보안검사 → 출국심사 → 대합실 대기 → 탑승

1) 출국수송 시 유의 사항

국제선을 이용하여 출국하려면 적어도 2시간 전에 공항에 도착하여 출국절차를 밟아야 한다. 특히 할인티켓을 구입한 사람이라면 오버부킹이라던가 리스트 누락으로 불의치 않는 사고가 생길수도 있기 때문에 일찍 나가는 것이 좋다. 출국 여행 탑승수속은 2층 체크인 카운터에서 하며 비행기에 탑승하기 48시간 전에 예약 재확인을 반드시 해둔다. 김포공항 제1청사(구청사)는 외국항공사 전용, 제2청사(신청사)는 대한항공과 아시아나항공, 일부 외국항공사가 사용하고 삼성동에도 도심공항 터미널이 있어 이곳에서 탑승수속을 할 수 있고 공항 출국장으로 가서 바로 비행기를 탈 수 있다.

※ 출입국 카드(E/D Card)작성 : 출입국카드에는 성명, 주소, 여권번호, 비행기 편명 등을 적으면 된다.

2) 인천국제공항(Incheon International Airport, 仁川國際空港)

구분 : 국제공항

설립연도 : 1992년 11월

소재지 : 인천 중구 공항로 272(운서동) 지도

부지면적 : 2239만 7000㎡

터미널규모 : 제1 여객 터미널 49만 6000㎡, 제2 여객터미널 110만 5000㎡

관제탑 높이 : 100.2m

활주로 길이 : 길이 3750m, 너비 60m(2본), 길이 4000m, 너비 60m(1본)

연간발착회수 : 33만 9673회/연

여객 : 5776만 5397명/연

화물 : 354만 2643t/연

21세기 수도권 항공운송의 수요를 분담하고 동북아시아의 허브(Hub) 공항으로서의 역할을 담당하기 위하여 건설되었다.

(1) 건설 과정 1단계

1단계 건설 사업으로 1990년 6월 14일 인천광역시 영종도 일대로 입지 선정을 확정한 뒤 1992년 11월 영종도와 용유도 사이의 바다를 매립하는 공항 부지 조성공사에 착공하였다. 1996년 3월 인천국제공항으로 명칭을 확정하였고, 같은 해 5월 여객터미널 건설 공사에 이어 12월에 활주로 건설 공사를 착공하였다. 1999년 2월 공항을 운영할 인천국제공항공사가 설립되었으며, 2000년 12월에 여객터미널을 준공한 데 이어 2001년 3월 29일에 개항하였다.

1단계 건설에는 총 5조 6000억원의 사업비가 투입되어 1172만㎡의 부지에 활주로 2본(길이 3750m, 너비 60m), 49만 6000㎡의 제1 여객터미널(T1), 12만 9000㎡의 화물터미널, 25만 2000㎡의 제1 교통센터, 100.2m에 22층 규모의 관제탑, 60개소의 여객계류장과 24개소의 화물계류장, 21㎞의 수하물처리시설(BHS) 등의 시설을 갖추었다.

2단계 개항과 함께 항공 수요가 예상외로 증가함에 따라 2단계 건설을 서둘러 추진하였다. 2001년 12월 31일 2단계 사업의 기본계획을 변경 공시하고 이듬해 11월 여객계류장 부지 조성공사에 착수한 뒤 2008년 6월 20일에 완공하였다.

2단계 건설에는 총 2조 9000억 원의 사업비가 투입되어 957만㎡의 부지에 활주로 1본(길이 4000m, 너비 60m), 12만 9000㎡의 화물터미널, 16만 6000㎡의 탑승동, 12만 9000㎡의 화물터미널, 48개소의 여객계류장과 12개소의 화물계류장, 67㎞의 BHS 등의 시설을 갖추었다. 사업 기간인 2007년 3월 김포국제공항과 인천국제공항을 연결하는 인천국제공항철도가 1단계로 개통되었다.

3단계 2009년 3단계 건설 기본계획이 수립된 뒤 2012년 변경안이 확정, 고시되었다. 원래 2015년에 완공할 예정이었으나 전 세계적인 경기 침체와 인천국제공항 민영화 논란 등의 영향으로 2017년으로 연기되었다. 2013년 9월 제2 여객터미널(T2) 건설 공사에 착수하여 여객 및 화물 계류장과 연결 교통시설 등을 단계적으로 확충하였다. 제2 여객터미널은 2017년 9월 30일에 완공되어 2018년 1월 18일에 개장된다.

3단계 건설에는 총 4조 9303억 원의 사업비가 투입되어 110만 5000㎡의 부지에 38만 4000㎡의 제2 여객터미널, 56개소의 여객계류장과 13개소의 화물계류장, 42㎞의 BHS, 13만 5000㎡의 제2 교통센터 등의 시설을 갖추었다.

4단계~최종 2018년부터 2023년까지 4단계 사업으로 제2 여객터미널 규모를 26만 6000㎡ 더 늘리고, 2029년까지 최종 사업으로 7만 8000㎡의 제3 여객터미널(T3)을 신축하고 활주로 2본도 추가로 건설한다.

(2) 주요 시설

제1 · 제2 여객터미널과 탑승동, 활주로 3본, 제1 · 제2 교통센터, 여객계류장과 화물계류장, 화물터미널, 관제탑 등이 있다. 제1 여객터미널은 지하 1층 지상 4층 규모로 44개의 탑승구가 있으며, 아시아나항공을 비롯한 42개 항공사가 배치되어 있다. 제2 여객터미널은 지하 2층, 지상 5층 규모로 대한항공이 실질적인 전용으로 사용하는 가운데 에어프랑스 · KLM 항공 · 델타항공이 함께 배치되어 있다. 제2 여객터미널는 첨단 에너지기술과 태양광 · 지열 등의 신재생에너지를 적극 도입하여 저탄소 친환경 터미널로 건설되었다. 탑승동은 여객 처리를 원활히 하기 위하여 건설된 곳으로 30개의 탑승구가 있으며, 제주항공 · 진에어 등 저가항공사(LCC) 중심으로 배치되었다. 교통센터는 주차장과 철도역 등 다양한 교통시설을 겸한다.

(3) 연간 처리능력 및 현황

운항 횟수는 기존 3개의 활주로에서 연간 총 41만 회를 처리할 수 있으며, 최종 사업이 완료되어 2개의 활주로가 추가되면 총 74만 회로 늘어난다. 여객 수용능력은 제1 여객터미널의 5400만 명에 제2 여객터미널의 1800만 명이 추가되어 7200만 명으로 증가하였으며, 제3 여객터미널이 완공되면 1억 3000만 명으로 늘어난다. 화물 처리능력은 3단계 사업이 완공되어 종전 450만t에서 580만t으로 늘어났다.

2016년 실제 운항 횟수는 총 33만 9673회, 이용 여객은 총 5776만 5397명, 화물 운송량은 총 354만 2643t이다. 개항 이후 비약적인 발전을 거듭하여 세계적인 공항으로 자리잡았으며, 국제공항협의회(ACI)가 주관하는 '세계 공항서비스평가(ASQ)'에서 2005년부터 2017년까지 12년간 연속하여 1위를 차지하였다

3) 병무신고

만 18세에서 만 30세 미만의 남자로서 군복무를 마쳤거나 면제된 사람은 출국 당일 공항에 있는 병무청에서 여권만 받으면 되고, 아직 군복무를 마치지 않은 사람은 병무청에서 발급받은 국외여행허가 필증을 가지고 공항 병무청에 가서 신고를 해야 한다.

4) 과세(RED)물품

① 국내 면세점에서 구입한 후 입국시 반입하는 모든 물품. 단 총 금액 합계가 ＄400(30만원내외)이하 또는 입국 시 사용하였거나 착용하고 있던 신변용품으로서 여행자가 휴대하는 것이 통상적으로 인정되는 물품은 제외함

② 개당 US ＄600(50만원) 이상의 보석, 진주, 별갑, 산호, 호박, 상아 및 이들의 제품

③ 주류 1병(1L 이하), 담배 200개비(엽권련 50개비, 기타 250g), 향수 2온스를 초과하는 물품. 다만 만20세 미만인 자는 주류, 담배의 면세가 허용되지 않음

④ 판매를 목적으로 반입하는 상용물품

⑤ 총기/ 도검 등 무기류 : 모의 또는 장식용 포함과 폭발 및 유독성 물질 류 수렵용 총기, 도검 등은 거주지 지방경창철의 허가를 받으면 통관가능

⑥ 마약, 향정신성 의약품 및 이들 제품

⑦ 국헌, 공항 풍속을 저해하는 물품

⑧ 위조/변조된 화폐 및 지폐

⑨ 동물(고기, 가죽, 박제 류 포함) 및 농림축산물 : 동/식물 검역소의 검역을 받아야 통관 가능

⑩ 국제협약(CITES)에서 보호하는 멸종위기의 야생 동/식물 및 이들의 제품

⑪ US ＄10,000상당을 초과하는 외화 및 800만원을 초과하는 원화(수표, T/C포)⇒US ＄10,000 초과 외화는 세관에 신고하면 통관이 가능

800만원 초과 원화는 한국은행 총재의 허가를 받아야 통관 가능.

⑫ 휴대폰, 무선통신용 송/수신기는 전파연구소의 형식 승인을 받아야 통관가능

⑬ 책 ＄5,000 이상, 음반 20매 이상은 문화체육부의 승인이 있어야 통관이 가능

⑭ 일제 비디오카메라와 일제 디코더는 통관할 수 없음

5) 자진신고 검사(백색)

① 신고내역 및 신고금액 해당물품의 반입여부와 그 내역을 신고서에 기재한 후 세관 공무원에게 신고서를 제출

② 신고서에 분류된 품명에 따라 기재하고, 해당 품명이 없거나 별도 기재토록 명기된 물품은 공란에 기재

③ 개당 가격이 ＄20미만인 물품들은 신고서의 '기타'란에 기재.

④ 구입가격은 원칙적으로 ＄로 기재. ＄로 기재하기 어려운 경우는 물

품을 구입한 외화로 기재 가능.

⑤ 영수증 가격을 구입가격으로 인정하며, 영수증이 없는 경우에도 특별히 낮은 가격이 아니면 신고금액을 인정함.

6) Class구분 규정 수화물 무게

① 일등석 무게 32kg, 2개 크기(1개 기준) 3면의 합이 158㎝이내

② 우등석 무게 32kg, 2개(1개 기준) 3면의 합이 158㎝이내

③ 일반석 무게는 32kg, 2개 크기(1개 기준) 3면의 합이 158㎝이내(2개의 총합이 273㎝이내)

④ 기타지역

· 일등석 : 40kgs · 우등석 : 30kgs · 일반석 : 20kgs

⑤ 성인적용운임의 50%이상 지불 소아도 동일한 수하물 위탁 가능

⑥ 성인적용운임의 10%이하 지불 유아는 완전히 접을 수 있는 유모차 1개 또는 유아운반용 요람 1개 또는 유아용 카시트 1개 허용

2. 기내 서비스

1) 기내 안내 서비스

"좌석벨트를 매어 주십시오(Fasten seat belt)"란 표시에 따라야 하며 비행 중에 예기치 못한 기류의 변화에 의해 기체가 급격히 흔들리는 경우에 대비하여 좌석에 앉을 때는 가급적 좌석벨트를 매어야 하고, 구명의 및 산소마스크 사용법에 관한 승무원의 시범을 꼭 보아야 한다. 시범이 끝나면 좌석의 앞에 비치된 카드를 읽어보면 된다.

(1) 승무원 호출

승무원의 호출버튼은 좌석의 팔걸이 부분에 나란히 부착되어 있으며 승무원 호출 시 호출버튼, 취소 시엔 취소버튼을 누르면 된다.

(2) 식사와 음료

기내식으로 개발한 한식 외에 양식, 일식의 식사와 각종 주류, 청량음료를 무료로 즐길 수 있도록 메뉴를 다양화하였으며, 필요한 사항은 승무원에게 문의하면 된다.

(3) 금연안내

항공기가 지상에 있을 때나 이 착륙 시, 그리고 기내 화장실 및 통로에서는 금연이다. 또한 여송연과 파이프 담배 흡연은 금지되었다. 그리고 동남아 지역과 일본, 중국, 미주, 유럽 노선에서는 현재의 쾌적한 여행을 위하여 금연을 실시하고 있다.

(4) 기내지와 신문잡지

기내에서는 출발국가의 시사지, 일간지, 잡지 등이 비치되어 있으므로 본인이 필요로 하는 신문 잡지는 정해진 장소에서 찾아보고 기내지는 본인이 필요할 경우에는 승객들에게 무료로 제공하고 있다.

(5) 음악과 영화

기내에서는 영화감상이나 음악 감상을 각 좌석의 옆에 핸드폰을 사용하여 청취할 수 있게 되어있다. 장거리 노선과 단거리 노선에 따라 영화상영 및 음악 감상에 대해서 본인이 선택할 수 있도록 영어와 한국어로 되어있다. 단 외국의 항공사는 영어가 기본으로 되어있다. 음악 및 감상에 대한 프로그램은 기내지의 뒤쪽을 보면 선택할 수 있게 제공되고 있다.

(6) 기내 취미 서비스

장거리 노선 승객의 편의를 위하여 미주, 구주, 중동, 호주노선(괌 노선 제외) 승객에게 바둑과 CHESS를 무료로 대여하므로 승무원에게 요청하면 된다.

(7) 면세품

국제선 항공기에서는 면세품을 판매하고 있다. 면세품에는 세계 각국의 유명 제조회사로부터 직접 구입하여 가능한 저렴한 가격으로 판매하고 있다.

(8) 유아 및 어린이를 위한 서비스

장거리 노선에는 유아나 어린이 장난감이 무료로 제공되고 있으며, 유아를 위한 우유, 유아식, 기저귀 등도 다양하게 준비되어 있고 화장실에는 기저귀 교환대가 설치되어 있다.

(9) 의약품

기내에는 간단한 소화제, 진통제 등 구급약이 비치되어 있으므로 필요시 승무원에게 요청하면 된다.

2) 기내시설물 이용하기

비행기를 타면 일단 승무원에게 자신의 좌석번호를 알리고 서비스를 받는데 무거운 짐은 좌석의 밑이나 승무원에게 보관을 부탁하고 서류가방이나 가벼운 짐은 선반에 옮겨 놓는다.

좌석에 앉으면서 안전벨트를 매고 금연상태로 이륙을 기다린다. 승무원이 이륙 전에 좌석에 대한 사전의 안전교육을 하며 안전벨트 사용법과 좌석에 부착된 각종 사용기구의 이용법에 대해서 시범을 보인다. 비행기는 이륙과 착륙 시 위험하므로 안전벨트를 필히 착용해야 한다. 비행 시에는 기상변화로 인하여 기체가 흔들리는 경우가 있으므로 안정을 위하여 좌석벨트를 매어야 한다.

(1) 기내에서의 절차

비행기 탑승 → 승무원에게 좌석 표 제시 → 승무원의 좌석안내 → 지정좌석에 착석 → 안전벨트착용 → 비행기 안전수칙 참조(앞좌석 등받이에 있음) → 승무원의 안전벨트 착용시범 교육 → 승무원의 안전벨트 확인

(2) 기내 화장실 이용

기내 화장실은 남녀공용이고 옷을 갈아입는 장소로도 이용된다. 화장실 사용여부는 사용 중(Occupied), 비어있을 때는 (Vacant)라는 표시가 된다.

화장실의 사용은 수세식 화장실과 동일하나 많은 승객이 공동으로 사용하는 것이라서 개개인의 주의가 필요한 장소이다. 화장실에서는 절대 금연이며, 흡연을 하였을 경우에는 엄청나 금액이 지불되며, 항공기 소유국의 벌을 따라 받게 된다.

화장실에 비치하는 품목은 항공사마다 약간의 차이가 있지만 거의 같다.

비행기의 이착륙을 할 경우에는 사고위험이 있으므로 화장실 사용이 금지된다.

3. 기내 식사예절

기내에서는 좁은 공간에서 서비스를 하기 때문에 조용히 순서를 기다리고 주변 사람에게 피해를 주어서는 안 된다. 식사의 경우 거의 무료이다.

식사 종류는 주로 육류와 생선류, 해물 요리와 구분하여 서비스를 하고 있다. 그러나 본인이 특이한 체질의 식성을 가지고 있을 경우에는 예약을 하기 전에 필히 본인의 식사 종류를 꼭 확인해야 한다. 육류를 원할 때는 'Meat, please', 어류는 'Fish, please', 생선류는 'Sea food, please'라고 분명히 말해 주어야 본인의 식사에 맞는 기내식을 먹을 수 있다.

우리나라 항공사에서는 비즈니스 석에서는 라면을 제공하는 경우도 있고, 일부 항공사에서는 그 나라의 특성에 맞는 고유의 음식을 제공하기도 한다. 주류는 일등석에서는 무료로 제공되지만 일반석에서는 일정량 이상의 요금을 지불해야 하는 항공사도 있다. 특히 기내에서의 알코올성 음료는 기압 차이로 인하여 평소대로 섭취할 경우 과음을 하게 되므로 주의해야 한다.

장거리 비행일 경우 시차로 인한 식사의 제공은 1일 5식까지 제공 될 수 있다. 외국에서 국내선을 이용할 때는 기본음료 이외에는 비용을 받으므로 승무원에게 확인 후 주문을 해야 한다.

4. 기내생활 안전수칙

① 승무원의 시범에 의한 좌석의 안전벨트 설명을 주의 깊게 듣고 만일의 사태에 대비해야 하며, 반드시 안전벨트 착용을 하고 금연석에서는 절대 흡연을 하면 안 된다.

② 항공기가 이착륙할 때나 기류상태가 나쁠 때 안전벨트 착용 신호가 나오면 좌석을 원위치로 하고 안전벨트를 착용한다.

③ No smoking과 Fasten seat belt의 불이 켜지면 담배를 피워선 안 된다.

④ 휴대품 중 가벼운 물품은 선반을 이용하고 무거운 가방은 좌석 밑에 두어 다른 승객에게 불편을 주어서는 안 된다.

⑤ 기내에 들어오면 본인의 좌석을 확인하고 다음에 들어오는 손님에게 불편을 주어서는 안 된다.

⑥ 위험성이 있는 가연성 기체를 기내에 들어와서는 안 된다.

⑦ 기내의 화장실은 남 · 여의 구분이 없으므로 사용 시 반드시 주의해야 한다.

⑧ Fasten seat belt 신호가 들어오면 화장실 사용이 금지되며, 사용 시 신호가 들어오면 빨리 좌석으로 돌아가야 한다.

⑨ 비행 중에 무선 전화기나 라디오를 들으면 무선전파에 장애를 주기 때문에 사용하지 말아야 한다.

⑩ 큰소리의 대화, 노래, 과음 등 주변 사람에게 피해를 주어서는 안 된다.

⑪ 주위사람에게 실례가 안 되는 범위 내에서 행동한다(맨발이나 내의만 입은 채 다니는 것은 안 된다).

⑫ 기내식 서비스가 있을 때 통로가 좁으므로 이동하지 말고 좌석을 원위치로 하고, 식탁용 케이블을 자기 앞으로 하고 식사가 끝나거나 이착륙 시 식탁용 테이블을 원위치로 해야 한다.

⑬ 좌석을 뒤로 할 때는 뒷좌석의 사람에게 불편을 주지 않도록 해야 한다.

⑭ 식사 중 또는 식사 후 창가 쪽 사람과 가운데 사람은 옆 사람이 끝나

기 전에 움직이거나 불편을 초래해서는 안 된다. 목적지에 도착시 승무원의 지시에 따라야 하며 좌석의 순서대로 내려야 한다.

5. 입국절차

입국절차는 출국절차의 역순으로 진행된다.

1) 검 역

항공기에서 내려 첫 관문이 검역 절차이다. 소지하고 있던 예방 접종 증명서를 검역관리인에게 제시하고 예방접종 여부를 검사 받는다.

2) 입국심사

여권과 입국신고서를 임국심사관에게 제시하고 입국을 확인받는다.

입국신고서는 기내에서 배부하므로 미리 작성해 두면 된다. 입국확인절차가 끝나면 수화물 회수대(Baggage Claim)에서 자신의 수화물을 찾아 키트(손수레)를 이용하여 세관검사대로 간다.

3) 화물수취

입국확인절차가 끝나면 수화물 회수대(Baggage Claim)에서 자신의 수화물을 찾아 카트를 이용하여 세관검사대로 간다.

4) 세 관

입국절차 중 마지막 관문이다. 이곳에서 반입품의 과세 또는 면세가 결정되는 대로 여행자의 개인용품은 나라에 따라 면세 범위가 다를 수 있다. 일반적인 면세범위는 다음과 같다.

(1) 개인 허용용량

의복, 카메라 1대, 세면도구, 상비약품, 적절한 품목양의 선물

(2) 면세 허용품량

양주 1~2병, 담배 1~2보루, 향수 2온스(향수병 5개 정도)

세관검사로는 모든 입국수속이 일단 끝나면 공항 내에 있는 환전소에서 현지 화폐로 환전을 한다. 환전한 후에는 환전 영수증을 필히 보관하여 후일 쓰다 남은 현지화를 미화로 바꿀 때 근거 서류로 제시하여야 한다.

6. 비행기에서의 매너

① 기내에서는 신발을 벗지 않는 것이 매너입니다. 장거리 비행 시엔 기내용 덧버선을 신기도 하나 복도를 다닐 때는 꼭 구두를 신도록 한다.

② 기내 의자에서 발을 올려 두는 것은 매너에 어긋난다.

③ 이 · 착륙 시와 식사시간에는 의자의 등 받침을 똑바로 한다.

④ 의자를 뒤로 젖힐 때도 뒷 자석의 고객이 놀라거나 음식을 쏟지 않도록 천천히 젖혀 배려한다.

⑤ 창가 쪽 자리에 앉을 때는 너무 자주 자리를 떠서 옆 사람에게 불편을 주지 않는다.

⑥ 기내에서 취침 후 화장실을 갈 때엔 미리 머리와 옷매무새를 확인하고 통로를 통과하여 흐트러진 모습에 유의한다.

⑦ 기내 화장실은 남 · 여 공용이다. 화장실의 사용여부는 바깥에서 볼 수 있게 표시가 되어 있다(사용 중 Occupied, 비어 있을 때 Vacant).

⑧ 기내 화장실 사용 시엔 노크하지 않고 표시등을 보고 이용하는 것이 매너이다.

⑨ 기내 화장실 사용은 반드시 문고리를 잠궈 사용 중임을 표시해야 한다.

⑩ 기내 화장실의 종이타월은 별도의 쓰레기 함(Towel disposal)에 버린다.

⑪ 기내 화장실은 사용 후 반드시 종이타월로 세면대의 물기를 깨끗이 닦아 놓고 나오는 것이 기본 매너다.

⑫ 승무원을 부를 때는 옷을 잡거나 몸을 손으로 찌르지 말고 승무원 호출버튼을 누르거나 가볍게 손을 들어 부른다.

⑬ 승무원의 서비스에는 반드시 간단한 감사의 표시로 응대한다.

⑭ 기내 식사 후엔 주변을 깨끗이 정리하고 냅킨으로 살짝 덮어놓고 치워 주길 기다린다.

⑮ 비행기가 도착하여 승무원의 안내방송이 있기 전까진 미리 일어나 짐을 꺼내거나 통로에 서있는 것은 위험하기도 할 뿐만 아니라 기내 매너에도 어긋난다.

⑯ 기내에서는 오징어 등 냄새가 심한 음식물을 먹지 않도록 한다.

※ 사례 1 비행기에서도 매너는 필요하다

비행기에서는 요금에 따라 클래스에 맞는 서비스를 받을 수 있다비행기 클래스는 항공권 요금에 따라 설정된 계급이라고 볼 수 있다. 위에서부터 퍼스트, 비즈니스, 이코노미 순으로 구분하는데, 위쪽 클래스일수록 좌석 넓이 등 물리적인 차이도 있지만 가장 큰 차이는 서비스의 내용이 다르다. 기내식을 풀코스로 선택하거나 나이트가운을 빌려주거나 퍼스트 클래스 훈련을 받은 객실 승무원의 서비스를 받을 수 있다. 퍼스트 클래스는 이러한 서비스를 많이 이용할 수 있는 반면, 이코노미 클래스는 합리성과 가격을 동시에 선택했다고 생각한다. 따라서 퍼스트 클래스에서 받을 수 있는 서비스는 요구하지 않는 것이 매너이다. 이것만 생각해도 객실 승무원에게 안하무인으로 행동하는 일은 없어질 것이다. 단, 어떤 클래스에 있더라도 기본 룰과 매너를 지키는 것이 남자다. 여러 나라의 남녀노소가 한 자리에 모이는 자리에서 신사다운 모습을 확실하게 발휘할 수 있는 사람은 동행하는 여성이나 친구가 봐도 자랑스러울 것이다.

☞ 탈 때의 기본 복장

비행기를 탈 때는 최대한 편안한 옷차림으로 출발하는 것이 좋다. 재킷 없이 비행기에 탑승하는 것은 사회인으로서 스마트하지 못할 뿐 아니라 비즈니스 출장시 현지에 도착했을 때 파트너 회사에서 마중 나올 가능성도 충분히 있기 때문에 주의한다. 적어도 버튼다운 셔츠에 재킷을 걸치는 정도가 좋다.

☞ 지키고 싶은 매너

· 한 마디 건네기

화장실에 갈 때 옆 사람에게 '실례합니다'라고 하거나, 의자를 젖힐 때 뒷사람에게 '젖혀도 괜찮습니까?' 등의 한 마디 말을 건넨다.

· 슬리퍼

의자에 일회용 슬리퍼가 있다면 갈아 신는다. 슬리퍼로 화장실에 가도 상관없다. 퍼스트 클래스 등에서 파자마를 놓아 둔 경우에는 갈아 입으라는 표시. 레스토랑의 냅킨과 마찬가지로 서비스된 것은 사용하는 것이 매너라고 이해한다.

· 짐 거들기

여성이나 노인이 위의 로커에서 짐을 꺼내거나 넣으려 할 때, 거절하지 않는 한 키가 크고 힘이 있는 남성이 도와주도록 하자.

· 음료

하늘 위는 기압 관계로 술에 취하기 쉬운 상태이다. 공짜라고 해서 너무 마시는 것은 금물. 반대로 기내에서는 건조해지기 쉬우니 신경 써서 물 등으로 수분 공급을 하자.

· 이어폰

자거나 쉬고 싶은 사람도 있다. 이어폰 밖으로 음악이 세어 나와 옆 사람에게 방해되지 않도록 음악이나 TV 볼륨은 작게 듣는다.

· 라이벌과 차이를 만들자! 좌석 순위와 예약

기본적으로는 창가가 상석이지만, 엔진이나 날개 근처는 창가에서 보면 풍경이 나쁘기 때문에, 앉고 서는 것이 편한 통로 쪽이 편리해서 좋다고 하는 경우도 있다. 항공권 예약을 맡았을 때는 동행자의 희망 좌석도 물어 두자. 단, 저가 항공권의 경우에는 좌석지정을 할 수 없는 경우도 있다.

※ 'TIP 특별한 기내식에 대하여

건강이나 종교 혹은 식습관 등의 이유로 인하여 항공사에서 제공하는 기내식을 취식할 수 없는 승객들을 위한 특별식(Special Meal)이 있다.채식주의자를 위한 Vegetarian Meal, 유대 정교도를 위한 Kosher Meal 쇠고기를 먹지 않는 힌두인을 위한 Hindu Meal, 돼지고기를 취식하지 않는 이슬람교도를 위한 Moslem Meal 등이 있으며, 당뇨와 고혈압의 환자용

☞ 승객을 위한 식사가 있다.

어린이들을 위한 메뉴로는 자장면, 김밥, 스파게티, 피자 등이 제공되며, 허니문 및 생일용 축하 케이크도 탑재가 된다. 일반적으로 항공기 출발 24시간 전까지 주문가능하다.

제11장 공공장소 이용매너

제1절 공공장소 매너

일반적으로 공공장소라는 시설은 사람들이 많이 이용하거나 정부나 지방단체에서 운영하는 건물이라고 착각하는 사람들이 많다. 하지만 공원처럼 건물이 아닌 지역인 곳이나, 대중교통, 벤치나 휴지통 같은 시설이나 물품도 공공장소의 영역에 속한다. 물론 벤치나 휴지통 같은 물품이나 도구는 공공시설이라는 표현을 사용한다.

1. 교통이용수단의 이용 매너

1) 지하철의 이용 매너

① 지하철 문이 열리면 양쪽으로 붙어 서서 내리는 사람을 배려한 후 승차한다.

② 지하철에 앉을 땐 다리를 꼬아 앉으면 서 있는 사람의 바지에 닿는다.

③ 지하철은 한 좌석 당 7명의 사람이 앉을 수 있습니다. 너무 넓게 자리하거나 다리를 너무 많이 벌려 다른 사람이 앉지 못하게 방해하지 않도록 주의해야 한다.

④ 지하철의 엘리베이터는 우측은 서서 가고 좌측은 걸어서 간다.

⑤ 아이를 데리고 지하철에 탔을 경우엔 무릎에 안고 간다. 다른 사람에 대한 배려다.

⑥ 아이가 지하철 의자에 신을 신고 올라가지 않도록 주의를 한다.

⑦ 지하철에서 큰소리로 휴대폰을 사용하지 않는다.

⑧ 지하철에서 앞자리 사람을 뚫어지게 쳐다보지 않는다.

⑨ 지하철에서 신문을 볼 때엔 작게 접어서 옆 사람에게 방해하지 않도록 한다.

⑩ 지하철을 탈 때엔 여성을 먼저 태우고 내릴 때는 남성이 먼저 내려 뒤 따르는 여성을 에스코트 해 준다.

2) 승용차 매너

① 승용차에도 상석이 있습니다. 택시와 같이 운전사가 있는 차에서는 운전사와 대각선의 뒷좌석이 1등, 그 옆이 2등, 운전석 옆자리가 그 다음이며 4명이 탈 경우에는 뒷좌석 가운데가 말석입니다.

② 자가용의 차주가 직접 운전 할 때에는 운전자의 오른 좌석에 나란히 앉아 주는 것이 매너입니다.

③ 운전자의 부인이 탈 경우는 운전석 옆자리가 부인석이 됩니다.

④ 지프류의 차일 경우(문이 두개)에는 운전석의 옆자리가 상석입니다.

⑤ 버스에서는 운전기사의 뒷쪽 창문자리가 상석입니다.

⑥ 승용차에서는 윗사람이 먼저 타고 아랫사람이 나중에 타며 아랫사람은 윗사람의 승차를 도와준 후 반대편 문을 이용하여 탑니다.

⑦ 승용차에서 내릴 때는 아랫사람이 먼저 내린 후 윗사람의 하차를 도와 줄 수 있도록 합니다.

⑧ 상석의 위치에 상관없이 여성이 스커트를 입고 있을 경우엔 뒷 자석 가운데 앉지 않도록 배려해 주는 것이 매너입니다.

3) 열차 이용 시 매너

① 두 사람이 나란히 앉는 좌석에서는 창가 쪽이 상석이고, 통로 쪽이 말석이다.

② 네 사람이 마주 앉는 좌석에서는 기차가 가는 방향의 창가 좌석이 첫째 상석, 그 앞이 두 번째 상석, 첫째 상석 옆이 세 번째, 그 앞 좌석이 말석이다.

③ 침대차는 아래쪽의 침대가 상석이다

4) 항공기 이용 매너

① 비행기를 타고 내릴 때는 상급자가 마지막으로 타고 먼저 내린다.

② 객석 양측 창문가 좌석이 상석이고, 통로 쪽이 차석, 상석과 차석 사이의 좌석이 말석 이다.

5) 선박 승선시 이용 매너

① 단체 승선시 인솔자는 나중에 타고 하선시 먼저 내린다.

② 질서 있게 승선하여 지정석에 앉도록 하고 일반석의 경우 한쪽에 치우쳐 자리하지 안는다.

③ 배멀미하 는 사람은 미리 약과 위생 봉지를 사전에 준비 한다.

④ 선내의 통로, 비상구, 구명대의 위치를 확인하고, 사용법을 익혀 비상시에 대비한다.

⑤ 복장을 단정히 하고 슬리퍼 차림으로 실외를 통행하지 않는다.

⑥ 선내의 비품은 깨끗이 사용하고 사용 후에는 제자리에 놓는다.

⑦ 선내에서 물건을 구입할 때에는 관세법을 준수한다.

2. 공공장소 매너

1) 공연장(극장 음악회)매너

① 극장이나 음악회는 시작시간 전에 입장하여 자리를 잡아야 한다. 부득이 늦거나 자리를 떠나야 할 때에는 옆좌석의 손님에게 "실례합니다."하고 양해를 구하고, 발을 밟거나 무릎을 건드리지 않도록 주의하여 앞줄의 좌석 등받이에 몸을 붙이듯이 하여 옆걸음으로 조용히 지나간다.

② 어린 아이들과 거리가 먼 내용일 때, 공연입장권에 '어린이 동반 사절'이라는 표시가 있을 때는 되도록이면 어린이를 함께 데리고 입장하지 않는다.

③ 공연장 내에서는 금연이므로 반드시 지키고, 앉은 자세를 높이거나 모자를 쓴 채로 관람하는 일 등은 삼가 한다. 여성의 경우 모자를 벗지 않아도 되는 것으로 되어 있지만, 크고 높은 특수한 모자를 쓴 경우는 예외이다.

④ 출연한 음악가나 연기자에게는 적절한 시기에 박수를 보내 관객의 느낌을 표현한다. 일반적으로 박수를 치는 때는 다음과 같다.

ⓐ 음악회에서의 지휘자나 연주자가 등단했을 때

ⓑ 한 곡이 끝났을 때

ⓒ 마지막 곡이 끝났을 때에는 성대하게 박수를 친다.

ⓓ 발레 등의 막이 오르고 주역의 인사가 있을 때

ⓔ 막이 내렸을 때

ⓕ 연극 중에 명대사나 명연기가 나올 때

ⓖ 최후의 막이 내렸을 때

(1) 공연 전 매너

① 예약

전화로 카드 번호를 불러주고 예매하는 방법과 인터넷으로 직접 구매하거나 또는 Ticket agency를 통해 구입하는 방법 등으로 사전 예약하도록 한다.

② 복장

원래 연미복과 이브닝드레스 차림이었으나 오늘날에는 턱시도 혹은 정장 (For-mal suit)과 디너 드레스나 칵테일 드레스로 간소해져 가고 있다.

③ 도착

· 공연 시작 10분 전쯤에 도착한다.

· 공연 시작 뒤에 도착한 경우 한 곡이 끝난 다음이나 그 막이 끝날 때까지 밖에서 기다렸다가 막간(intermission)에 들어간다.

· 외투 등은 클로크 룸에 보관한다.

· 극장 안에서 남녀 모두 모자를 벗는다.

④ 공연 중 지켜야 할 에티켓

· 조용히 관람한다. 헛기침은 자제하고 팸플릿 등을 부스럭대며 보는 것을 삼간다.

· 영화의 내용을 알고 있다고 동행자에게 미리 알려주는 것은 좋지 않다.

· 남성이 표를 사려고 줄서 있을 때 여성은 곁에 서 있거나 로비에서 기다린다. 여성이 표를 사서 남성을 초대할 경우 가기 전에 미리 남성에게 표를 건네준다.

(5) 박수

① 박수를 쳐야 할 때 함께 치며 지나치게 눈에 띄도록 박수 치는 것은 자제한다. 박수를 치는 때는 다음과 같다.

· 오페라, 연극, 발레는 막이 내린 후에 친다.

· 성악은 일반적으로 3곡마다, 기악은 마지막 악장 후에 친다.

· 판소리, 마당놀이는 언제든지 칠 수 있다.

② 영국에서는 오페라 끝의 기립박수는 드물다(유럽과 미국에서는 일반적인 행동이다.).

③ 특히 음악회에서는 음악이 완전히 끝날 때까지 박수를 치지 않는다(악장 사이에 박수는 삼간다.).

④ 앵콜은 한두 번 정도 청하면 대부분 받아주지만 받아주지 않는다고 휘파람을 불며 고함을 치거나 소란을 피우면서 자꾸 청하는 것은 실례다.

(6) 기타

① 오페라, 영화 등 정숙을 요하는 곳에 너무 어린 아이들은 주위 사람들에게 피해를 줄 수 있기 때문에 데려가지 않는다.

② 연극이 끝난 뒤 남성은 먼저 통로에 나와 함께 온 여성을 기다려 앞

세운다(붐빌 때는 남성이 앞서서 길을 터준다.).

(7) 극장에서의 매너

① 공연이 시작하기 20분 전에 도착해 착석한다.

② 착석 시 다른 관객 앞을 지날 때는 양해를 구하고 옆 걸음으로 조용히 들어간다.

③ 공연 중에는 휴대폰 전원을 끄고 책자를 뒤적거리거나 대화를 나누지 않는다.

④ 복장은 평상복보다는 정장과 구두를 착용 하는게 예의이다.

⑤ 공연중에 도착했다면 막이 끝났을 때까지 기다리다가 막간에 조용히 들어간다.

⑥ 남녀 동반 시, 남성이 통로 쪽에 앉는다.

⑦ 공연 중에는 대화하거나 통화하지 않는다.

⑧ 착용중인 모자는 벗어서, 뒷좌석 관람객의 시야를 막지 않는다.

3) 은행, 관공서 매너

① 은행이나 관공서에 갔을 때 수속절차를 잘 모르는 경우에는 안내인이나 창구의 직원에게 자신의 용건을 분명히 말하고 도움을 구한다.

② 서류 등의 정해진 양식은 필요한 매수만을 이용하여 낭비하지 않으며, 지정된 장소에서 쓰고, 필기구도 다 쓴 뒤에는 제자리에 두도록 한다.

③ 자신의 용무가 급하다고 하여 창구의 직원에게 불평하거나 재촉하는 일은 없도록 하며, 먼저 와 있는 사람이 있을 때에는 질서를 유지하도록 한다. 또한 직원과 안면이 있다고 하여 자신의 용건만을 먼저 처리해 달라고 부탁하는 일은 삼가야 한다.

④ 아울러 관공서에서도 여러 증명서류를 전화나 우편으로 예약 · 신청하면 원하는 때에 보내 주거나 정확하게 발급받을 수 있는 시간을 알려 주므로 이 제도를 이용하면 개인적인 시간낭비를 줄일 수 있어 편

리하다.

⑤ 은행이나 관공서는 이용객들이 기다리면서 읽도록 책을 비치해 두는데, 다 읽은 후에는 반드시 제자리에 정리해 두며, 어린이를 동반할 경우에는 어린이가 신을 신고 의자 위에 올라가서 소란하게 하거나 뛰어 다니지 않도록 주의시킨다.

4) 스포츠 경기장에서의 매너

① 적절한 응원으로 경기나 경기장 분위기 조성에 활력을 주도록 노력하고 분위기에 고조된 나머지 흥분하여 경기장에 뛰어내리거나 들어가서는 안된다.

② 운동경기 중에 상대선수나 심판에게 야유를 보내거나 물건을 던지는 폭력행위는 절대 금해야 하고 상대편 선수나 팀이라 할지라도 훌륭한 플레이나 묘기 등을 보일 때는 박수를 보내는 것이 매너이다.

③ 경기가 끝난 후 주변 정리 하는것 또한 매너이다.

5) 건물 출입시 매너

① 복도를 지나가다 윗사람과 마주치면 가벼운 목례를 하고, 예의를 갖춘다. 부득이 바쁜 일이 있어서 윗사람을 앞질러 갈 수밖에 없는 경우에는 "먼저 실례합니다." 또는 먼저 가보겠습니다." 등의 인사말을 하고 가도록 한다.

② 복도를 걸어 갈 때에는 세 사람 이상이 나란히 걸어서 복도를 꽉차게 하여 맞은편에서 걸어오는 상대방이 헤치고 가거나 비켜 가기에 당혹스러움을 느끼게 하는 일은 삼간다.

③ 조용한 복도를 울리는 구두 발자국 소리나 신을 끌며 걷는 소리 등은 모두 일종의 소음공해가 될 수 있다.

④ 공공주택의 현관 밖이 복도식으로 된 주거지역에서는 어린이들이 복도에서 시끄럽게 떠들거나 뛰어 놀지 않도록 주의를 주어 쾌적한 환경이 될 수 있도록 한다.

6) 엘리베이터 이용시 매너

① 엘리베이터 안내원이 있을 경우는 탈 때나 내릴 때 손님이나 윗사람이 먼저 타고 내립니다.

② 안내원이 없을 경우는 손으로 문을 누르고 윗사람을 먼저 태우고 내릴 때는 버튼을 누른 채 윗사람을 먼저 내리게 합니다.

③ 윗사람이 2명 이상일 경우 아랫사람이 먼저 탄 후 문이 닫히지 않도록 열림 단추를 눌러 안전하게 탈 수 있도록 배려하고 내릴 때도 열림 단추를 눌러 모두 내리게 한 후 마지막으로 내립니다.

④ 엘리베이터의 상석은 조작 단추의 대각선 안쪽입니다.

⑤ 엘리베이터에서는 윗사람의 앞을 가리지 않도록 비스듬히 서도록 배려합니다. 여러 명이 탔을 경우엔 조작 단추 가까이 있는 사람이 열림 단추를 눌러 모두 내리게 한 후 마지막으로 내립니다.

⑥ 엘리베이터 사용 시에는 항상 여성이 먼저 타고 내릴 수 있도록 배려합니다.

7) 화장실 매너

① 화장실에서는 용변을 본 후 물을 꼭 내리고 휴지는 휴지통에 버린다. 그리고 휴지를 너무 많이 쓰지 않고 너무 오랜시간 동안 화장실에 들어가 있지 않는다.

② 줄을 서서 차례를 기다리며, 화장실 문을 열기 전에 노크를 해야 한다.

③ 화장실 안에 사람이 있을 때에는 안에서도 가볍게 노크를 한다.

④ 침을 아무 곳에나 뱉지 않으며, 화장실 바닥이나 벽에 낙서를 하지 않는다.

⑤ 용변이 끝나면 물을 내려서 오물을 흘려 보낸다.

⑥ 수세식 화장실은 전용 화장지만 사용해야 한다.

8) 병원 이용시 매너

① 병원을 이용할 때에는 시급을 요하는 질병이 아니라면 날짜와 시간을 사전에 정하여 이용할 수 있는 '진료예약제도'를 활용하는 것이 바람직하다. 일반적으로 많은 사람들이 이제도를 이용하지 않고 있어 종합병원의 대기실은 단지 몇 분간의 진찰을 받기 위해 수 시간 동안 마냥 기다리는 사람들로 혼잡하다.

② 병원 내의 사람들과 안면이 있는 관계로 기다리는 사람보다 늦게 와서 먼저 진찰을 받는 불유쾌한 일들도 있게 된다. 따라서 병원 이용시 진료예약제도'를 이용하면 개인적인 시간의 낭비도 줄이고, 병원의 혼잡도 덜 수 있을 것이다.

② 진료내용별로 병원에 가기 전에는 몸을 청결히 하여 다른 환자나 의사에게 불쾌감을 주지 않도록 한다. 또한 치과에 갈 때에는 양치질을 깨끗이 하고, 여성의 경우는 입술연지를 바르지 않고 간다. 일반적으로 병원에 갈 때에는 얼굴빛으로도 진찰이 될 수 있으므로 화장을 하지 않고 가는 것이 좋다.

③ 내과에 갈 때에는 내의를 청결한 것으로 입고, 진찰이 편리하도록 앞트임의 옷을 입는 것이 좋다.

④ 진찰 후에는 옷매무새를 완전히 정리하고 진찰실을 나선다. 어린아이를 데리고 소아과에 갈 때에는 아이가 울 때를 대비하여 달래기 위한 장난감이나 좋아하는 간식 등을 준비하여 진찰실이 소란하게 되지 않도록 배려한다.

9) 공원 · 고궁에서의 매너

① 공원이나 고궁을 이용할 때에는 정해진 규정을 잘 읽고 제한되어 있는 사항들을 준수하도록 한다.

② 꽃과 나무를 꺾거나 들어가는 것이 금지되어 있는 잔디밭에는 출입을 삼간다.

③ 흡연은 지정된 곳에서만 하고, 담배꽁초는 꺼진 것을 반드시 확인하고 휴지통에 버린다. 그리고 연못이나 길에 휴지를 버리지 않도

록 한다.

④ 개를 데리고 산책할 때에는 개가 아무 곳이나 배설을 하지 않도록 한다.

⑤ 공원이나 고궁에서 휴식 후에 돌아 갈 때에는 음료수병 · 과자봉지 등을 휴지통에 버리고, 주변을 깔끔하게 정리하도록 한다.

10) 거리에서의 매너

① 여성과 함께 길을 걸을 때에는 남성이 바깥쪽(차도 쪽)에 선다. 같은 여성들끼리라면 연령순으로 연장자가 안쪽에 선다.

② 허약한 여성 또는 나이가 많은 여성인 경우나 사람이 너무 많아 혼잡한 경우 등을 제외하고 남성이 여성의 팔을 잡는다든지, 여성이 남성의 팔에 매달리듯 하며 걷는 것은 매너에 어긋난다.

③ 공공장소에서는 되도록 이야기하는 것을 삼가는 듯한 자세를 취하는 것이 매너의 기본으로 길거리, 특히 혼잡한 노상에서 서서 이야기를 하는 것을 되도록 삼간다. 또 길을 가며 담배를 피운다든지, 껌을 씹는 행위도 삼간다.

④ 길거리에서 큰 소리로 멀리 있는 친구의 이름을 부르지 않는다.

⑤ 남성의 경우, 셔츠의 윗단추를 풀어 헤치고 걷는다거나 넥타이를 다시 풀어서 매는 등의 행위는 삼간다. 여성의 경우는 길에서 화장을 고친다거나 머리모양을 바꾼다거나 하는 정숙치 못한 행위를 삼간다.

⑥ 길에서 싸움을 한다거나, 침이나 가래를 함부로 뱉는다거나, 혹은 취해서 비틀거리는 것도 교양 없는 행위이다.

⑦ 길에서 알지 못하는 사람으로부터 질문이나 도움을 요청받았을 때에는 친절하게 안내를 한다.

⑧ 공공장소에서 모르는 사람에게 받은 호의에 대해서는 상황에 맞는 적당한 인사말을 한다.

3. 기타 매너

1) 스포츠 매너(골프)

비즈니스맨들에게 가장 사랑받는 스포츠 중의 하나가 골프이다. 골프는 특히 운동 이외의 사교를 목적으로 비즈니스를 하는 사람들이 배워야 할 필수 덕목으로까지 여겨지고 있다. 이러한 이유 때문인지 종종 "골프접대, 로비"라는 부적절한 용어로 언론에 비춰지곤 하지만 분명 골프는 귀족스포츠에서 대중적인 스포츠로 변화하였고 그 만큼 골프를 즐기는 사람들의 증가로 많이 실용화되기도 하였다.

그 사람에 대해 진실로 알기 위해서는 화투와 골프를 해보라는 얘기가 있다. 골프가 제대로 안되면 얼굴이 울그락 불그락 해지는 사람들, 골프공이 엉뚱한 데로 튀고 잘 안풀리면 심지어는 골프채를 집어 던지는 사람도 있는데 골프가 대중화 된 만큼 골프 매너도 알아야 한다.

(1) 경기에 초청하기

① 한국식으로 골프에 초청한다고 했을 때 많은 외국인들은 누가 비용을 지불할 것인지에 대해 궁금해 한다. 초청 시 상대방의 골프비용과 부수비용모두를 지불한다는 뜻을 확실하게 전해야 한다.

② 예약과 예약 재확인 필수이다. 특히 경기가 있는 날짜와 티타임(Tee Time), 골프장을 재확인한다. 예약만하고 재확인도, 취소도 하지 않는 골퍼들이 있어 미리 신용카드의 번호를 접수하여 취소료를 징수하기도 한다.

③ 주말 골프 예약을 하고 예약당일 나타나지 않은 사람(No-show)을 영어로 스윈들러(swindler)라고 한다. 이보다는 낫지만 당일 한시간 전에 취소하는 얌체골퍼들을 a shameless golfer라고 하고 또한 수시로 예약 변경하는 사람을 칠면조(turkey)라고 한다. 칠면조는 하루에도 목 색깔이 7번이나 바뀌기 때문이다. 예약을 할 때는 신중히하고

부득이한 사정으로 취소시에는 미리 취소한다는 뜻을 알려야한다.

(2) 경기 중 에티켓

① 티잉그라운드(Teeing ground) : 처음 플레이를 하는 출발 지점

ⓐ 다른 사람이 시작할 때는 조용히 지켜본다.

ⓑ 티잉그라운드 에서는 플레이어들이 계속치기 때문에 시끄러울 수 있겠지만 어드레스(aderss)에 들어가면 자신이 속해있는 그룹뿐만 아니라 다른 그룹의 사람이 칠 때도 조용히 해야한다.

ⓒ 위험하게 치는 사람에게도 방해가 되므로 칠 사람이외에는 티잉 그라운드에 들어가질 않는다.

ⓓ 칠 사람이외의 사람이 스윙하지 않도록 한다.

ⓔ 앞 그룹 쪽으로 공을 치지 않도록 주의한다.

ⓕ 자신의 볼에 표시를 해두어 확인 할 수 있도록 한다.

② 스루터 그린(through the green) : 현재 플레리를 하고 있는 티잉그라운드와 그린, 코스내 모든 해저드를 제외한 구역을 말한다.

ⓐ 친 공이 예상치 않은 방향으로 날아가 다른 그룹이 있을 만한 곳에 떨어질 것 같으면 'Fore(앞)'라고 외치고 반대로 플레이 도중이란 소리를 들으면 플레이를 중단하고 기다린다.

ⓑ 디봇트(Divot-아이언으로 공을 쳤을 때 잔디가 손상될 수 있는 자국을 말함)는 친 사람이 원래 상태로 해 놓는 것이 에티켓이다.

③ 해저드 : 벙커(움푹들어가 모래가 있는 곳)와 워터해저드, 래터럴워터 해저드가 있다. 볼의 일부가 해저드와 접촉되어 있다면 해저드에 있는 상태이다. 그러나 그래스 벙커(모래대신 긴 풀로 덮인 움푹 파인 곳)는 스루 더 그린이 된다.

ⓐ 벙커에는 공에서 가까운 곳부터 들어가서 치고, 치고 난 후에는 친 자국이나 발자국을 벙커 고무래로 정리하고 나와야 한다.

④ 퍼팅 그린(putting green) : 현재 플레이하고 있는 그린

ⓐ 강한 샷으로 공이 그린위에 떨어지면 처음에는 상당한 망가질 우려가 있으므로 그때까지는 가지고 간 그린 포크로 복구해 놓는다.

ⓑ 원구 선타의 원칙을 지킨다. 자신이 공을 치거나 치기위해 준비를 하고 있을 때 다른 사람의 라인(컴을 향해 공을 쳤을 때 공이 지나가리라고 예측되는 궤도를 말한다.)을 밟아서는 안된다.

ⓒ 치는 사람에게 방해되지 않도록 주의 한다. 퍼팅은 특히 집중력이 요구되는 샷이므로 소음 및 행동과 기다리는 위치에 주의한다.

(3) 경기 외 에티켓

① 프랑스에서는 라이센스가 있어야 골프장 입장이 가능할 정도로 골프 규칙과 에티켓에 대해 알고 임해야 한다.

② 골프장의 정보를 사전 입수하여 골프장 출입 시 복장 등에 실수하지 않도록 한다.

③ 스코어보드 등에 기재되어 있는 골프장 규칙과 로컬룰을 따른다.

④ 홀 아웃(Hall out)후 옷과 신발을 갈아 신는다.

⑤ 라운딩한 옷차림으로 클럽하우스에 들어가지 못하는 곳이 많으므로 여분의 옷으로 갈아입고 골프화 대신 구두를 신고 들어간다.

⑤ 샤워 할 수 없을 경우 얼굴과 손을 깨끗이 닦고 식사하는 것이 원칙이다.

2) 스포츠 센터에서의 에티켓

(1) 헬스클럽

· 운동화를 신지 않고 운동하는 것

· 실외운동화를 신고 바닥을 더럽히는 것

· 운동기구 사용 후 땀을 닦지 않아 다음 이용자에게 불쾌감을 주는 것

· 타월을 여러 장 사용하는 것

· 자기만을 생각하고 장시간 러닝머신을 사용하는 것

· 기구 앞에서 시끄럽게 떠들고 장난치는 것

· 운동 시 땀을 닦지 않거나 상의를 이용해서 땀을 닦는 것

(2) 볼링장

· 투구 후 어프로치에서 내려오지 않고 풀에 들어오는 것

· 옆 라인 사람이 먼저 투구 할 준비를 하고 있는데 투구하는 것

· 주변사람을 의식하지 않고 소리 질러 응원하는 것

(3) 수영장

· 메이크업을 지우지 않고 풀에 들어오는 것

· 의료용 밴드를 붙이고 수영하는 것

· 액서서리를 착용하고 수영하는 것

· 지나치게 노출이 심한 수영복을 입는 것

※ 메티켓 10계명 (공공장소 메이크업 에티켓)

'메티켓'이란 '메이크업(Makeup)과 에티켓(etiquette)의 합성어(合成語)로서, '화장 에티켓'을 이르는 것을 말함.

1. 공공장소에서의 부득이한 메이크업은 되도록이면 짧게 하자.

- 공공장소에서 메이크업을 하는 것은 글로벌 에티켓에 어긋나는 행동이다. 하지만 부득이한 사정으로 메이크업을 해야 한다면 짧은 시간에 간단하게 끝내도록 한다. 특히 파운데이션, 아이라이너, 마스카라 등의 심도 있는 메이크업은 보기에도 민망하고, 주위 사람들까지 무안하게 만드니 되도록이면 자제한다.

2. 파우더 화장을 할 땐 가루가 날리지 않게 조심하자.

- 사람들이 많은 공공장소에서 콤팩트를 꺼내 화장을 고칠 땐 주위를 한번 둘러보자. 주변에 파우더 가루에 민감한 사람들이 있을지도 모른다.

3. 사용한 기름종이는 깔끔히 처리하자.

- 깔끔한 얼굴은 보기에도 좋다. 하지만 기름이 잔뜩 묻은 기름종이를 보는 일은 가히 유쾌한 일이 아니다. 사용한 기름종이는 아무 데나 버리지 말고, 깔끔히 처리하도록 한다.

4. 짙은 화장과 지나친 향수는 피하자.

- 공공장소에서의 짙은 화장과 지나친 향수는 주위 사람들에게 오히려 거부감을 일으키므로 가급적 피한다. 적당량만 써서 은은하게 풍기는 향기는 주위 사람들도 기분 좋게 한다는 사실을 잊지 말자.

5. 음료를 마신 컵이나 찻잔에 입술 자국이 묻어 있지는 않은지 확인하자.

- 컵이나 찻잔에 선명하게 남겨진 립스틱 자국은 매너가 아니다. 남을 배려하는 마음으로 티슈나 손수건을 이용해 닦아 내도록 하자.

6. 식사 후 바로 메이크업을 고치는 행동은 자제하자.

- 식사 후 앉은 자리에서 화장을 고치거나 립스틱을 바르는 사람들을 흔히 볼 수 있다. 하지만 그런 모습은 보기에도 좋지 않을 뿐더러 화장품 향기가 다른 사람들의 식욕을 떨어뜨릴 수 있으니 주의하자.

7. 실내 수영장에서 오일 성분의 화장품은 피하자.

- 간혹 메이크업을 지우지 않고 실내 수영장을 이용하는 사람들을 발견하게 된다. 모두가 유쾌한 수영장이 될 수 있도록 실내 수영장을 이용할 땐 되도록이면 메이크업을 지우고, 오일 성분이 든 화장품을 자제하는 것이 어떨까?

8. 헬스장에서 운동할 때는 가급적 메이크업을 지우자.

- 운동할 때 흐르는 땀방울은 아름답지만, 메이크업과 함께 흐르는 땀방울은 얼룩을 남긴다. 메이크업을 지운 맨 얼굴로 열심히 운동하는 모습이 더욱 아름답다.

9. 강의시간에 메이크업을 수정하는 것은 에티켓에 어긋나는 행동이다.

- 강의 시간에 콤팩트를 꺼내 교수님의 눈을 피해 가며 화장에 머리 손질까지 하는 행동은 교수님이나 다른 학생들에 대한 예의가 아니다.

10. 여름철 흐르는 땀방울을 닦을 수 있는 손수건을 준비하자.

- 땀과 함께 얼룩져 흐르는 메이크업은 보기에도 민망하다. 번들거리는 기름은 기름종이로, 더위로 맺힌 땀은 손수건으로 해결하자.

제12장 취업 준비 및 면접

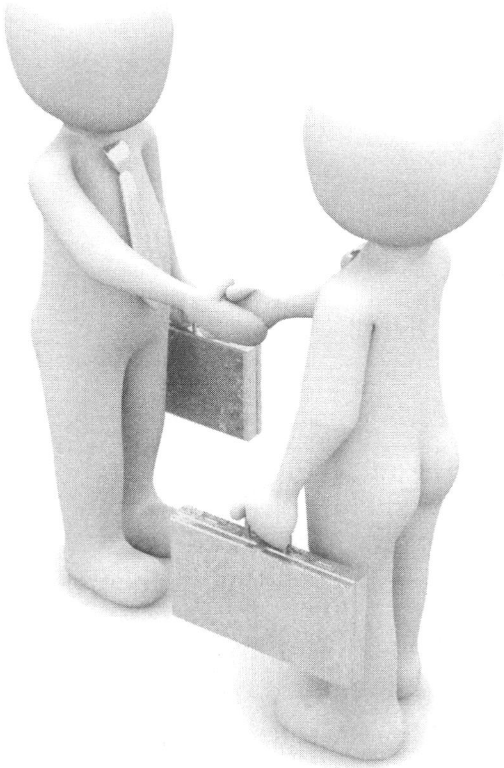

제1절 취업 준비 및 면접

사회생활의 첫 관문인 취업을 위해서는 자신이 희망하는 기업에 지원서를 내고 여러 종류에 서류전형이나 면접에 응하게 된다.

특히 면접은 시대의 흐름에 따라 적극적인 자세와 변화에 민감하게 대처 할 수 있는 능력 창의성, 발전가능성을 지닌 인재를 찾아내기 위해 다양한 방법으로 이루어지고 있다는 것을 명심하고 있어야 한다.

1. 면접

· 단독 개별면접

· 그룹 면접

· 집단토론식 면접

지원한 동기 · 직업관에 대한 질문

사전에 철저히 준비하는 것이 중요

2. 취업 준비와 전략 세우기

취업 준비를 하면서 구직자는 지원 직무에 대한 이해와 직무 수행에 대한 범위, 또는 그에 따르는 역할을 이해해야 한다.

구직활동을 시작하기 전에 단순히 자신의 기본적인 학업 성적과 스펙만 가지고 무작정 지원하는 것이 아니라, 자신이 지원하고자 하는 직무가 최소한 어떤 일을 수행하는지를 사전에 분석하여 이해도를 높여야 한다.

구직자는 기업의 규모, 업종, 지원 기업의 특성에 따라 다르게 나타나는 직무의 수행 범위에 대해 제대로 이해하고 있어야 한다.

현재 지원하고자 하는 직무를 수행하고 있는 선배와의 대화를 통해 직무수행 범위를 분석해 보면 지원하고자 하는 직무의 수행범위를 이해하는데 실질적인 도움을 얻을 수 있다.

본인이 지원하고자 하는 직무의 역할에 대해 명확하게 이해해야 한다. 이런 역할은 직무의 업종, 상품, 조직적 특성, 시장의 요구 상황 등에 따라 달라지게 된다.

이런 직무역할에 대해서는 평소 취업준비를 하면서 자신이 지원하는 업무의 역할을 심층적으로 이해하는 과정에서 상황에 따라 달라지는 직무역할에 대해 응용하는 연습이 필요하다.

1) 취업전략

직무 중심의 채용과 역량 중심의 면접 환경에서 취할 수 있는 면접 전략의 변화 방향성을 정리해 보면 다음과 같다.

(1) 취업전략

· 다양한 경험을 통해 지원 직무에 대한 역량을 확보하는 것이 중요

· 자신감, 열정, 도전정신, 책임감을 기르고 이에 대한 객관적인 경험 확보가 주요

· 직무, 업종, 기업규모, 대상기업 등의 목표를 준비하고 지원

· 일에 대한 이해도가 높은 인재(즉시)현업에 투입이 가능한 인재)가 우수한 인재임

· 평소 논리적으로 사고와 시스템적인 사고를 유지하고 과정을 이해하는 사고를 기름

· 경험한 부분이 기업 목표를 달성하는데 기여할 수 있음

· 사전 정보분석을 한 후 지원과정에 충실해야 함

· 개인의 성장과정, 성향과 일치하는 기업환경, 직무 적성 업종 선택

2) 자기분석 3단계

(1) 과거

(2) 현제

(3) 매래

· 자신의 성격 취미 – 자신이 하고 싶은 직업분석

· 자신의 미래 – 유망 직종

3) 자기 분석표 작성해 보기

구분	(장점)	(단점)
대학전공		
실무경험		
동아리/ 봉사		
아르바이트		
자격증		
기타		

4) 사회진출 계획서 작성해 보기

구분	내용
내가 하고 싶은 일	
내가 일하고 싶은 곳	
취득하고 싶은 자격증	
나의포부 및 다짐	

3. 효과적으로 자신의 능력을 어필하는 면접요령

· 미리 준비하라.

· 지원 동기와 입사 후 포부를 명확히 하라.

· 무엇을 요구하는지 파악하라.

· 한 템포 쉬고 이야기 하라.

· 결론부터 이야기 하라.

· 표정관리에 신경 써라.

· 뒷모습도 중요하다.

4. 면접 핸디캡 극복하기

· 첫인상이 좋지 않다.

· 타인 앞에만 서면 얼어 버린다.

· 말을 조리 있게 말하지 못한다.

· 준비되지 못한 모습은 백전백패

· 취업이 늦어졌거나 공백 기간이 있다.

· 지원분야에 대한 지식이 부족하다.

5. 면접에도 예절이 있다

· 인사법

· 면접시 대화법

· 면접이 끝난 후

· 면접시 주의사항

제2절 이력서 작성방법

개인의 신상명세서와 경력 이력이 담긴 양식을 말함

1. 국문 이력서 작성법 (과거 ☞ 현재)

· 인적 사항

· 학력 및 경력사항

· 특기 및 상벌사항

· 기타

1) 자기소개서 작성시 유의사항

· 충분한 시간을 가지고 쓴다.

· 초고작성 수정, 보완을 거쳐 완성한다.

· 간결하고 일관성 있는 문장이 좋다.

· 논리적이고 구체적인 표현을 쓴다.

· 창의성 있는 구성과 내용이 좋다 .

· 거짓없이 진솔하게 쓴다.

· 작성순서는 연대순으로 하라.

· 외래어 한자 사용에 주의한다.

· 오자 탈자 맞춤법에 주의한다.

2) 실수하기 쉬운 자기 소개서 유형

· 나는 또는 저는 으로 시작하지 않는다.

· 기업체 별로 작성하라.

· 기본적인 정보는 꼭 기재한다.

· 추상적인 표현 식상한 표현 배제하라.

· 자기자랑 일색형 자제하라.

· 경력 나열형 자제하라.

· 역사 교과서 부록형 배제하라.

· 사소한 실수형 오타 및 철자에 유의하라.

3) 자기소개서 체크 리스트

· 구체적인 경험이 들어가 있는가?

· 오탈자가 없이 바로 작성되었는가?

· 업무와 관련된 경험을 짐작할 수 있는 내용이 있나?

· 명확히 지원 분야에 대한 이해를 했는가?

· 업무와 회사에 대한 비전을 표현 했는가?

· 내용구성에 있어서 짜맞춘 흔적이 들어가 있지 않은가?

· 회사에 기여할 수 있는 능력에 대한 주장이 충분히 되었는가?

· 감상에 빠진 듯 작성한 자서전적 내용은 아닌가?

· 문장은 읽기 편안한가?

4) 구직자들이 많이 사용하는 문장

· 리더십이 뛰어나다.

· 성격이 꼼꼼하고 신중하다.

· 창조적인 사고를 한다.

· 적극적인 성격에 소유자다.

· 성실하다.

· 대인관계가 좋다.

· 업무 적응력이 뛰어나다.

· 친구들이 많아 고민상담 많이 한다.

5) 입사지원서 체크 리스트

· 이력서와 자기소개서의 양식에 통일성이 있는가?

· 알아보기 쉽게 동일한 글자체를 사용했는가?

· 지원분야에 대해서 채용공고의 명칭과 동일하게 기입했는가?

· 각 항목에서의 기간 표기나 명칭에 오타가 없는가?

· 자격증과 발급기관의 표기는 공식명칭으로 되어 있는가?

· 자격이나 경력 등에 누락된 것은 없는가?

· 비즈니스 용어를 사용했는가?

· 불필요한 공란이나 비워둔 곳이 없는가?

· 종결과정에 있어 날짜가 지원 기간에 포함되었는가?

2. Cover letter 작성법

1) 커버레터 란

자기소개서로서 일종의 자기 PR문을 말한다. 외국계 기업에 지원할 경우 커버레터 없이 Resume만 보낼 경우 불합격의 요인이 될 수 있으므로 반드시 작성하는 것이 좋다.

2) 특 징

· 입사를 희망하는 기업에 보내는 것이기 때문에 기업에 필요한 인재라는 것을 문장으로 보여줘야 한다.

· 지원기업 지원자의 희망업무 직종에 따라 그때 그때 작성해야 한다.

· 한 장 이내로 간결하게 작성한다.

3) 좋은 커버레터 만들기 위해 지켜야 할 것

· 커버레터의 수신자를 반드시 기재하라.

· 차별성 없는 정형화된 문장은 피하라.

· 자신의 경력과 능력을 두드러지게 표현하라.

4) 영어 면접시의 주의사항

· 사전연습으로 부담감을 없애라.

· 지원회사에 대한 정보를 챙겨라.

· 상황대처능력 순발력을 길러라.

· 장황한 답변은 결점요인이다.

· 최대한 적극적으로 의사표시

· 한국말 사용하지 말라.

5) 이력서 & 자기소개서 작성법

대부분의 회사가 이력서와 자기소개서로 서류 전형을 한 다음 면접을 본다. 많은 취업 준비생들이 면접 준비에 비해 이력서와 자기소개서 준비에는 소홀한 경향이있다. 그러나 서류전형에 합격해야 면접을 볼 기회가 있다는 점을 잊어서는 안 된다.

3. 면접의 테크닉

1) 강한 인상을 주는 자기 어필 법 Best 10

(1) 상대방을 똑바로 응시하자

면접시험 중에는 면접관의 눈을 똑바로 본다. 불안 초조와 같은 긴장한 모습을 보이면 자신감이 없어 보일 뿐만 아니라 무언가 감추고 있는 듯한 인상마저 주어 마이너스 요인이 된다.

(2) 첫인상이 승부를 정한다.

'승부는 20초 이내에'라는 말이 있다. 먼저 첫마디를 활기찬 목소리로 답변하자.

(3) 결론을 먼저 말하고 이야기의 강도를 높인다.

말하고 싶은 요지를 먼저 말하면 이야기가 간결하고 알아듣기 쉬워진다. 면접관을 짜증나게 하는 질질 끄는 이야기는 삼간다.

(4) 일반론이 아닌 자신의 의견을 말하라.

면접관이 듣고자 하는 것은 응시자 자신의 생각이다. 자신을 포장해 보이지 말고 있는 그대로 보여주어야 한다.

(5) 말을 현실감 있게 한다.

사무적이고 객관적론 같은 내용에는 반드시 뒷받침할 수 있는 에피소드를 덧붙이도록 한다. 말엔 현실감과 설득력이 있어야 한다.

(6) 추상적인 이야기는 구체적으로 한다.

어려운 내용이거나 전문 용어는 풀이해서 구체적으로 이야기하라. 아무리 중요한 이야기라도 상대방에게 전달이 안 되면 무의미하다.

(7) 독창성을 앞세우자

어떤 이야기든 자기만의 독창적인 멋이 배어 나오도록 하자.

(8) 절정을 만든다.

면접에도 클라이막스가 있다는 것을 명심하자.

(9) 때로는 날카로운 질문을 던져 본다.

정곡을 찌르는 절묘한 질문은 깊은 인상을 남길 것이다. 물론 당연한 내용의 질문은 감점의 대상이다.

(10) 깊이 있는 대답을 한다.

질문에 대해 골자만 짧게 대답하는 대화는 딱딱해지기 쉽다. 그 보다는 어떻게 느꼈는지 어떤 역할을 했었는지 무엇을 얻었는지 등에 관한 깊은 대답을 하여야 한다.

2) 높은 점수를 받는 포인트 Best 10

(1) 능숙하게 대화를 주고받는다.

면접자의 질문을 실수 없이 리듬 있게 멋있게 받아 바로 면접자가 원하는 답을 드리는 것이 가장 중요하다.

(2) 질문의 핵심을 잡는다.

질문자가 질문한 핵심과 원하는 바를 알아차리는 것이 가장 중요하다. 이것은 응시자의 빠른 두뇌회전을 검증하는 방법이기도 하다. 질문한 내용의 초점을 벗어난 응시자의 답변은 면접관의 맥을 빠지게 한다.

(3) 표정을 풍부하게 하라.

미소를 잃지 않고 시종 명랑한 표정으로 임하도록 하자.

(4) 질문을 잘 듣는다.

진지하게 경청하는 자세가 매우 중요하다. 질문에 적절한 대답을 한다. 자기만의 이야기로 끝나지 않도록 상대방이 하는 말을 주의 깊게 들을 것.

(5) 화제를 자신에게 유리하게 이끈다.

자기에게 유리한 방향으로 화제를 전환시켜 응시자인 당신이 면접의 주도권을 잡으라는 것이다.

(6) 자신 있게 이야기하라.

자신 없는 태도의 이야기는 금방 드러난다. 어깨를 펴고 당당하게 이야기하라.

(7) 어휘를 풍부하게 하자.

어휘력이 풍부한 사람은 다양한 표현력을 갖추게 된다.

(8) 열심히 이야기하자.

언변이 서툴러도 무방하다. 전하고자 하는 열성이 더 중요하다.

(9) 정열, 의욕, 품위를 잃지 않는다.

진지하고 열정적으로 이야기하자.

(10) 마지막까지 최선을 다하라.

면접이 끝날 때까지 최선을 다하라. 면접 도중 질문에 대답을 제대로 못해 엉망이 됐다는 생각이 들어도 끝까지 포기하지 말라.

3) 면접의 금기 사항 Best 10

(1) 동종 업계의 타 회사를 나쁘게 말하는 것

지망한 회사 측에 듣기 좋으라고 다른 회사를 헐뜯는 것을 삼가라. 실제 그렇더라도 언급 않는 것이 좋다.

(2) 감정을 드러내는 것

흥분과 감정이 앞서있는 경우 면접 받고 있는 자리임을 명심해서 평정을 유지하라.

(3) 제멋에 겨워하는 행동

기다렸다는 식의 답변을 늘어놓지 말라. 자랑하고 싶은 일을 연설하는 식으로 말하는 것은 좋지 않다. 중요한 것은 자기를 이해시키는 일이다.

(4) 자신의 배경을 들먹이지 마라

면접관이 묻기 전에 선배나 저명인사를 들먹이지 않는다. 구인자 쪽에서 화제로 삼을 때 비로소 말하는 게 순서다.

(5) 변명하는 것

특히 지각에 대한 변명 같은 것은 전혀 무의미하다.

(6) 지나친 자신감

수식어를 지나치게 사용하지 마라. 지나친 자신감은 상대방을 불쾌하게 만든다.

(7) 콤플렉스를 드러내는 것

자기비하와 겸손은 다르다. 스스로 못났다고 생각하고 있는 응시자는 당연히 감점의 대상이다.

(8) 회사의 약점을 건드리는 것

상대방의 약점을 건드리는 일은 하지 않는다. 사람이든 회사든 예의임을 명심하라.

(9) 모범답안

틀에 박힌 답안 등은 기업의 인사담당자들에게 호감을 줄 수 없다. 자신만의 개성 있는 답변을 하라.

(10) 거들먹거리는 태도

구인자를 이기거나 압도하려는 행동을 하지마라.

제3절 예상 질문

1. 핵심 면접 예상 질문

1) 자기소개 및 성장과정

(1) 자신의 특징에 대해 간단히 소개해 보십시오.

▶ 자신의 특징을 효과적으로 전달 할 수 있는 방법은 구체적으로 답변을 하는 것이다.

대학 재학시절 용돈과 책값은 제 힘으로 해결하려고 노력하였습니다. 무슨 일이든 남의 도움을 받기보다는 저 혼자의 힘으로 해결하고자 하는 성향이 있습니다. 이러한 생활방식을 몸에 익히다보니 어떤 일에 앞서서는 미리 예산을 산정하고 계획하는 일이 습관화되었습니다.

(2) 자신의 장 · 단점은 무엇입니까?

▶ 솔직히 말하는 것이 좋다. 단점의 경우 그것을 고치겠다는 의지를 덧붙이는 것이 좋다.

장점은 포기할 줄 모르는 성격입니다. 대학 2학년 때 그 동안 관심 있었던 '컴퓨터 프로그래머 자격증' 시험 공고를 우연히 보게 되었습니다. 대다수 시간이 너무 촉박하여 어려울 것이라고 했지만 밤낮을 가리지 않고 준비하여 자격증을 취득하였습니다. 단점은 너무 직선적이며, 자기주장이 강한 점입니다. 그래서 요즘은 상대방의 입장에서 생각하려고 노력합니다.

(3) 자라면서 가장 불행했다고 생각되는 시절은 언제였습니까?

▶ 되도록 솔직하게 답변하고 그 불행이 도약을 위한 발판이 되었다는 점을 분명히 한다.

대학 진학에 실패한 뒤 재수하던 시절입니다. 하지만 그 시기는 미래의 대학생활을 계획적이고 알차게 꾸려 나갈 수 있게 저의 능력을 길러 주었던 시기이기도 합니다.

(4) 대인관계는 어떻다고 생각합니까?

▶ 조직생활에서의 원만한 대인관계는 매우 중요한 요소이다. 간단한 예를 제시해 자신의 그러한 면을 보이는 것이 구체적인 대답이 된다.

어렸을 때부터 교회를 다녔기 때문에 처음 만난 사람과도 자연스럽게 이야기할 수 있습니다. 지금은 교회 청년부에서 봉사활동을 하고 있으며, 가끔씩 문제가 생기면 중재자 역할을 자처하기도 합니다. 되도록 많은 사람들과 사귀려고 노력하고 있으며 그 때문인지 제 주변에는 언제나 친구들이 많이 있습니다.

(5) 가족을 간단히 소개해 보십시오.

▶ 가장 기본적인 질문이다. 긴장하지 말고 편안하게 이야기 하라.

30년 동안 정직과 성실을 신조로 교사 생활을 해 오신 아버님과 집안에서 가사를 돌보시는 어머님 지금 고등학교와 중학교에 다니는 여동생 둘이 있습니다.

(6) 가장 존경하는 사람은?

▶ 존경하는 사람을 얘기할 때는 구체적으로 그 사람의 어느 점을 어떻게 존경하고 있는지 대답하는 것이 좋다.

지난해에 장한 어머니로 선정되신 000 님을 존경합니다. 그 분은 오로지 헌신적인 자식 사랑으로 5남매를 키워내셨습니다. 그 자식에 대한 모성애와 열정이 부럽습니다. 그런 열정이라면 못할 것이 없을 것입니다. 저도 그런 열정을 배우고 싶습니다.

2) 학교생활 · 친구관계

(1) 학교생활을 통해 기억에 남는 일은 무엇입니까?

▶ 그 일이 자신의 삶에 미친 영향에 초점을 맞추는 것이 좋다.

농촌 봉사활동입니다. 도시에서 자란 저로서는 마을회관의 청소, 밭매기, 모심기 등 모든 일이 힘들었습니다. 하지만 그 귀한 농촌 경험을 한 후 저는 쌀 한 톨이라도 아낄 줄 알게 되었고 웬만큼 힘든 일에 대해서도 불평하지 않게 되었습니다.

(2) 동아리 활동을 해본 경험이 있습니까?

▶ '아니오'라는 응답일 경우, 하지 않은 이유 등을 미리 준비해둔다.

예, '문학 동인회'에 있었습니다. 당시 동인 몇 명의 성원과 뜻을 모아 공동 창작을 위한 자료를 찾으러 돌아다녀야 했습니다. 그때 여러사람이 함께 일하는 데 중요한 것이 무엇인지 경험했습니다.

(3) 제일 좋아한 과목은 무엇이었습니까?

▶ 응시자의 개성을 파악하고 학교생활 공부의 정도를 알고자 하는 질문이다.

제 전공 중 현대문학입니다. 살아가는데 있어서 현실을 파악하는 데에는 여러가지 방법이 있겠지만 그 중 문학은 어느 분야보다도 빠르고 예리하게 파악할 수 있는 분야라고 생각합니다. 깊은 사색과 통찰에서 우러난 문학작품은 교양으로서의 소양뿐만 아니라 인생을 살아가는 철학이나 도덕까지도 가르쳐 준다고 생각합니다.

(4) 아르바이트를 한 경험이 있습니까?

▶ 경제적인 수입을 목적으로 하는 현실적인 이유와 함께 땀 흘려 일하는 보람 같은 것을 이야기하는 것이 좋다.

저는 좀 다양한 경험을 했다고 생각되는데 그것이 아르바이트였다고 할 수 있을지 모르겠습니다. 겨울방학 때 친구 한 명과 노상에서 군고구마 판매를 한 적이 있습니다. 신학기 등록금을 조금이나마 보태고자 한 것이었습니다. 또 한 번은 작년 여름방학 때 지하철 공사장의 현장 임시요원으로 일한 경험이 있습니다. 저는 이러한 경험들을 통해 땀의 가치에 대해 깊이 느꼈습니다.

(5) 친구와의 만남에서 가장 중요하게 생각하는 것은 무엇입니까?

▶ 응시자의 대인관계를 파악하려는 질문이다.

한결같은 마음가짐과 배려를 가장 중요하다고 생각합니다.

(6) 친하게 지내는 친구에 대해 이야기해 주십시오.

▶ 장 · 단점을 구분하여 성의 있게 답변하자.

초중고 까지 같은 학교를 다닌 단짝 K입니다. K는 무슨 일이든 적극적으로 임하는 성격의 친구입니다. 하지만 매사에 너무 적극적인 것이 지나쳐 어떤 때에는 낭패를 보기도 하며, 정리정돈과 주위사람들을 챙기는 면이 부족하여 원성을 산적도 많습니다. 그래서 가끔 서운할 때도 있었지만 지적과 보살핌으로 개선을 통해 이제는 둘이서 무슨 일을 하든지 호흡이 척척 맞는 편입니다.

3) 일상생활 및 인생관

(1) 최근 읽은 책 중 가장 인상에 남은 책은?

▶ 책이란 독자의 정신적인 지주 역할을 하는 것으로서 치밀한 준비를 해야 하며 자신의 독서 경향에 대해 덧붙이는 것도 좋은 방법이다.

최근에 읽었던 소설 책 제목 및 작가가 이야기 하려고 하는 의도나 내용을 대답한는 것이 좋다.

(2) 현재 가장 필요한 것은 무엇입니까?

▶ 자신에게 필요한 것이 무엇인가를 살펴보고 적절한 답변을 하자.

시간입니다. 그 동안 논문과 취직 문제 때문에 시간적 여유가 없었습니다. 사회인으로서 가져야 할 여러 가지 것들에 대해 생각해 보고 준비할 시간이 필요합니다.

(3) 자신의 취미를 말해 보십시오.

▶ 취미는 원만한 대인관계를 유지할 수 있게 하고 재충전의 계기를 마련해 준다. 취미가 자신의 생활에 어떤 역할을 하고 활력소가 되는지 설명하는 것도 좋다.

등산을 자주 합니다. 작년 여름에는 태백산을 등반했었습니다. 도시 변두리의 산행과 다르게 긴 행군을 해야 했던 점과, 폭포수 같은 비를 맞으며 정상을 향해 올랐던 일이 기억에 남습니다. 산을 오르다 보면 정신이 맑아지고 인내와 끈기가 길러지는 것 같아 좋아합니다.

(4) 주량은 어느 정도 이십니까?

▶ 술자리가 싫다고 하는 것은 마이너스다. 술 자체보다는 그 분위기를 좋아한다는 정도로 표현하는 것이 무난할 것이다.

조금 마시는 편입니다. 적당한 음주는 지나친 긴장감을 완화 시키며, 서먹서먹한 사이의 벽을 넘어 친해질 수 있다는 점을 장점으로 알고 있습니다. 저는 술 자체의 맛은 아직 모르지만 그러한 분위기를 좋아하는 편입니다.

(5) 건강관리를 위해 어떤 것을 하고 있습니까?

▶ 건강한 체력은 업무 수행이나 일상생활을 해나가는 데 있어서 기본적인 조건이 된다. 규칙적으로 혹은 취미 삼아 하는 운동 등을 구체적으로 제시하고 특 별한 운동종목이 없다면 규칙적이고 건전한 생활과 체력관리에 힘쓰고 있다고 말하 도록 하자.

특별히 하고 있는 것은 없지만 기회가 되면 체력관리를 위한 운동을 하려고 생각하고 있습니다. 또한 편식하지 않고 일찍 자고 일찍 일어나는 등 규칙적인 생활을 하려고 노력하고 있습니다.

(6) 결혼 후에 계속 직장을 다닐 생각입니까?

▶ 이것은 주로 여성에게 주어지는 질문이다. 결혼한 여성에 대한 사회의 차별문제 등으로 감정을 내세우기 보다는 직장여성으로서 강하고 당당한 모습을 보여 주는 것이 중요하다.

가정과 일 모두 중요하다고 생각합니다. 직장생활은 단순한 생계의 수단이라고 하기보다는 자기 성취를 위해 함께 노력해야하는 공동체라고 생각합니다. 그러므로 가정만큼이나 일도 절대 포기 할 수 없다고 생각합니다.

4) 지망동기 및 직업관

(1) 우리 회사를 지망한 특별한 이유는?

▶ 업종에 대한 매력, 회사의 사회적 지명도, 경영 방침 등을 근거로 자신의 적성, 자질 등과 연관 지어 답변하자.

(2) 첫 봉급은 어떻게 쓰겠는가?

▶ 이 질문은 당신의 경제관념을 시험해 보려는 것이다, 그리고 임금에 대한 생각을 알아보려는 것이다. '출퇴근용 가방'을 사겠다든지 적극적인 용도를 표현하는 것이 효과적이다.

첫 월급으로 무슨 기념이 될 만한 것을 마련했으면 합니다. 예를 들면 시계나 만년필 같은 것입니다. 그 시계나 만년필을 볼 때마다 입사 때의 의미와 추억을 항상 간직하고 싶습니다. 그리고 고향에 계신 부모님께 보은의 뜻으로 선물을 사서 보내 드리고자 합니다.

(3) 입사 후 자신의 포부를 피력하십시오.

▶ 의욕이 지나쳐 겸손의 미덕을 헤치는 경우가 있어서는 안 된다.

최고 경영자가 되겠다는 생각보다는 최고의 참모가 되겠다는 생각을 갖고 있습니다. 제가 가지고 있는 능력을 잘 알고 있기에 '삼국지'의 제갈량처럼 뛰어난 참모가 되어 능력을 발휘해 보고 싶습니다.

(4) 바람직한 직장인 상이라면?

▶ 직장인으로서의 정신자세에 대한 질문이다. 직장에서 요구하는 사원상을 연상하면서 자신의 결의를 대답하면 된다.

직장인이 되었다는 것과 업무에 대하여 우선 긍지를 가져야 한다고 생각합니다. 직장인의 한 사람으로서 또는 조직의 구성원임을 염두에 두고 자신의 능력을 최대한 발휘하는 자세를 가지며, 직장의 경영목표에 충실 하겠다는 관념을 깊이 자각하고 있어야 한다고 생각합니다.

(5) 만일 이 회사에 합격이 안 된다면 어떻게 하겠습니까?

▶ 현재의 일에 대한 집중도를 체크하려는 것으로 강인한 신념을 피력할 필요가 있다.

저는 이번 입사시험에 반드시 합격하리라고 믿고 있습니다. 서류전형을 거쳐 필기시험도 문제없이 통과하였습니다. 또한 저는 이 회사가 바라는 적극성·창조성·책임성을 갖추고 있으며 건강에도 자신이 있기 때문입니다.

(6) 상사와 업무상 견해가 다른 경우 어떻게 해결하겠습니까?

▶ 응시자의 유연성 · 협조성 · 적응성 등을 판단하려고 하는 질문이다.

먼저 털어 놓고 이야기 해보겠습니다. 대화를 나누는 가운데 서로 이해하게 될 것이라고 생각합니다. 상충되는 의견 차이를 반복해서 일으키는 것보다 서로 합의점을 찾아가는 것이 현명하다고 생각합니다.

(7) 장래희망 및 담당하고 싶은 직무는 어떤 것입니까?

▶ 자신의 경험 · 특기 · 적성을 최대한 살릴 수 있는 분야를 지망하는 것이 좋고, 지원 업종에서라면 어느 부서든 마다하지 않고 일할 수 있다는 의지를 피력 하는 것도 무리가 없는 방법이다.

영업부에서 일하고 싶습니다. 평소 활달하고 사교적인 저의 성격을 살릴 수 있고 학창시절 학생회에서 섭외 일을 해봤기 때문에 사람 만나는 일과 영업에 자신 있습니다.

(8) 우리 회사를 지망하기 위하여 누구와 상담했습니까?

▶ 부모를 들먹이는 것은 좋지 않은 인상을 준다.

지도교수님께 상의하여 지원할 업종을 선택했습니다. 그리고 같은 업종에 지원하려는 친구들과 함께 정보를 수집·교환했습니다.

(9) 회사에서 퇴근시간이 자주 늦는다면 이 점을 어떻게 생각하십니까?

▶ 업무상 필요한 경우에는 마다하지 않을 것임을 이야기하자.

일을 하다 보면 예상외의 일도 있을 수 있다고 생각합니다. 그렇지만 가급적 시간 내에 마칠 수 있도록 노력하겠습니다.

(10) 최근 우리 회사에 대한 광고 중 가장 인상 깊었던 것이 있다면?

▶ 제품홍보는 각 회사에서 가장 중요하게 생각하는 것 중의 하나이다. 따라서 입사지망사의 광고는 미리 눈여겨 볼 필요가 있다. 그렇지만 제품자체에 대한 평가는 삼가는 것이 좋다.

가을 신상품인 OO사의 TV 광고는 파스텔 중심의 상품디자인과 배경을 화려하게 대비시켜 상품의 수준을 한 단계 끌어올린 수작이라고 생각합니다. 그러나 그 제품이 새로운 아이디어 상품이라는 것을 감안할 때 제품의 수요를 효율적으로 자극할 수 있는 상품설명 부분이 다소 부족했다고 느꼈습니다.

(11) 신세대를 어떻게 생각하는지 말해 보십시오.

▶ 이른바 신세대는 새로운 상품 수요자로서 각 기업의 큰 관심 대상이다. 일방적으로 터부시하는 말보다는 신세대의 입장에서 그들의 특징을 설명하는 것이 바람직하다.

매사에 자기 의견을 분명히 이야기하고 자기표현에도 자유분방한 것은 아주 좋다고 생각합니다. 그러나 공동체 의식을 중시해야 하는 직장생활에서 너무 개인주의적인 자세는 바람직하지 않다고 생각합니다.

참고문헌

1. 국내문헌

강인호「글로벌 매너와 문화」기문사, 2010.

고상동 · 김범태「호텔 서비스 매너와 실무」백산출판사, 2016.

구난숙「세계속의 음식문화」교문사, 2016.

권봉헌「호텔 경영론」백산출판사, 2011.

김근종「호텔경영론」대왕사, 2006.

김성근「국제매너 에티켓」석학당, 2012.

김시중「매너 클리닉」대왕사, 2004.

김진수 「서비스 실무 사례」기문사 , 2017

김재득「의사소통과 협상론」대영문화사, 2015.

신강현「글로벌 매너 코디네이션」기문사, 2015.

오정주「비지니스 매너와 글로벌애티켓」한올, 2014.

오재복「테이블 매너」백산 출판사, 2014.

오흥철「글로벌 매너 완전정복」학현사, 2010.

신형섭「호텔관광실무용어」석학당, 2014.

신형섭「호텔객실서비스실무」새로미출판사, 2014.

신형섭「호텔경영학관리」백산출판사, 2005.

심윤정「서비스 마인드와 글로벌 매너」양성원, 2016.

윤대순「항공사실무론」백산출판사, 2009.

임붕영「고객을 춤추게 하는 서비스리더십」백산출판사, 2013.

이성우「식음료 실무론」백산출판사, 2013.

이상우「글로벌 이티켓 & 에티켓 매너」대왕사, 2014.

이주형 외「문화와 관광」기문사, 2011.

이정학「관광학」대왕사, 2016.

이정학「서비스 경영」기문사, 2016.

안대희 매너와 에티켓 대왕사 2014

안대희 글로벌 시대의 매너와 에티켓 신화전산 기획 2018

이준재「고객감동 서비스 매너연출」대왕사, 2009.

이향정 외「글로벌 매너와 에티켓」양서원, 2013.

유한나「함께 떠나는 식문화」백산출판사, 2009.

전홍진「레스토랑서비스」이프레스, 2014.

주종대 외 2인「호텔경영학」대왕사, 2006.

지진희「글로벌 매너와 이미지 스타일링」한올, 2016.

장순자「서비스 매너」백산 출판사, 2014.

장원기 · 남택영「글로벌 에티켓」기문사, 2015.

호텔신라서비스교육센터「현대인을 위한 국제매너」김영사, 2001.

한국여행발전연구회「세계화 시대의 에티켓과 마인드」대왕사, 2016.

채신석 「호텔 경영론」백산출판사, 2018.

2. 국외문헌

Blois K. J., "The Marketing of Services: An Approach," European Journal of Marketing, Vol, 8, No. 2 (Sum. 1974)

Carol A, King, Organizational Characteristics, Service Encounters and Guest Satisfaction in Hotels (New york)

Charles Cooley(1909년) Social Organization. New York: Scribner. 61.

Companies, Inc. New York, NY. 2~32.

D. Goleman(1995년) Emotional intelligence. NY: Bantam. 193.

E. Hatfield &R. L. Rapson. "Similarity and attraction in close relationship." Communication Monographs, 59,. 209~212.

J. W. Bagby(1957년) "A Cross-cultural Study of Perceptual Predominance in Binocular Rivalry." Journal of Abnormal and Social Psychology, 54, 331~334.

Normann, Service Management: Strategy and Leadership in Service Business(Chichester: John Wiley & Sons, 1984)

R. B. Adler, G. Rodman(2010년) Understanding Human Communication 10th Edn., Oxford University Press.

Robert E. Smith(1995년) Principles of Human Communication. Kendall/Hunt Publishing Company, 2~21.

Sandra Hybels &Richard L. Weaver Ⅱ(2004년) Communicating Effectively 7th ed., McGraw-Hill Companies, Inc. New York, NY. 2~32.

Social Change with Respect to Culture and Original Nature(Ogburn, William Fielding, New York : B.W. Huebsch, 1922)

Uhl K. P. and G. D. Upah, "The Marketing of Services: Why and How is it different?", Research in Marketing, Vol. 6 Sum. 1974

3. 인터넷 자료

http://www.visitkorea.or.kr/(한국관광공사 홈페이지)

https://korean.visitkorea.or.kr/main/main.html(대한민국 구석구석)

http://www.ekta.kr/main/main_002.asp

https://www.kata.or.kr/index.asp

http://WWW.servicedoctor.co.kr

http://home.hanmir.com

http://my.netian.com

http://www.Naver.com

http://www.lg/co.kr

http://mr-cook.wo.to

http://www.dietnet.or.kr/

http://www.koreanair.co.kr(대한항공 홈페이지)

https://search.naver.com/search.naver

https://blog.naver.com/aflashofhope/221179992822

신 형 섭

- 세종대학교 대학원 호텔관광경영학과 석사
- 세종대학교 대학원 호텔관광경영학과 박사
- 현) 원광보건대학교 호텔관광과 교수
- Germany Babaria Hotel Manament School 연수 수료
- LYCEUM PHILPPINES UNIVERSITY Hospitality Management 연수 수료
- ENDERUN COLLEGES Hospitality Management 연수 수료
- 한성대학교 경영대학원 외래강사
- 세종대학교 호텔관광대학원 외래강사
- 경기대학교 관광대학원 박사과정 외래강사
- 광운대학교 컨텐츠정보대학원 외래강사
- 인터컨티넨탈호텔 및 여행 및 관광산업체 12여년 근무
- (사)한국호텔관광학회 정책부회장
- 한국호텔리조트학회 부회장
- 한국호텔외식관광경영학회 부회장
- 원광여행사 상임감사
- 한국관광공사 호텔등급자격 및 관광품질인증제 평가요원
- 한국관광협회중앙회 호텔서비스사 및 국내관광안내사 면접위원
- 와인소믈리에 및 커피바리스타 자격 및 심사위원
- 조주기능사 심사위원
- 한국호텔경영관리사 협회 자문위원
- 공정문화관광 포럼 사무총장
- 전북 지역 문화관광 축제 평가위원
- (사)민족통일 문화예술진흥원 부이사장
- (사)마한백제 문화예술위원회 정책기획위원장
- 문화관광컨텐츠진흥연구원 이사장
- 익산문화관광포럼 대표
- 전주 TBN 교통방송 문화관광예술 시사 해설자
- 시사타임지 칼럼니스트
- 전라북도지사 및 문화체육관광부 장관 표창

자격취득

- American Hotel Motel Association CHA 총지배인 자격
- 와인소믈리에 커피바리스타 자격
- 국내관광안내사 및 호텔 서비스사 자격
- 투어에스코터 자격
- 호텔기업문화가 조직구조특성과 노사안정성 및 조직성과에 미치는 영향 외 30여편
- 호스피탈리티 경영실무 외 15권

이 성 우

- 순천향대학교 대학원 관광경영학 박사
- 온양그랜드호텔 13년 근무
- 한국호텔리조트학회 회원
- 한국관광연구학회 회원
- 순천향대학교 글로벌 관광경영 외래교수
- 청운대학교 호텔경영학과 외래교수
- 백석대학교 관광학부 외래교수
- 순천향대학교 건강 과학대학원 외래교수
- 호텔업등급결정 평가위원
- 현) 원광보건대학 호텔관광과 외래교수
- 현) 라마다 서울 신도림호텔 근무

논문 및 저서

- 호텔기업의 리더십 유형이 사회적 교환관계와 조직성과에 미치는 영향 외
- 호텔 식음료 실무 외

환대문화 커뮤니케이션 매너 테크닉
Hospitality Culture Communications Manner Technic

2019년 01월 25일 1판 1쇄 인쇄 / 2019년 02월 01일 1판 1쇄 발행
지은이. 신형섭, 이성우 | 펴낸이. 윤 용 호
펴낸곳. 석학당 출판사 121-856 서울시 마포구 토정로 222 한국출판협동조합 3층 301호
등록. 2001.10.23. 제10-2238호 | 전화. 02)719-6116 | 팩스. 02)719-6120
홈페이지. www.shdbooks.co.kr | e-mail. shd6116@chol.com

ISBN 979-11-87621-27-0 가격 18,000원